W0367652

DROEMER

Für Adriana, Carolina und Luis

Inhalt

Einleitung

Wieder ein Ratgeber über den richtigen Umgang mit Finanzen und wie man Vermögen aufbaut! Als ob es nicht schon Berge solcher Bücher gäbe. Das ist schon richtig. Doch die meisten dieser Bücher setzen *nicht am Anfang* an, sondern irgendwo in der Mitte. Sie gehen davon aus, dass man bereits genügend Vermögen hat, um irgendwelche Investmententscheidungen zu treffen, und versprechen einem häufig das Blaue vom Himmel, wenn man dieser oder jener Anlagestrategie folgt.

Wie immens wichtig es ist, am Anfang anzusetzen, habe ich in vielen Jahren als Bankberater gelernt, und es wird auch von wissenschaftlichen Erkenntnissen belegt. Wer den dritten Schritt vor dem ersten macht, wird mehr oder weniger planlos agieren. Mal ergibt sich hier eine Gelegenheit zur Geldanlage, mal wird dort ein Sparplan abgeschlossen. Mal kauft man diese Aktie, mal jenen Fonds. Und irgendwann hat man ein Patchworkvermögen ohne logischen Zusammenhang; irgendwann sind Zahlungsströme nicht mehr kalkulierbar, und unter Umständen wird man zum Sanierungsfall. Einen solch unglücklichen Verlauf habe ich selbst bei vermögenden Kunden erlebt.

Ich habe nie gedacht, dass ich selbst einmal ein Buch schreiben würde. Wie es dazu gekommen ist und warum es mir eine Herzensangelegenheit ist, liegt an meinen Erfahrungen als Teil der Maschinerie in den Banken und daran, dass Auszeichnungen und wissenschaftliche Studien dazu geführt haben, dass heute Tausende Kunden über meine Software *wealthpilot* mit meiner Beratungsphilosophie in Berührung kommen.

Begonnen hat alles in einem kleinen Dorf an der Mosel. Mit 16 Jahren hatte ich schon alle Bücher des Börsengurus André Kostolany gelesen, und der Wirtschaftsteil der Zeitung gehörte zu meinem täglich Brot. Mit dem Geld, das ich mir im Weinberg meines Onkels oder an der Tankstelle und der Autowerkstatt meiner Eltern verdiente, zockte ich mit elterlicher Genehmigung an der Börse. (Um es vorwegzunehmen: In der Dotcom-Krise verlor ich dann fast all meine Ersparnisse.) Eigentlich war ich damals auf dem Weg, mein Abitur auf dem zweiten Bildungsweg zu machen, doch dann sagte der Sparkassenberater meiner Eltern zu mir: »Du willst doch eh zur Bank. Bewirb dich doch bei uns. Dein Abi kannst du nach der Banklehre immer noch machen.« So kam ich zur Sparkasse. Während meiner Lehre von 1997 bis 1999 ging es in der Bank den ganzen Tag nur um Aktientipps, Neuemissionen und darum, wie man schnell das große Geld auf dem Parkett machen kann. Und ich war mittendrin. Als ich bald nach der Ausbildung zum Händler im Eigenhandel der Sparkasse befördert wurde, fühlte ich mich wie ein Mini-Kostolany. Täglich stimmte ich mich mit dem Vorstand beim Managen des Depots der Bank ab, das mehrere Hundert Millionen Mark umfasste.

Zeitgleich begann meine Karriere als Berater. Der Leiter der Vermögensberatung nahm mich als Assistenten unter seine Fittiche und ließ mir quasi eine Ausbildung nach der Ausbildung angedeihen. Ihn prägte ein über die Maßen wertschätzender Umgang mit seinen Kunden. Er sagte immer zu mir: »Marco, du musst einen Kunden immer so beraten, dass er auf dem Weinfest gern ein Glas Wein mit dir trinkt.« Das entsprach genau dem Werteverständnis, das ich auch zu Hause vorgelebt bekommen hatte. Meinem Vater legten die Kunden den Autoschlüssel auf die Theke und sagten: »Karl, mach an meinem Wagen, was du für notwendig hältst.« Denn sie wussten, er würde nur die Arbeiten ausführen lassen, die er auch an seinem eigenen Pkw vornehmen würde. Diese gelebte Integrität prägt mich bis heute und ist der Kompass in mir, der schließlich auch zu diesem Buch geführt hat.

2000 kam der Börsencrash. Für mich platzte damals nicht nur

die Blase des Neuen Marktes mit all seinen Verheißungen, sondern auch die Illusion, dass es an den Börsen immer nur nach oben geht. An Risiko hatte ich bis dahin nur selten einen Gedanken verschwendet, geschweige denn, dass ich Risikomanagement betrieben hätte. Ich erlebte, wie sehr wohlhabende Kunden, die bereits ihr Leben als Privatier genossen, alles verloren und wieder arbeiten gehen mussten. In den folgenden Jahren gab es noch einige größere und kleinere Krisen, wie 9/11 und die große Finanz- und Wirtschaftskrise. Auch diese Crashs schüttelten mich mächtig durch, aber der grundlegende Sinneswandel, was finanziell erfolgreich macht, folgte erst später.

Im Nachhinein kommt mir die Zeit bei der Sparkasse vor wie eine heile Märchenwelt. Wir konnten ohne Zielvorgaben komplett kundenorientiert arbeiten. Als meine Schwester ein paar Jahre später ebenfalls eine Banklehre bei der Sparkasse machte, war das schon nicht mehr so. Auch die Sparkasse war inzwischen zu einer Vertriebsorganisation mutiert.

Im Oktober 2002 zog es mich hinaus in die große weite Welt. Ich ging nach München und wurde Investmentexperte bei der Deutschen Bank. Dort erlebte ich zum ersten Mal, wie eine stringente Vertriebsorganisation aussieht. Es gab ein engmaschiges Vertriebscontrolling, ob die Berater die vorgegebenen Verkaufszahlen erreichten, und entsprechenden Druck, wenn man nicht spurte. In der Kaffeeküche hing ein Whiteboard, auf dem die Produktsegmente aufgelistet waren. Sobald ein Berater einen Abschluss gemacht hatte, ging er in die Küche und trug den Absatzerfolg ein. Ironischerweise wurden die Erfolge nicht in Euro, sondern in Vertriebspunkten gemessen. Über diese Punkte wurden dann die Vertriebsaktionen und die Mannschaft gesteuert. Es gab richtige Wettbewerbe, bei denen man Reisen gewinnen konnte, die einen ins schöne Südtirol oder auf die AIDA führten. Ich war Teil dieses Systems, und ich war sehr erfolgreich, obwohl mir meine Beraterehre gebot, dem Kunden nur das zu verkaufen, was zu ihm passte. Von einem Beratungsprozess, wie ich ihn heute für ideal halte und der die Ziele und die Individualität jedes Kunden berücksichtigt, war meine Arbeit damals aber zugegebenermaßen weit entfernt. Das Erreichen der vorgegebenen Vertriebsziele hatte einfach Priorität vor einem aufwendigen Beratungsprozess. Bei 500 (!) und mehr Kunden pro Berater war es auch schlichtweg nicht realistisch, zu erwarten, dass man sich jedem mit der notwendigen Aufmerksamkeit widmen könnte. Die Beratung war auf Effizienz getrimmt und orientierte sich an den Mindestanforderungen des Wertpapierhandelsgesetzes im Bereich Beratung.

Als die Ziele immer absurder und Kunden sowie Berater immer mehr wie eine Zitrone ausgepresst wurden, wandte ich mich von dieser Art des Vertriebs ab. Trug ich anfangs noch mit Stolz das Logo der Bank am Revers, steckte ich es mir irgendwann nicht mehr an. Diese äußerliche Abkehr ging mit einer inneren einher und führte zu meinem Entschluss, an der EBS Finanzökonomie zu studieren. Ich wollte wissen, wie man Kunden besser und richtig beraten kann. Mein Studium fiel genau in die Zeit der Finanzkrise 2008 – ein Wendepunkt nicht nur in der Wirtschaftsgeschichte, sondern auch in meiner Vita. Ich rechnete eigenhändig nach der Portfoliotheorie von Professor Harry M. Markowitz und lernte ihre Grenzen kennen. Es gibt bis heute kein perfektes Modell zum Kapitalmarkt, die Theorie von Markowitz ist jedoch aus meiner Sicht die am wenigsten »unperfekte«. Man muss als Experte die Unzulänglichkeiten der jeweiligen Methoden kennen, um sie richtig einsetzen und einschätzen zu können. Während meiner Besuche an der Uni im Rheingau riss die Finanzkrise Woche um Woche die Banken- und Wirtschaftswelt immer mehr aus ihren Angeln. Was bisher sicher geglaubtes Wissen war, galt plötzlich nicht mehr. Die Professoren mussten ihre Präsentationen überarbeiten und alles überdenken und infrage stellen, was sie jahrelang gelehrt hatten. Eine spannende Zeit und vielleicht der beste Moment, um mein Wissen zu vertiefen.

Am Ende dieses Studiums legte ich die Prüfung zum zertifizierten Finanzplaner ab – der weltweit höchste Beratungsstandard in der Finanzberatung, den in Deutschland weniger als ein Prozent der aktiv tätigen Berater erfüllen. Unmittelbar nach dem Abschluss als Finanzökonom wechselte ich zu einer Privatbank. In der Hoffnung, dort das leben zu können, was ich im Studium gelernt hatte und wofür mein Herz schlug. Meine Hoffnung wurde bei der Bethmann Bank nicht enttäuscht. Mit viel Aufwand wurden in Handarbeit für die Kunden Depots gestrickt. Aber wieder war die Arbeit sehr wertpapierlastig, und wieder fehlte die Ganzheitlichkeit in Form einer 360-Grad-Beratung, wie ich sie mir vorstellte, mit Bezug auf die Ziele und alle Vermögensbestandteile des Kunden. Diesmal auch deshalb, weil die Klientel von Privatbanken zumeist mehrere privat geführte Bankhäuser wie Rennpferde nebeneinander- und gegeneinanderlaufen lässt und sich nicht in dem Maße öffnet, wie es für eine ganzheitliche Beratung notwendig ist. Da die Arbeit als Kundenbetreuer in diesem Wettlauf auf die reine Rendite reduziert wurde, musste ich als Senior-Vermögensmanager denn auch versuchen, mich durch noble Veranstaltungen bei den Kunden in Position zu bringen.

In meiner anschließenden Tätigkeit als Abteilungsdirektor bei der Commerzbank im gehobenen Kundensegment des Wealth Management erlebte ich goldene Zeiten als Berater: In unserem Team hatten wir die Möglichkeit, unsere Kunden frei zu beraten. Zwar hatten wir Ertragsziele, die von Jahr zu Jahr in immer utopischere Höhen stiegen, aber insgesamt mussten wir in erster Linie die Kunden glücklich machen. Mir fiel damals immer mehr auf, wie unterschiedlich die Kunden mit ihrem Vermögen umgingen. Die einen – die erfolgreicheren – hielten akribisch jede Depotentwicklung in einer selbst gestrickten Excel-Liste fest und wussten genau, wie es um ihr Vermögen stand. Die weit größere Mehrheit agierte mehr oder weniger planlos. Sie interessierten sich mehr für den nächsten heißen Aktientipp oder Spekulationen auf die

Entwicklung des Rohölpreises als dafür, wie es um ihre Gesamtvermögenssituation stand. Zugegeben, auch uns Beratern machte es Spaß, uns mit Einzeltiteln zu beschäftigen und zu versuchen, einen vermeintlichen Trend zu erhaschen, dem man mit seinen Kunden folgen konnte. Also betrieb man fleißig sogenanntes *Financial Entertainment* mit den Kunden, ohne damit echten Mehrwert für die Vermögensentwicklung zu liefern.

2013 wurde ich von n-tv und *Focus Money* in einem deutschlandweiten Bankentest für die Verständlichkeit und Ganzheitlichkeit meiner Beratung als herausragender Vermögensverwalter ausgezeichnet. Dass ich gerade für diese Attribute einen Preis erhielt, war die Bestätigung dafür, dass meine Philosophie die richtige war und ist. Angestachelt von dieser Auszeichnung, wollte ich es nun ganz genau wissen und entschied mich, im Rahmen eines Masterstudiums wissenschaftlich zu untersuchen, was Menschen finanziell erfolgreich macht. Zusammenfassend kann man sagen, dass die Antwort auf diese Frage von drei Faktoren maßgeblich beeinflusst wird: erstens von der finanziellen Allgemeinbildung als Voraussetzung für das Verständnis grundlegender wirtschaftlicher Zusammenhänge. (Einen kleinen Test mit drei Fragen dazu finden Sie in Kapitel 4.) Zweitens dem Dreiklang aus Cashflow, Vermögensbilanz und Zielsetzung inklusive einer regelmäßigen Erfolgskontrolle und drittens der Abkehr von der Suche nach der besten Aktie und dem idealen Kauf- und Verkaufszeitpunkt. Meine Masterthesis »Finanzplanung für Profisportler – Konzeption eines zielgruppenspezifischen Beratungsansatzes am Beispiel von Profifußballern« wurde 2017 mit dem Wissenschaftspreis ausgezeichnet, und wieder wurde dabei der Praxisbezug besonders lobend hervorgehoben.

2016 machte ich mich endgültig selbstständig und wollte meine Beratungsphilosophie fortan in einer eigenen Firma leben. Auf der Suche nach einer Software, die mir eine ganzheitliche Vermögenserfassung und das Controlling weitgehend automatisiert ermöglichen sollte – auf stundenlanges Eintippen von Depot- und Kontoständen hatte ich schlichtweg keine Lust mehr –, wurde ich leider nicht fündig. Und so kam es, dass ich zusammen mit Gleichgesinnten eine Firma gründete, um ein solches Programm zu entwickeln. Inzwischen stelle ich meine gesamte Schaffenskraft in den Dienst dieser Softwarefirma. Denn ich habe gemerkt, dass meine Philosophie weit mehr Kunden erreicht, wenn viele meiner Beraterkollegen die Software einsetzen und so eine ganzheitliche Beratung umsetzen können, wie ich sie mir immer gewünscht habe. Erfreulich ist, dass nach unabhängigen Beratern nun auch immer mehr Banken die Software einsetzen. Dies ist für mich ein Zeichen dafür, dass auch dort ein Umdenken hin zu einer besseren, weil kundenorientierten Beratung erfolgt – wenngleich der Weg noch lang ist.

Um den Bogen zum Anfang zu schlagen, warum es mir eine Herzensangelegenheit war, dieses Buch zu schreiben. Es ging mir darum, mit Ihnen mein Wissen zu teilen. Finanziell erfolgreich zu sein ist kein Hexenwerk und ist nicht etwas nur für Hochvermögende. Wenn Sie in einigen Jahren am Ziel Ihrer finanziellen Wünsche ankommen und zurückblickend sagen, dass dieses Buch für Sie der erste Schritt hin zum Erreichen dieses Ziels war, habe ich meine Mission erfüllt.

Teil I
Die Grundlagen

Mit der Finanzplanung und dem Vermögensaufbau ist es ähnlich wie mit Kindern: Ein jedes Kind ist sehr individuell, weshalb die einzelnen Entwicklungsschritte in Geschwindigkeit und Ausprägung von Kind zu Kind unterschiedlich sind. Nichtsdestotrotz folgt die Entwicklung an sich immer einem bestimmten, groben Muster. *Zuerst* lernt ein Kleinkind zu sitzen, *dann* zu krabbeln, *danach* erst zu laufen und so weiter, bis es irgendwann in die Pubertät kommt. *Dieser Weg ist nicht umkehrbar.* Und so wie ein Kind unweigerlich einen Entwicklungsschritt nach dem anderen macht und dabei wächst, so sollten Sie auch bei Ihrem Vermögensaufbau vorgehen: *Am Anfang ansetzen*, und dann einen Schritt nach dem anderen machen.

Ich werde Sie daher mit den grundlegenden – im wahrsten Sinn des Wortes den »Grund legenden« – Schritten des Vermögensaufbaus bekannt machen: einem überschaubaren Dreiklang an Maßnahmen, die nachgewiesenermaßen funktionieren und mit denen jeder die Möglichkeit hat, alle mit Geldanlage zusammenhängenden Entscheidungen zu fällen. Damit erzielt man eine dreimal bessere Vermögensentwicklung.

Der Dreiklang besteht, kurz gefasst, aus folgenden Punkten:

1. einen detaillierten Überblick über die Einnahmen und die Ausgaben gewinnen,
2. das Sparziel – oder gegebenenfalls deren mehrere – definieren,
3. eine Vermögensbilanz erstellen und eine Anlagestrategie entwickeln.

Vor allem die ersten beiden Punkte klingen nach Selbstverständlichkeiten, und trotzdem stellte ich als Bankberater immer wieder fest, dass kaum ein Kunde mir sagen konnte, wie viel Geld genau er im Monat ausgibt und über wie viel er am Monatsende noch verfügt oder wie hoch sein Vermögenszuwachs zum Beispiel im vergangenen Jahr war. Dabei ist der *Cashflow,* also die Gegenüberstellung von Ausgaben und Einnahmen und was unter dem Strich übrig bleibt, enorm wichtig, wichtiger als der Vermögensbestand, weil letztlich alles, was wir in Gelddingen machen, mit dem Cashflow beginnt und endet. Leider vernachlässigen viele Sparwillige – und ebenso viele Berater – zu oft den Cashflow und konzentrieren sich allein auf die Bestände. Doch Vermögen entsteht überhaupt erst durch Cashflow, genauer: durch den Überschuss der Einnahmen über die Ausgaben – so banal das klingt. Anders formuliert: Vermögen ist nichts anderes als akkumulierter Cashflow. Und wenn das Ersparte später nach und nach abgeschöpft wird, ist das auch wieder Cashflow.

Noch eine Frage, die kaum einer beantworten kann: Wie viel Vermögen wäre erforderlich, um einen sorgenfreien Lebensabend zu haben? Diese magische Zahl kann durchaus als Zielmarke in der Finanzplanung dienen.

Beispiel: Ich bin heute 40 Jahre alt, mein Ziel ist, mit 60 Jahren in Rente zu gehen. Wie viel Vermögen muss ich – unter Berücksichtigung der Inflation – bis 60 aufbauen, um diesen Wunsch verwirklichen zu können? Dieser Wert markiert den »Umkehrpunkt«, bis zu dem man Einnahmen akquiriert und ab dem man dann »entspart«. Logischerweise ist sie unterschiedlich hoch, je nachdem, welchen Lebensstil man pflegt, mit welchem Alter man in Rente gehen möchte, welche zusätzlichen Einnahmen man vielleicht hat und so weiter. Die Höhe spielt aber letztlich keine Rolle. Die magische Zahl kann als konkretes Sparziel unglaublich motivieren. Und wenn man sie erreicht hat, vermittelt das ein sehr beruhigendes Gefühl: Man steht nicht mehr unter dem

Druck, weiterhin etwas auf die hohe Kante legen zu müssen, und kann den Fuß vom Gas nehmen.

Doch ob nun Altersvorsorge oder ein anderes Ziel: Die Frage: »Auf welche Ziele ist Ihre Vermögensbildung ausgerichtet?« kann häufig ebenfalls nicht beantwortet werden. Einem Bankberater mag man dieses Ziel vielleicht nur nicht offenbaren, aber zumindest für sich selbst sollte man eine oder auch mehrere Antworten auf diese Frage haben.

Der dritte Punkt – eine Vermögensbilanz erstellen und eine strukturierte Anlagestrategie entwickeln – klingt schon etwas komplizierter, ist aber auch kein Hexenwerk.

Sie haben mit dem Dreiklang tatsächlich die wesentlichen Bausteine – ich nenne sie Basics – zur Hand, um Vermögen aufzubauen. Ich werde sie Ihnen anhand von vier Fallbeispielen veranschaulichen und zudem das grundlegende Finanzwissen vermitteln. Außerdem werde ich aufzeigen, mit welchen Themen Sie sich als Anleger beschäftigen und welche Fallen Sie vermeiden sollten.

Meine »Mission« ist es, Sie als Leser dazu zu befähigen, Finanzentscheidungen zum eigenen Vorteil treffen zu können.

Vermögensbildung und Finanzplanung ist ein sehr weites Feld, daher kann in diesem Buch das eine oder andere Thema nur »angerissen«, aber nicht im Detail behandelt werden.

Beispiel ökonomische und ethische Aspekte. Immer mehr Anleger legen Wert auf Nachhaltigkeit oder Ethik auch beim Vermögensaufbau. Ein Thema, das von der Finanzwirtschaft zunehmend aufgegriffen wird, indem etwa einschlägige Fonds aufgelegt werden.

Beispiel Versicherungen samt biometrischer Risiken. Sollte ich eine Risikolebensversicherung abschließen, soll ich in eine private Krankenversicherung wechseln oder in der gesetzlichen bleiben? Und so weiter. Auch das sind Fragen, die zu einer ganzheitlichen professionellen Finanzplanung gehören, auf die ich hier aber nicht eingehe, zum einen, weil sie zu sehr in die Tiefe gingen, zum anderen, weil sich in diesem Bereich, in den immer auch die Politik mit hineinspielt, zu häufig etwas ändert. Wer kann, um nur ein Beispiel zu nennen, mit Sicherheit sagen, ob es in ein paar Jahren überhaupt noch eine private Krankenversicherung geben wird?

Ich werde auch keine konkreten Empfehlungen geben, wie Ihre Vermögensstruktur in einem bestimmten Alter oder abhängig zum Beispiel von Ihrer Familiensituation aussehen sollte oder wie Sie sie verändern sollten. Denn Vermögensbilanzen sind viel zu vielschichtig und zu individuell, da jede Lebenssituation eine andere ist. Stattdessen gebe ich *grundsätzliche, universelle* Handlungsempfehlungen, die Sie auf den richtigen Weg bringen, und skizziere sie an vier Fallbeispielen.

Ob Sie, nachdem Sie dieses Buch gelesen haben, bei einem oder möglicherweise allen drei Schritten zusätzlich die Hilfe eines Bank- oder Finanzberaters in Anspruch nehmen, müssen Sie für sich selbst entscheiden. Natürlich kann ich nicht alles Wissen, das sich ein Berater in jahrelanger Ausbildung erwirbt, in ein Buch mit 256 Seiten packen, aber ich kann Ihnen ein solides Grundwissen vermitteln, sodass Sie eine klarere Vorstellung davon gewinnen, wie Sie finanziell aufgestellt sind, was Sie wollen und was nicht – und, gegebenenfalls, welche Anforderungen Sie an eine Finanzberatung stellen sollten. Sie können dem Berater dann die richtigen Fragen stellen, besser beurteilen, ob er nur die üblichen Empfehlungen gibt oder ob er professionell und in Ihrem Sinn sowie zu Ihrem Vorteil arbeitet. Und Sie können mit dem nötigen Grundwissen an der richtigen Stelle auch einmal Nein sagen zu einem Anlageprodukt – oder gar gegebenenfalls den Berater wechseln. Die Erfahrung zeigt: Je gründlicher sich die Kunden auf ein Beratungsgespräch vorbereiten, desto eher wird der Berater zum »Sparringspartner« und desto besser ist das Ergebnis. Natürlich können Sie auch, wenn Sie Spaß an dem Thema finden – oder sich nicht einem Berater anvertrauen wollen –, tiefer in die Materie einsteigen und sich »selbst beraten«. Sich mit der Materie zu befassen ist aber unabdingbar.

Um den Bogen zu schließen: Am Anfang anzusetzen heißt also, dass Sie sich erst einmal bewusst machen, wie Ihre finanzielle Situation ist. Dazu gehört, zu wissen, wie viel Vermögen Sie haben – oder auch nicht – und in welcher Form, wie viel Geld Sie pro Monat ausgeben und wie viel Sie tatsächlich zum Leben brauchen, für Miete oder Tilgung/Abzahlung des Immobilienkredits, für Nahrungsmittel, für Benzin oder öffentlichen Nahverkehr, für Versicherungen, Kleidung, Urlaub, Telefon und so weiter, und so fort. Denn daraus ergibt sich das Sparpotenzial. Und daraus wiederum ein Anlagekonzept.

Danach genügt es in den meisten Fällen, einmal im Jahr zu schauen, ob man noch im Plan ist oder ob man nachjustieren muss. Man kann das mit dem Gesundheitscheck beim Arzt vergleichen, wie es die Amerikaner tun, die dem Ganzen den passenden Namen *Financial Health Check* – finanzieller Gesundheitscheck – gegeben haben: Sind meine Finanzen noch gesund? Oder hat sich bei den Einnahmen und/oder den Ausgaben etwas geändert? Und sind meine ursprünglich festgelegten Ziele noch aktuell, oder haben sich meine Prioritäten verschoben?

Natürlich erfordert in der Anfangsphase jeder der drei Punkte zunächst einmal Mühe und Zeitaufwand, da die meisten Menschen schlichtweg keinen Überblick über ihre Finanzen haben. Sie wissen nicht, wohin ihr Geld fließt – Thema Cashflow. Sie wissen nicht, wie sie finanziell aufgestellt sind – Thema Vermögensbilanz und -struktur. Und noch weniger wissen sie, wohin genau sie eigentlich wollen – Thema Sparziel(e). Zumindest lässt sich heute dank der Digitalisierung vieles, was früher, in der analogen Welt, mühselige Handarbeit war, weit schneller und effizienter erledigen. Und wenn diese Dinge erst einmal geklärt sind, was vornehmlich eine »Fleißarbeit« ist, also kaum Finanzwissen erfordert, ergibt sich die Anlage- beziehungsweise Investitionsstrategie fast von allein. Das Sahnehäubchen auf dem Ganzen ist: Mit der richtigen Anlagestrategie – darauf werde ich im Folgenden natürlich ebenfalls eingehen – können Sie Ihr Geld für sich arbeiten lassen, ohne ständig Aktienkurse, das Börsengeschehen, den Ölpreis oder sonstige »Timing«-Aspekte im Auge behalten zu müssen.

Hilfreich ist Ihnen dabei zweifellos die »Demokratisierung der Professionalität in der Vermögensbewirtschaftung«. Die bitte was?, mögen Sie sich nun fragen. Mit Recht. Denn es ist ein generelles Problem der Finanzwirtschaft, dass sie mit Fachbegriffen um sich wirft – sich zuweilen auch dahinter versteckt –, statt eine intuitiv verständliche Sprache zu verwenden. Worauf ich hinauswill, ist: Bisher war eine professionelle »Vermögensbewirtschaftung« – das heißt: Vermögensaufbau sowie die Absicherung von bestehendem Vermögen – einer kleinen Elite vorbehalten. Heutzutage jedoch stehen durch die Digitalisierung im Grunde jedem die Möglichkeiten dazu zur Verfügung: die Methodik, das Controlling – das heißt die Planung, Abstimmung und Steuerung – des Vermögens und der Zugang zu professionellen wie kostengünstigen Finanzprodukten. Der »Bauchladen« mit professionellen Instrumenten, den sich jetzt auch jeder Privatanleger umschnallen kann, wird gerade immer größer. Und seit die Banker in Misskredit geraten sind, steigt die Anzahl der Anleger, die sich sagen: Was die können, kann ich auch – vermutlich sogar besser; ich investiere einfach in Fondsempfehlungen, die ich im Internet finde. So einfach ist es natürlich auch wieder nicht. In einer vernünftigen, *auf die eigenen Maße und Bedürfnisse* zugeschnittenen Vermögensverwaltung und Anlagestrategie samt Erfolgskontrolle steckt schon etwas Arbeit.

Hochvermögende Kunden wenden sich daher mit ihrer Vermögensverwaltung und Finanzplanung oft an sogenannte *Family Offices,* die den Banken aufgrund der Finanzstärke ihrer Klientel die Regeln diktieren können und so auch die Kosten drücken. Was wiederum dazu führt, dass manche Bank nun selbst die Dienstleistung *Family Office* anbietet.

Family Offices

Family Offices sind ein besonderer Fall in der Finanzberatung, eine Art private Vermögensverwaltung. Das erste *Family Office* gründete die amerikanische Unternehmerdynastie J. P. Morgan im Jahr 1838. Das »House of Morgan« tat nichts anderes, als die Vermögenswerte der Familie zu verwalten und diesbezügliche Entscheidungen vorzubereiten. Die nächste Familie, die feststellte, dass die Verwaltung ihres Privatvermögens zu einem Vollzeitjob geworden war, und eigens dafür im Jahr 1882 schließlich drei Mitarbeiter einstellte, waren die Rockefellers.

Das »House of Morgan« und die Vermögensverwalter der Rockefellers würde man heute als *Single Family Offices* bezeichnen, da sie nur eine Familie betreuen. Aus diesen Anfängen entwickelte sich nach und nach eine Organisationsform und Dienstleistung. Mittlerweile gibt es auch *Multi Family Offices,* die mehrere Familien betreuen, und bieten nicht nur eigens darauf spezialisierte Unternehmen, sondern ebenso Banken diese Dienstleistung an. Die Dienste eines *Family Office* in Anspruch zu nehmen rechnet sich allerdings erst ab einem Vermögen von mindestens 30 Millionen Euro. Viel für Sie und mich, »Peanuts« für manch andere. Es gibt Familien, die ein *Single-Family-Office*-Team mit 20 und mehr Mitarbeitern auf Trab halten.

Ein *Family Office* wartet mit geballtem Finanzwissen und absoluten Spezialisten auf unterschiedlichstem Gebiet auf, ob Immobilien, alternative Investments, Hedgefonds, Private Equity, Controlling und so weiter. Sie berichten – in der Regel quartalsweise – über die Entwicklung der unterschiedlichsten Anlagen, bereiten die Entscheidungsgrundlagen vor und sprechen Empfehlungen aus. Der Auftraggeber hat also immer einen Überblick über den Stand und die Struktur seines Vermögens. Das ist perfekt. Denn finanzieller Erfolg ist kein Zufall, sondern Ergebnis eines ganz klaren Prozesses, einer konkreten Planung und der Kontrolle, ob man noch »in der Spur« ist oder ob nachjustiert werden muss.

Ich zeige Ihnen in diesem Buch, wie Sie die wichtigsten Elemente dieser auf den finanziellen Erfolg einer Familie getrimmten Einheiten für sich nutzen können – auch ohne über die Mindestanlagesumme zu verfügen. Und dies ist, wie gesagt, umso einfacher, als heutzutage im Grunde jedermann Zugriff auf professionelle Finanzinstrumente hat.

1
Das magische Dreieck der Geldanlage

Planung und Finanzwissenschaft beziehungsweise Finanzwissen sind nicht die zwei Seiten einer Medaille, sondern vielmehr siamesische Zwillinge. Dazu komme ich gleich noch. Ebenso ist es mit Rendite und Sicherheit (in der Sprache der Anleger spricht man von »Risiko«). Um Verfügbarkeit erweitert (im Fachjargon »Liquidität« genannt), nennt man das Ganze das »magische Dreieck der Geldanlage« oder das »magische Dreieck der Vermögensanlage«. Ein jeder Anleger, mich selbst eingeschlossen, hätte bei einem Investment am liebsten eine hohe Rendite, ohne dabei irgendein Risiko einzugehen, und das Ganze auch noch bei ständiger Verfügbarkeit des angelegten Geldes. So bitter es ist: Eine solche ideale Anlage gibt es nicht. Liquidität, Sicherheit und Verfügbarkeit bilden ein Spannungsfeld. Verschiebt sich eines der Elemente, bewegen sich auf magische Weise auch die beiden anderen. Man muss daher abwägen, welchem der drei man den Vorzug gibt, und im Gegenzug bei den anderen Zugeständnisse machen: Wer eine hohe Rendite will, aber das Risiko scheut, muss begrenzte Liquidität in Kauf nehmen. Wer absolut flexibel bleiben und einen Großteil des Geldes kurzfristig verfügbar haben will, und das möglichst risikofrei, muss sich mit einer niedrigen Rendite abfinden. Wer eine hohe Rendite und ständige Liquidität will, muss sich das mit einem hohen Risiko erkaufen.

Die Amerikaner sagen dazu: »There is no free lunch.« Frei übersetzt: Nichts ist umsonst. Es gibt nur ganz selten Situationen, in denen man Gewinne erzielen kann, ohne ein Risiko eingehen zu müssen. Wägen Sie daher stets sorgfältig ab, ob die Renditechance in einem vernünftigen Verhältnis zum Risiko steht. Ganz egal in welchen Märkten Sie tätig sind, ob Sie in Immobilien, am Kapitalmarkt, in Edelmetallen oder was auch immer investieren: Diese Regel ist universell. Und sie wird auch von professionellen Investoren befolgt. Profis sind bewusst bereit, Risiken zu tragen, doch sie betreiben sogenanntes Risikomanagement. Sie versuchen, ein in der Fachsprache »asymmetrisches« Risikoprofil zu erzeugen, indem sie Maßnahmen ergreifen, um das Risiko zu senken, dabei aber die Renditechancen zu erhalten, oder, falls das Risiko nicht gemindert werden kann, die Renditechancen zu erhöhen.

Ich will Ihnen das an einem einfachen Beispiel verdeutlichen. Nehmen wir an, das Risiko beträgt zehn Einheiten, und zwar gemessen in der Volatilität des Marktes (Volatilität bezeichnet den Schwankungsbereich von Preisen, Aktienkursen, Zinssätzen oder eben ganzen Märkten). Und nehmen wir an, dass die zehn Einheiten durch den Deutschen Aktienindex, kurz DAX, repräsentiert werden. Es könnte auch ein Aktien- oder Rohstoffindex der Ratingagentur Standard and Poor's Corporation (S&P) sein – beispielsweise der S&P 500 mit den 500 größten US-amerikanischen börsennotierten Unternehmen, der S&P Africa 40 oder der S&P Tiefsee Öl & Gas – oder irgendein anderer Index. Wenn ich den Index kaufe, habe ich eine Renditechance von ebenfalls zehn Einheiten. Wenn ich dann aber unklug handle – beispielsweise ständig kaufe und verkaufe –, verringere ich dadurch die Rendite von zehn Einheiten auf fünf oder vier, während das Risiko dessen ungeachtet bei zehn bleibt. Dieses Verhaltensproblem ist ein Drama, das sich täglich vollzieht, und der Grund dafür, dass wir es nicht schaffen, eine vernünftige Aktienkultur zu bilden – wobei Aktien hier nur als Stellvertreter stehen, denn der Sachverhalt gilt ja universell. Das Dramatische daran ist zum einen, dass viele Anleger zwar bewusst Risiken eingehen, sich durch ihr Verhalten aber unbewusst ihrer Renditechancen berauben, und zum anderen, dass dies ein rein psychologisches Problem ist. Es ist also ein subjektives Problem, das mit den Märkten, der Politik oder sonstigen Einflussgrößen gar nichts zu tun hat. Der Punkt ist, dass man *beides* – Risiken und Gewinnchancen – *bewusst* kalkulieren muss. Das heißt, dass man notfalls auch die Konsequenzen tragen und Durststrecken durchstehen muss und dem Impuls widersteht, fallende Werte so schnell wie möglich loszuwerden. Denn panikartig zu verkaufen ist das Schlimmste, was man machen kann. Um Missverständnissen vorzubeugen: Risiken bewusst zu kalkulieren hat nichts mit Spekulieren zu tun, sondern mit Planung und strategischer Investition. Strategische Investition grenzt sich vom Zocken ab. Sonst könnte man ja gleich ins Casino gehen und je nach Lust und Laune auf Schwarz oder Rot setzen.

John Maynard Keynes, einer der bedeutendsten Ökonomen des zwanzigsten Jahrhunderts, soll einmal recht treffend formuliert haben, dass eine Spekulation eine Wette darauf sei, was andere über ein bestimmtes Investment dächten. Bei einem Investment hingegen gehe es darum, vom Gewinnwachstum eines Unternehmens langfristig zu profitieren. Im Prinzip sei die Börse daher nichts anderes als eine gigantische Ablenkung von der Arbeit des Investierens.

Wer als Anleger auch mal zocken möchte, dem sei es unbenommen, einen *kleinen* Teil seines Geldes *ganz bewusst* als »Spielgeld« zu verwenden, um damit in hochriskante Werte einzusteigen und vielleicht sogar eine tolle Rendite zu erzielen – oder das komplette Geld zu verlieren. In der Praxis läuft es aber leider so, dass viele Anleger ein zockerähnliches Verhalten bei ihrem *gesamten* Vermögen an den Tag legen, und das bringt sie um ihren finanziellen Wohlstand. Und warum tun sie das? Weil sie keinen Plan haben. Um es noch einmal ganz klar zu sagen: Mir geht es um eine bewusste Abgrenzung vom Spekulieren, um bewusste Investition, bewusste Kalkulation von Risiko. Und dazu gehört ein klarer Plan, auch für den Fall, wie zu verfahren ist, wenn die Dinge mal nicht so gut laufen. Nur so kann man die Früchte ernten, die der Markt bereithält.

Das klingt womöglich so, als hielte ich nichts von Investitionen in Aktien. Das Gegenteil ist der Fall. Aktien sind nach wie vor die bei Weitem beste und einträglichste Anlageform – sofern man das Spekulieren sein lässt und einige weitere Dinge beachtet, zu denen ich im Weiteren noch kommen werde. Das lässt sich recht einfach an einem Vergleich demonstrieren: Die Finnen, die deutlich mehr in Aktien investieren, erzielen inflationsbereinigt knapp sieben Prozent Rendite pro Jahr, die Deutschen lediglich 2,3 Prozent. Das liegt, nach einer Untersuchung der Allianz,[1] daran, dass die Deutschen gut 40 Prozent ihres Geldes auf Sparbüchern, Tages- oder Festgeldkonten bunkern, wofür sie in der derzeitigen Nullzinsphase nicht einmal einen Inflationsausgleich bekommen. Anders formuliert: Das Geld wird unter dem Strich immer weniger statt mehr.

Das Zusammenspiel von Rendite und Risiko sollte ein Anleger sowohl bei jedem einzelnen Vermögenswert als auch bei der Gesamtheit aller Anlagen berücksichtigen und einschätzen. Wenn er dann noch jeweils die Verfügbarkeit im Blick hat, ergibt das magische Dreieck der Vermögensanlage ein »rundes« Bild.

Bleiben wir noch ein wenig beim Risiko.

Lieben Sie das Risiko?

Renditen können wir nicht managen,
wir können nur Risiken managen.

Risiken gibt es viele; manche sind versicherbar, wie Unfall, Berufsunfähigkeit, Todesfall, Langlebigkeit (dazu später mehr) oder Rechtsstreite, andere nicht. Zwei versicherbare Risiken möchte ich herausgreifen, weil ich sie für besonders wichtig halte. Durch eine Risikolebensversicherung kann ich meine Familie für den Fall meines Todes absichern, was vor allem dann überlegenswert ist, wenn eine Immobilie noch mit einer Hypothek belastet ist. Ein Tipp am Rande: Schließen Sie als (Ehe-)Paar Risikolebensversicherungen »über Kreuz« ab. Normalerweise versichert der Versicherungsnehmer sein eigenes Leben und benennt seinen Partner als Begünstigten, mit der Folge, dass der Partner gegebenenfalls Erbschaftsteuer zahlen muss. Das lässt sich vermeiden, wenn Sie nicht Ihr eigenes Leben versichern, sondern das Ihres Partners und umgekehrt. In dem Fall zahlen Sie für Ihren eigenen Hinterbliebenenschutz, und die Versicherungssumme wird nicht als Erbe behandelt, sondern ist eine Vertragsleistung und somit steuerfrei.

Ein weiteres versicherbares und oft unterschätztes Risiko ist die Berufsunfähigkeit. Die Wahrscheinlichkeit, bis zur Rente berufsunfähig zu werden, liegt immerhin zwischen 29 und 43 Prozent – je nach Altersgruppe und Geschlecht –, wobei mittlerweile psychische Erkrankungen mit einem Anteil von fast 30 Prozent die häufigste Ursache sind.[2] Betroffene ohne Berufsunfähigkeitsversicherung sind auf die Erwerbsminderungsrente der gesetzlichen Rentenversicherung angewiesen, und die ist mehr als kümmerlich. So erhält beispielsweise ein verheirateter Vierzigjähriger, der davor ein monatliches Bruttoeinkommen von 1800 Euro hatte, bei voller Erwerbsminderung lediglich 519 Euro.

Nicht versichern kann man Risiken in der Kapitalanlage. Da wären zum einen die »allgemeinen« Verhaltensrisiken. Der Forschungszweig der Verhaltensökonomie (geläufiger unter dem englischen Begriff *Behavioral Finance*) hat etliche »unvernünftige« Verhaltensmuster nachgewiesen und damit bewiesen, dass sich der Mensch auch in Finanzfragen längst nicht so rational verhält, wie es zu wünschen wäre. Verhaltensweisen, mit denen wir uns als Anleger selbst schaden, sind unter anderem einseitiges Investieren (»Klumpenrisiko«), der Herdentrieb, Selbstüberschätzung, die jüngste Vergangenheit in die Zukunft fortzuschreiben und Überreaktion auf Nachrichten – egal ob gute oder schlechte. Gegen diese Risiken können Sie sich zwar, wie gesagt, nicht versichern, aber Sie können sie minimieren, indem Sie die zehn Gebote für kluge Investmententscheidungen beachten (siehe das Kapitel »Die zehn Gebote für kluge Investmententscheidungen«).

Dazu kommen die »individuellen« Verhaltensrisiken, wie überhaupt nicht zu investieren – stattdessen alles Geld dauerhaft auf dem Giro- oder dem Tagesgeldkonto zu parken, was wegen mangelnder Rendite zur schleichenden Geldentwertung führt. Welche Folgen das hat, ermittelte eine Studie der Beratungsgesellschaft Barkow und des Onlinebrokers Comdirect: Allein im ersten Quartal 2018 haben deutsche Sparer durch schlecht verzinste Einnahmen insgesamt 7,1 Milliarden Euro verloren, das ergibt auf das Jahr hochgerechnet einen Wertverlust von insgesamt 28,4 Milliarden Euro.[3] Oder 344 Euro pro Kopf! Und es wird laut dieser Studie immer noch mehr Geld auf diese Weise gebunkert.

Ein weiteres individuelles Verhaltensrisiko besteht darin, keine Reserven für Notfälle vorzuhalten, sodass man gegebenenfalls Vermögenswerte zu einem schlechten Preis verkaufen muss oder gar in die Schuldenfalle gerät. Ebenso riskant ist das »Scheuklappendenken«, wie ich es nenne, das dazu führt, dass man zum Beispiel keine Regelungen in Bezug auf die Vermögensnachfolge trifft oder keine Altersvorsorge betreibt – »Wird schon alles gut gehen«. Hochriskant ist nicht zuletzt auch, wenn man ständig über seine Verhältnisse lebt.

Zu den vielfältigen Risiken der Kapitalanlage zählen zum anderen Handelbarkeit, Kurs, Zinsänderung, Inflation, Konjunktur oder Bonität des Emittenten (eine leicht verständliche Beschreibung dieser und weiterer Risiken finden Sie auf https://finanzkun.de/grundlagenwissen/). Vielleicht haben Sie auch ein Exemplar der Broschüre »Basisinformation über Vermögensanlage« zu Hause, denn ein jeder Bankberater – und ein jeder Vermögensverwalter oder Finanzberater – ist verpflichtet, dem Kunden diese Broschüre auszuhändigen. Und viele sehen ihre Pflicht zur Aufklärung über die Risiken damit als erledigt an.

Um die oben aufgeführten Risiken zu »managen« – oder zu steuern –, sollte man als Erstes ein Risikoprofil erstellen, denn wie viel Risiko ein Anleger eingehen sollte, hängt von seiner *Risikobereitschaft* ab. Entgegen der weitverbreiteten Meinung, dass man in der Jugend generell risikobereiter sei als im Alter, bleibt das Risikoprofil im Lauf des Lebens und über die unterschiedlichen Marktphasen von Hausse und Baisse hinweg übrigens ziemlich stabil.

In der Bankberatung wird nach meiner Erfahrung nicht ausreichend auf die individuelle Risikobereitschaft des Kunden eingegangen. In den 20 Jahren, die ich in Banken gearbeitet habe, wurde die aus meiner Sicht essenzielle Frage zu oberflächlich behandelt. Da wurde der Kunde allenfalls ganz allgemein gefragt, wie risikobereit er ist, worauf er mit »gar nicht«, »mittel« oder »sehr« antworten konnte. Dies reichte bis vor Kurzem zur Erfüllung regulatorischer Vorgaben ja auch aus, zeichnete vom Risikoprofil des Kunden jedoch ein zu ungenaues Bild. Oder er wurde gefragt: »Wollen Sie lieber 50 Prozent Aktienquote oder lieber nur 30 Prozent?« Dazu zeigte man ihm vielleicht noch ein Schaubild, wie sich ein Portfolio mit 50 oder mit 30 Prozent Aktienanteil im Schnitt verändert. Thema erledigt. Doch wie soll ein Privatanleger seine Risikobereitschaft *objektiv* einschätzen? Vor allem einer, der sich bislang wenig um seine Finanzen und mögliche Spar- und Anlageformen gekümmert hat? Dank der Europäischen Finanzmarktrichtlinie MiFID II müssen Finanzberater nun zwar detailliertere Auskünfte zur Risikobereitschaft einholen, die aber immer noch ein nur unscharfes Bild vermitteln.

Die Risikobereitschaft ist bei der Finanzplanung jedoch elementar wichtig und sollte daher gleich zu Anfang sauber definiert werden, um sie in den Beratungsprozess einbinden zu können.

Denn sonst passiert das, was den ganzen Finanzplan zunichtemachen kann: Die Börse schwächelt, und der als risikobereit eingestufte, in Wahrheit aber risikoscheue Anleger, dem ein Portfolio mit einem Aktienanteil von 70 Prozent empfohlen wurde, bekommt Panik und verkauft seine Wertpapiere, unter Umständen mit enormem Verlust. Der tatsächlich risikobereite Anleger hingegen sitzt die Durststrecke aus und kann nach Erholung der Börse vom Aufschwung profitieren und sich über schöne Gewinne freuen. Dabei ist es kein Hexenwerk, die Risikobereitschaft zu ermitteln, sondern ganz banales Handwerk.

Finanzberater müssen sich nicht einmal die Mühe machen, selbst ein Instrument zu entwickeln, denn es gibt bewährte Fragebögen. Umso bezeichnender ist es, dass zum Beispiel vom einzigen in Deutsch erhältlichen fundierten psychometrischen Fragebogen, dem Risk-Profiler *FinaMetrica*, einem der weltweit führenden Verfahren, um die Risikobereitschaft zu ermitteln, bislang hierzulande nur wenige Hundert Lizenzen verkauft wurden – bei etwa 150 000 Bank- und 40 000 freien Beratern! Das wäre übrigens eines der Auswahlkriterien, falls Sie sich auf die Suche nach einem guten unabhängigen Finanzberater machen wollen: Finden Sie heraus, ob und welchen Test zur Abfrage Ihrer Risikobereitschaft er verwendet, und achten Sie darauf, ob er Ihre individuelle, subjektive Risikobereitschaft insgesamt, also bei sämtlichen Anlagearten, berücksichtigt oder zum Beispiel nur bei Aktien.

Eine grobe Einschätzung Ihrer Risikobereitschaft können Sie anhand der Risikoklassen vornehmen, die in der MiFID II aufgeführt sind. Seit die MiFID II – MiFID sind die Anfangsbuchstaben der englischen Bezeichnung »Markets in Financial Instruments Directive« – am 3. Januar 2018 in Kraft trat, gelten, nicht zuletzt als Reaktion auf die Finanzkrise von 2007/2008, strengere Richtlinien bei Finanzdienstleistungen. Zum Schutz von Verbrauchern sowie Anlegern wurden unter anderem die fünf Risikoklassen der älteren MiFID I nun in sieben unterteilt und weiter

»verfeinert« mit dem Ziel, dass Anleger den Risikogehalt unterschiedlicher Geldanlagen besser vergleichen können. So weist ein der Risikoklasse 5 zugeordnetes Finanzinstrument ein höheres Verlustpotenzial auf als eines aus der Risikoklasse 4. Die nachfolgenden Definitionen und Zuordnungen orientieren sich an der Systematik, wie sie auf der Website https://investmentsparen.net dargestellt ist.[4] Aber es gibt auch andere Zuordnungen. Die Deutsche Bank zum Beispiel reiht Aktien, Aktienfonds und ETFs sowohl in Risikoklasse 4 als auch in Risikoklasse 5 ein, je nach ihrem durchschnittlichen historischen Verlustpotenzial in einem Zeitraum von zwölf Monaten. Aktien, Aktienfonds und ETFs mit einem entsprechenden Verlustrisiko von 25 Prozent werden in Risikoklasse 4, solche mit einem Verlustrisiko von 50 Prozent in Risikoklasse 5 eingestuft.[5]

- *Risikoklasse 1* steht für »Sicherheit« und sehr geringe Risikobereitschaft. Mögliche Anlageformen für Sparer mit diesem Risikoprofil sind zum Beispiel Tages- und Festgeld sowie Bausparverträge. Ihr Vorteil sind sehr geringe bis geringe Kursschwankungen; der Nachteil ist eine äußerst geringe Rendite.
- In *Risikoklasse 2* ist man »sicherheitsorientiert« und hat eine geringe Risikobereitschaft. Man investiert vorzugsweise in Kapitallebensversicherungen oder in Rentenpapiere mit hervorragender Bonität. Damit erzielt man zwar nur eine mickrige Rendite, dafür bringen einen keine Kursschwankungen um den Schlaf.
- In *Risikoklasse 3* werden »konservativ sicherheitsorientierte« und risikoscheue Kunden eingestuft. Sie sind Kandidaten beispielsweise für festverzinsliche Wertpapiere oder Mischfonds.
- *Risikoklasse 4* ist für »solide ertragsorientierte« Anleger reserviert und für Investments in Aktien und Aktienfonds einschließlich »solider« ETFs auf Standardwerte oder den MSCI World, einen der führenden Aktienindizes der Welt.

Ich vermute sehr stark, dass Sie eher in eine der ersten vier Risikoklassen gehören. Ab Risikoklasse 5 wird es für den durchschnittlichen Anleger langsam »riskant«, da die »Instrumente« immer mehr Hintergrundwissen und auch eine immer stärkere Überwachung erfordern. »Kaufen und halten« funktioniert hier definitiv nicht mehr. Daher sollten Sie von Instrumenten ab Risikoklasse 5, spätestens 6 am besten die Finger lassen, sie allenfalls als äußerst geringe Depotbeimischung in Betracht ziehen.

- Anleger der *Risikoklasse 5* gelten laut Definition als »konservativ wachstumsorientiert«. Das klingt recht bodenständig und so gar nicht nach Risiko und zocken, nicht wahr? Tatsache aber ist, dass Sie sich mit diesem Risikoprofil in die gleiche Liga einreihen würden wie Investoren, die gern zu Währungsanleihen oder im OTC-Handel zu Aktien greifen. OTC ist die Abkürzung für »Over The Counter« (»über den Tresen«) und bezeichnet den außerbörslichen Handel von Wertpapieren. Durch diese Art Handel spart der Investor Gebühren, hat aber auch eine geringere Kontrolle über seine Geschäfte, um nur je einen Vor- und Nachteil zu erwähnen.
- Für *Risikoklasse 6* muss man »wachstumsorientiert/spekulativ« sein. Seltsamerweise taucht erst hier, in der vorletzten Stufe, zum ersten Mal das Wort »spekulativ« auf. Ich finde das bedenklich, vor allem in Kombination mit dem im Grunde recht positiven Wort »wachstumsorientiert«. Wer bei einer Finanzberatung an einen Berater gerät, der eine sehr oberflächliche Analyse der Risikobereitschaft vornimmt, kann unversehens und vor allem ungewollt in dieser Risikoklasse landen, denn ich schätze, dass sich viele Anleger, die mit den Risikoklassen der MiFID nicht vertraut sind und nur die Schlagwörter hören, vielleicht zwar nicht unbedingt als »spekulativ«, aber als »wachstumsorientiert« einstufen würden. Denn: Wer will denn nicht, dass sein Vermögen wächst? In einem solchen Fall hat

man dann schnell mal Optionen, Futures, Junk-Anleihen und dergleichen im Portfolio. Das sind Instrumente, die Profis vorbehalten sein sollten. Futures zum Beispiel werden überwiegend als Absicherungsinstrumente eingesetzt; sie sind kostengünstig und hochliquide, doch wenn es anders läuft als erwartet, kann der Verlust sogar höher sein als der Einsatz.

- In *Risikoklasse 7* werden »extrem spekulative« Anleger eingestuft, die sich außergewöhnliche Renditen erhoffen, dafür aber auch bereit sind, extreme Wertschwankungen und einen Totalverlust in Kauf zu nehmen, wie sie zum Beispiel bei Investitionen in sogenannte Hedgefonds immer drohen. Hedgefonds sind Profiwerkzeuge mit hoch spezialisierten Strategien, die man nur versteht, wenn man vom Fach ist. In Risikoklasse 7 fallen auch Spezialfonds. Solche Fonds sind nur etwas für hochvermögende und institutionelle Anleger: Während Sie und ich als normale Privatanleger mit 100 Euro in einen Publikumsfonds einsteigen können, sind für Spezialfonds Summen ab zehn Millionen Euro üblich.

Das Konzept der *Risikopyramide* hilft Ihnen, Ihr Portfolio entsprechend den Risikoklassen »vernünftig« zu strukturieren beziehungsweise anzupassen. Die Risikopyramide besteht sinnvollerweise analog zu den Risikoklassen aus sieben Stufen: Die unteren Stufen mit risikoarmen Investments (etwa Tagesgeld oder Rentenpapiere) sollten den größten Teil des Portfolios ausmachen. Der kleinere Mittelteil ist Anlagen mit mittlerem Risiko (wie Investmentfonds, ETFs und Immobilien) vorbehalten. Den schmalen Gipfel bilden risikoreiche Anlagen wie Währungsanleihen, Futures und dergleichen.

Die Risikopyramide sollten *alle* Anleger beachten, unabhängig von ihrem Risikoprofil. Ein sehr risikoscheuer Mensch wird sich vielleicht für folgende Verteilung seiner Investments entscheiden:

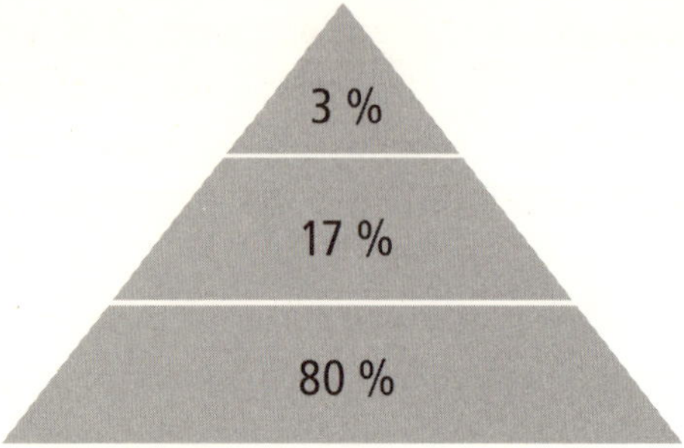

»Konservative« Vermögenspyramide

Wenn er dann feststellt, dass seine Vermögensstruktur nicht seinem Risikoprofil entspricht, weil der Großteil seiner Vermögensanlagen in den mittleren oder gar den oberen Segmenten der Pyramide liegt, hat er einen guten Anhaltspunkt, wie er seine Investments »umbauen« und damit das Risiko verringern kann. Ein solcher Umbau ist auch dann sinnvoll, wenn sämtliches Vermögen in den unteren Segmenten angelegt ist, da es dort kaum oder gar keine Rendite bringt.

Bei einem Investor, der das Risiko liebt, sieht die Pyramide eher wie folgt aus:

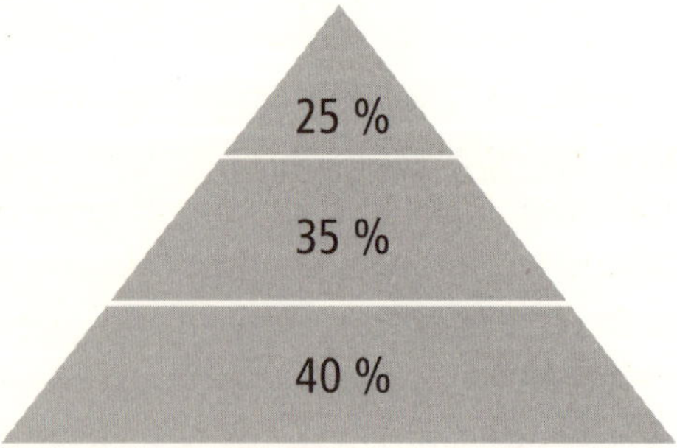

Risikoreiche Vermögenspyramide

Ein weiterer wichtiger Punkt ist die *Risikotragfähigkeit,* auch »Verlusttragfähigkeit« genannt. Sie bezeichnet im Unterschied zur individuellen, subjektiven Risikobereitschaft den objektiv ermittelbaren, maximal möglichen Verlust, der durch Liquiditätsreserven abgedeckt werden könnte, und bestimmt sich aus verschiedenen objektiven Kriterien wie zum Beispiel dem Alter des Anlegers und der Struktur des Vermögens. Auch hier gibt es mehrere »Klassen«:

- Der Anleger kann entweder gar keinen oder nur geringe Verluste verschmerzen.
- Der Anleger könnte mit einem Totalverlust des eingesetzten Kapitals leben.
- Der Anleger könnte sogar Verluste über das eingesetzte Kapital hinaus verkraften.

Mit diesem Thema sollte sich ein Finanzberater ebenfalls dezidiert auseinandersetzen; dies erfordert jedoch einen tieferen Einblick in die aktuelle Vermögenssituation und die persönlichen Rahmenbedingungen, wofür er sich häufig nicht die Zeit nimmt.

Rendite und Erfolgsmessung

Die meisten Privatanleger messen ihren Erfolg an der »einfachen Rendite«, indem sie den Gewinn oder Verlust in einem Jahr ins Verhältnis zum investierten Kapital setzen. Beispiel: Wenn aus 10 000 Euro, die am 15. September 2017 investiert wurden, am 14. September 2018 11 000 Euro geworden sind, liegt die Rendite bei zehn Prozent. Diese Methode eignet sich bei einfachen Vermögensstrukturen recht gut, doch sobald während des Jahres Investments zugekauft oder verkauft werden oder Sparpläne mit im Spiel sind, funktioniert sie nicht mehr so recht. Die einfache Rendite ermöglicht zwar keinen professionellen Vergleich der verschiedenen Anlageformen, für den »normalen« Anleger genügt sie meist dennoch.

Wenn Sie sich dazu entschließen, die Erfolgskontrolle Ihres Vermögens mit einer Excel-Tabelle durchführen zu wollen, dann verwenden Sie die einfache Rendite, in dem Sie zu einem Stichtag (meist jährlich, bei besonders gewissenhafter Überprüfung auch in kürzeren Abständen) die Bestände bestimmter Werte, die Sie als relevant erachten – Depotstände und deren Verrechnungskonten, Tagesgeldkonten (einzeln oder die Summe aller) oder Immobilienwerte oder, oder, oder –, festhalten und die Differenz zum vorherigen Stichtag ermitteln.

Je mehr Bankverbindungen, Versicherungen und weitere Vermögenswerte wie Immobilien und Beteiligungen Sie besitzen und je genauer (und vergleichbarer) Sie den Erfolg messen möchten, desto wichtiger ist der Einsatz einer modernen IT-Lösung, die einem dabei die Arbeit abnimmt – denn am Ende geht es »nur« darum, Daten zu sammeln, zu strukturieren und die richtige Formel zu verwenden – eine lohnende Fleißarbeit, die einen großen Einfluss auf den finanziellen Erfolg hat, wie ich immer wieder beobachten durfte.

Die »zeitgewichtete Rendite« ist unabhängig von Zu- und Verkäufen und sonstigen Veränderungen in der Vermögensstruktur und misst schlicht den objektiven Ertrag über einen längeren Zeitraum. Sie ist daher geeignet, alle Arten von Anlageprodukten und Anlagestrategien miteinander zu vergleichen, zum Beispiel einen einzelnen ETF mit dem Gesamtportfolio oder das Gesamtportfolio mit einem Index.

Bei der »kapitalgewichteten Rendite« – auch »geld-« oder »wertgewichtete Rendite« genannt – wird ebenfalls ein längerer Zeitraum betrachtet und werden außerdem der Zeitpunkt und die Höhe der Zahlungsströme berücksichtigt.

Diese drei verschiedenen Sichtweisen können, müssen aber nicht zu höchst unterschiedlichen Ergebnissen führen. Nehmen wir noch einmal das obige Beispiel. Wenn Sie die 11 000 Euro ein weiteres Jahr anlegen und wiederum eine Rendite von zehn Prozent erzielen, ergeben alle drei »Renditearten« 21 Prozent. Hätten Sie nach dem ersten Jahr ihre Anlage um 10 000 Euro aufgestockt, insgesamt also 21 000 Euro investiert, sähe es ganz anders aus. Dann ergäbe nach zwei Jahren die einfache Rendite einen Wert von 15,5 Prozent, und die wert- und die zeitgewichtete lägen wiederum bei 21 Prozent.

Eine andere Art der Erfolgsmessung ist, die Entwicklung einer Anlage oder eines Depots derjenigen eines vergleichbaren Aktienindex im selben Zeitraum gegenüberzustellen. Nach dieser Methode wird häufig die Leistung von Fondsmanagern und Vermögensverwaltern bewertet.

Alle diese Methoden können für jegliche Art der Anlage verwendet werden, ob für eine Einzelaktie, das gesamte Aktiendepot, das Tagesgeld oder Immobilien, haben aber gemein, dass sie *vergangenheitsorientiert* sind. Die *zukunftsorientierte* Erfolgsmessung hingegen legt den Schwerpunkt darauf, mit welcher Wahrscheinlichkeit ich meine Ziele erreichen werde. In der Fachsprache nennt man die Fokussierung auf Ziele recht treffend »zielbasierte Finanzplanung«. Wurden die Ziele, deren Prioritäten und die Sparfähigkeit erfasst, wird die Vermögensstruktur genauestens analysiert und dahin gehend überprüft, ob sie zu den Zielen passt (Stichwort *Strategische Asset Allocation*). Dabei wird auch die Frage geklärt, mit welcher Wahrscheinlichkeit man welche Ziele erreicht. Das ist reine Mathematik: Je nachdem, an welcher Stellschraube man dreht – zum Beispiel Tagesgeld, Sparplan oder Anleihen, Renteneintrittsalter, monatliche Sparsumme –, hat dies unterschiedliche Auswirkungen.

Strategische Asset Allocation

Der Fachbegriff *Asset Allocation,* unter anderem auch Vermögensallokation genannt, bezeichnet die Aufteilung *(allocation)* des Vermögens auf verschiedene Anlageklassen *(assets),* etwa Tages- und Festgeld, Aktien, Anleihen, kapitalbildende Versicherungen und Beteiligungen, Immobilien, Währungen, Rohstoffe oder Edelmetalle. Jede dieser Anlageklassen sowie die Finanzinstrumente, die den Anlageklassen zuzuordnen sind, haben unterschiedliche Renditeerwartungen und Risiken und reagieren unterschiedlich auf wirtschaftliche Rahmenbedingungen sowie Entwicklungen am Finanzmarkt. Während sich zum Beispiel Aktien in Zeiten von Wirtschaftswachstum positiv entwickeln, geht es mit Anleihen bergab – und umgekehrt. Das heißt, dass sich die Wertentwicklungen teilweise ausgleichen können: Fallen die Kurse in der einen Anlageklasse, steigen sie oftmals bei einer anderen. Die Asset Allocation dämpft also das Risiko und erhöht die Chance auf eine insgesamt positive Entwicklung des Gesamtvermögens.

Strategische Asset Allocation bedeutet, dass man die prozentuale Aufteilung der Anlageklassen je nach Risikobereitschaft, Anlageziel, Anlagehorizont und anderen Parametern vornimmt – beispielsweise 50 Prozent in Aktien, 40 Prozent in Immobilien, die übrigen 10 Prozent in Anleihen.

Der klassische Optimierungsansatz für eine Asset Allocation folgt der modernen Portfoliotheorie nach Harry M. Markowitz. Der Wirtschaftswissenschaftler entwickelte in den 1950er-Jahren Berechnungsmethoden, um ein Portfolio zu optimieren, und wurde – zusammen mit zwei Mitstreitern – für seine Portfoliotheorie 1990 mit dem Alfred-Nobel-Gedächtnispreis für Wirtschaftswissenschaften ausgezeichnet. Kurz gesagt besteht Markowitz' Portfoliotheorie darin, ein optimales Verhältnis zwischen Chancen und Risiken anzustreben, indem man Investments streut und dabei darauf achtet, dass sie sich weder völlig gleich noch total entgegengesetzt entwickeln. Einzelne Vermögensanlagen sollten also nie isoliert betrachtet werden, sondern stets in Hinblick auf ihre Wirkung auf das gesamte Portfolio. Auf diese Weise könnten Verluste des einen Investments durch Gewinne eines anderen abgefedert werden.

Nehmen wir als Beispiel folgende Ausgangssituation:

Lebensstil

Sparquote bis Renteneintritt (p. a.)
1200

Lebenshaltungskosten bis Renteneintritt (p. a.)
30 000

Ziele

+ Ziel erfassen

Typ	Alter beim Ereignis	Wiederholen bis	Betrag	Priorität
Gesundheitsvorsorge private Krankenversicherung (eigener Anteil)	38 Jahre (2018)	90 Jahre (2070)	3000 € p. a.	■ Bedürfnis
Ausbildung Studium Tochter	50 Jahre (2030)	55 Jahre (2035)	12 000 € p. a.	■ Bedürfnis
Ausbildung Studium Sohn	56 Jahre (2036)	61 Jahre (2041)	12 000 € p. a.	■ Bedürfnis
Auto Familienauto	45 Jahre (2025)		40 000 € einmalig	■ Erwartung

Einnahmen

+ Einnahmen erfassen

Typ	Alter beim Ereignis	Wiederholen bis	Betrag
Mieteinnahmen Einnahmenüberschuss Mietwohnung Schellingstraße	38 Jahre (2018)	48 Jahre (2028)	2400 € p. a.
Mieteinnahmen Einnahmenüberschuss Mietwohnung Schellingstraße	49 Jahre (2029)	65 Jahre (2045)	3600 € p. a.
Immobilienverkauf Verkauf Schellingstraße	65 Jahre (2045)		180 000 € einmalig
Versicherungsverkauf Auszahlung private Rentenversicherung	67 Jahre (2047)		60 000 € einmalig

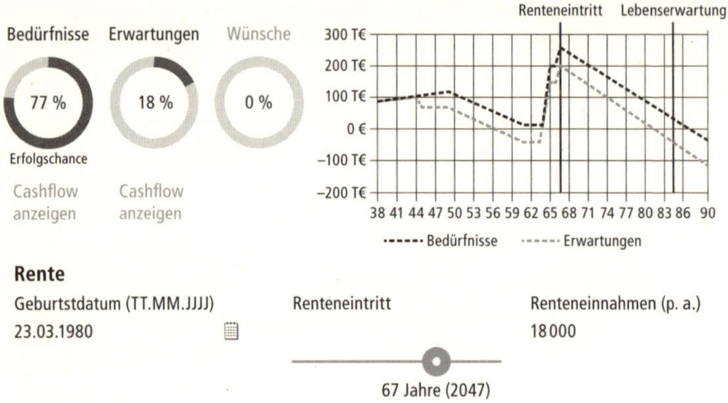

Vermögensstruktur und Erreichungswahrscheinlichkeit der Ziele vor Anpassung

Bei der zukunftsorientierten Erfolgsmessung werden der heutige Ist-Stand an Vermögen sowie kalkulierte Einnahmen und Ausgaben unter Berücksichtigung von Rendite- und Risikoannahmen je Anlageklasse finanzmathematisch in die Zukunft projiziert. So kann ermittelt werden, wie statistisch wahrscheinlich unterschiedlich priorisierte Ziele wie »Bedürfnis« (Prio 1) oder »Erwartung« (Prio 2) erreicht werden können.

Optimiert man den einen oder anderen – oder auch mehrere – Parameter, beispielsweise die Höhe der Sparrate oder das Renteneintrittsalter, und/oder strukturiert die Anlagen neu unter Berücksichtigung des finanzmathematischen Modells von Markowitz, steigt die Erfolgschance. Im vorliegenden Beispiel wurde der Teil des Tagesgeldes, der die empfohlene Reserve von mindestens drei Monatsgehältern überstieg, am Kapitalmarkt angelegt und die Risikobereitschaft leicht erhöht, von 10 auf 15 Prozent. Bei den Hauptzielen stieg die Erreichungswahrscheinlichkeit dadurch auf 100 Prozent und bei den nachrangigen Zielen von 18 auf immerhin 59 Prozent.

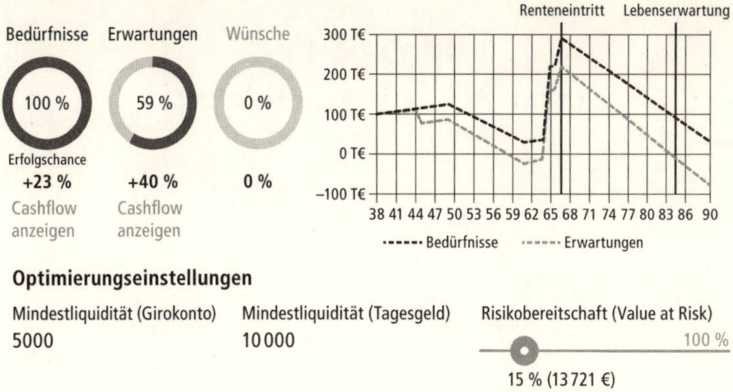

Erreichungswahrscheinlichkeit nach Anpassung

Ebenso ist es, wenn man die Ziele anders gewichtet; auch dies hat Auswirkungen auf die sogenannte Erreichungswahrscheinlichkeit. Zugegebenermaßen müsste man sehr fit in Mathematik sein, um solche Berechnungen mit Stift und Papier oder mit einem Taschenrechner zu bewältigen, weshalb professionelle Finanzplaner spezielle Software dafür verwenden.

2
»Hin und Her macht die Taschen leer«

So lautet eine alte Börsenweisheit. Mit »Hin und Her« ist gemeint, bei Investitionen am Aktienmarkt zu versuchen, den jeweils günstigsten Zeitpunkt für einen Einstieg in eine Aktie und den Ausstieg aus dem Wert abzupassen, um so einen möglichst hohen Ertrag zu erzielen. Also Market-Timing und Stock-Picking.

Beide Strategien sind definitiv nicht der richtige Ansatz, um Vermögen aufzubauen. Das belegt auch die Langzeitstudie der US-Firma Dalbar aus Boston. Das unabhängige Analyse- und Research-Unternehmen veröffentlicht seit 1994 in einem jährlichen Report unter dem Titel *Quantitative Analysis of Investor Behavior* die Auswertung von Daten aus 30 Jahren zum Anlegerverhalten.[6]

Dalbar stellt ganz klar fest, dass der durchschnittliche Anleger, der in aktiv gemanagte Aktienfonds investiert, mit seiner Rendite unter – in vielen Fällen sogar weit unter – dem bleibt, was der Performancebericht des Fonds und des Vergleichsindex vermuten ließen. Der Vergleichsindex S&P 500 zum Beispiel hat über den Zeitraum von 1986 bis Ende Dezember 2015 im Schnitt 10,35 Prozent erwirtschaftet, die Anleger holten im selben Zeitraum mit Aktienfonds durchschnittlich aber nur 3,66 Prozent Rendite ein. Das ist eine dramatische Lücke von über sechs Prozentpunkten. Anders formuliert: Der S&P 500 brachte eine mehr als doppelt so hohe Rendite ein, als die Anleger im gleichen Zeitraum mit aktiven Aktienfonds erzielten.

Über kürzere Distanzen ergibt sich ein ganz ähnliches Bild: Über einen Zeitraum von 20 Jahren brachte es der S&P 500 auf 8,19 Prozent, der durchschnittliche Anleger mit Fonds auf 4,23;

über fünf Jahre erzielte der S&P 500 12,57 Prozent, der Anleger 6,92 Prozent.[7]

Verursacht wird diese Differenz nicht so sehr durch die Gegebenheiten des Marktes, denn die wirken sich ja auch auf den Vergleichsindex aus, sondern vor allem durch das *Verhalten* der Anleger, weil sie sich zu sehr auf die Jagd nach dem optimalen Ein- und Ausstiegszeitpunkt konzentrieren. Und das tun sie nicht zuletzt deshalb, weil so mancher Berater dazu rät, da er am ständigen Kaufen und Verkaufen von Aktien oder Fonds verdient, ebenso wie einschlägige »Börsenbriefe« sowie andere Medien. Dieses fortwährende Umschichten des Depots auf der Suche nach einer höheren Rendite oder im Versuch, Verluste zu minimieren, setzt jedoch einen völlig falschen Fokus und führt zum Herdentrieb: Die Anleger kaufen, wenn die Nachrichten und die Märkte positiv sind. Und, um im Bild zu bleiben: Wenn man nicht die Position des Leithammels hat, ist man nie als Erster am Futterplatz, um sich die größten Leckerbissen zu sichern. Sprich: Man kommt zu spät und kauft zu teuer. Und sie verkaufen, oft panikartig, wenn sich die Märkte nach unten bewegen. Und kommen wieder (zu) spät und verkaufen zu billig.

Zusätzlich befeuert wird der Herdentrieb durch die »Waage«: In liquiden Märkten wie zum Beispiel den Kapitalmärkten zu investieren ist die einfachste Art der Anlage, weil wir dort *jeden Tag* eine Preisfindung haben, einen Ausgleichspreis zwischen Angebot und Nachfrage. In diesen Märkten gibt es – anders als zum Beispiel im Immobilienmarkt – genauso viele Kaufinteressenten beziehungsweise Käufer wie Verkäufer. Denn so wie ich davon überzeugt bin, dass heute der richtige Tag ist, um zu kaufen, ist auf der anderen Seite ein anderer überzeugt, dass heute der richtige Tag ist, um zu verkaufen. Diese Waage muss einem immer bewusst sein.

Herdentrieb und Waage führen zu dem typischen Zyklus, der dazu beiträgt, dass man mit der Timing-Strategie die Früchte des

Marktes nicht ernten kann. Die Timing-Strategie ist also völlig unzulänglich, und sie hat in der Regel nur negative Konsequenzen. Das belegen neben dem Dalbar-Report auch etliche wissenschaftliche Studien, zum Beispiel eine in Finanzkreisen oft zitierte Arbeit[8] von Roger Ibbotson, Professor für Finanzwissenschaft an der Yale School of Management, und Paul Kaplan, Direktor für Research beim Finanzinformations- und Analyseunternehmen Morningstar. Die beiden beschäftigten sich wie so viele andere mit der Frage, was Menschen finanziell erfolgreich macht, analysierten für ihre Studie über längere Zeiträume hinweg Publikums- und Pensionsfonds in den USA und kamen zu dem Ergebnis, dass die Rendite der Portfolios zu über 90 Prozent von einer *langfristigen strategischen* Ausrichtung abhängt – also auch von der Struktur, genauer: von einer Diversifikation in verschiedenen Bereichen wie Anlageklassen, Branchen, Regionen oder Währungen.

Trotzdem ist die Timing-Strategie nach wie vor der häufigste Fehler in der Vermögensbewirtschaftung. Es macht die Leute zudem verrückt, ständig zu überlegen: Kauf ich heute oder lieber erst morgen? Es ist vor allem fruchtlos, denn kein Mensch, auch kein Profi, kann diese Frage beantworten. Auch ich nicht. Auf das Auf und Nieder von Aktien und generell auf die Märkte hat man keinen Einfluss und kann die Entwicklung nicht vorhersagen.

Und das betrifft, um es zu wiederholen, sämtliche Märkte. Soll ich mir jetzt noch eine Immobilie in München kaufen? Die Preise sind horrend, doch sowohl die Nachfrage nach Wohnraum als auch der prognostizierte Bevölkerungszuwachs weisen auf weitere Wertsteigerungen hin. Und in München gehen die Immobilienpreise seit Jahrzehnten nach oben, einen Markteinbruch gab es noch nie. Oder ist nicht doch das Ende der Fahnenstange erreicht, weil es sich kaum ein Normalbürger noch leisten kann, in München zu wohnen? Gibt es also eine »Immobilienblase«, die bald mal platzt? Darüber kann man nur spekulieren, wissen tut es kein

Mensch. Das ist, neben der Timing- natürlich auch eine Standortfrage. Auf das Thema Immobilien gehe ich ausführlich im Kapitel »Von der Vermögensaufstellung bis zur ersten Anlage« ein.

Um es noch einmal ganz klar zu sagen: Ich halte es für wenig sinnvoll, sich mit Timing-Strategien zu beschäftigen oder mit Titelselektion, oder mit was auch immer gerade in Mode ist und von dubiosen Börsenbriefen als *die* Strategie oder Investition schlechthin angepriesen wird. Zum Beispiel Optionen in Gold. Klar können Sie kaufen, aber wundern Sie sich nicht, wenn Ihre Investition dann dahinschmilzt wie Eis in der Sonne. Wenn Sie schon in Gold (das ich als »Risikowährung« bezeichnen würde) investieren wollen für den Fall, dass der Euro doch einmal zusammenbrechen sollte, dann legen Sie sich lieber einen gewissen Anteil in *physischem* Gold zu, also Goldmünzen oder -barren.

Viele »Anfänger« machen ebenfalls den Fehler, auf das Timing zu setzen, indem sie auf den vermeintlich richtigen Zeitpunkt warten, um überhaupt erst einmal in den Markt einzusteigen. Dr. Georg von Wallwitz, selbstständiger Fondsmanager und Mitinhaber einer der größten Vermögensverwaltungen Deutschlands, schrieb dazu in dem höchst lesenswerten Artikel *Salami-Timing:* »… Wirklich klug ist es nämlich, sich nicht allzu viel Gedanken über Market-Timing zu machen. Besser ist es, seine (langfristig anzulegenden) Ersparnisse quartalsweise und unabhängig vom Zustand des Marktes anzulegen, komme was wolle. […] der Trost für die vielen traurigen Seelen, die heute nicht wissen, ob sie noch in Aktien einsteigen sollen: Auch wenn man heute einen besonders schlechten Moment erwischt, ist man langfristig noch immer besser bedient als mit der Matratze (oder, was heute fast dasselbe ist, mit Staatsanleihen und Pfandbriefen). Am Ende ist jeder Versuch des Timings sinnlos …«[9]

Ich möchte erreichen, dass Sie Ihren Fokus statt auf Market-Timing, Stock-Picking oder ähnliche Strategien auf die *richtigen* Themen richten. Dadurch werden Sie sich ganz automatisch von der Herde lösen und vom Lärm der Medien befreien. Ihren Fokus auf die *richtigen* Themen richten, das heißt vor allem: Konzentrieren Sie sich auf das, was Sie *kontrollieren* können. Und das sind Ihre *Vermögensstruktur* und Ihr Verhalten – dazu komme ich noch später –, und das sind die Kosten.

3
Die leidigen Kosten

Die Timing-Strategie ist nur ein Aspekt, warum die Leute zu wenig Rendite vereinnahmen. Ein zweiter Punkt sind die Kosten: Anleger kaufen in der Regel zu teure Produkte.

Die Standardfinanzprodukte sind aus meiner Sicht zu teuer, da die Wertschöpfungskette viel zu lang ist. Ich möchte Ihnen anhand eines klassischen Beispiels, eines aktiv gemanagten Aktienfonds, illustrieren, wer sich in der Finanzindustrie bereits an den Honigtöpfen gelabt hat, bevor Sie als Anleger in den süßen Genuss von Rendite kommen. Ein solcher Fonds kostet im Schnitt 1,5 Prozent, die Finanzexperten sprechen in diesem Zusammenhang von 150 sogenannten Basispunkten (ein Basispunkt ist das Hundertstel eines Prozentpunkts) an Verwaltungsgebühren, die dazu dienen, unter anderem die Kosten des Fondsmanagements und des Vertriebs zu decken. Das heißt, man hat schon einmal 1,50 Prozent Kosten, die im Rahmen einer Gesamtkostenquote ausgewiesen werden. Diese *Total Expense Ratio* (TER) ist aber nicht »total«, weil es noch weitere Kostenbestandteile gibt, die mitunter enorm ins Gewicht fallen.

Die TER beinhaltet zum Beispiel

- die sogenannten *Kick-backs* (»verdeckte Provisionen«), gern auch als Vertriebsfolgeprovision bezeichnet, die die Bank oder der Finanzberater von der Fondsgesellschaft dafür bekommt, dass der Berater mit dem Kunden in Kontakt bleibt und ihn »betreut«. Diese Kick-backs können bis zu einem Prozent pro Jahr betragen, in der Regel sind es ca. 0,75 Prozent bei Aktienfonds. Es erschließt sich einem natürlich leicht, dass mit Kick-

backs richtig viel Geld verdient wird und diese Produkte daher bevorzugt vermittelt werden;
- eine Depotbankgebühr. Fondsgesellschaften müssen die Wertpapiere eines Fonds in einem gesonderten Depot anlegen, und da sie aus aufsichtsrechtlichen Gründen das Depot nicht selbst verwalten dürfen, müssen sie dafür eine Depotbank beauftragen, die natürlich Gebühren in Rechnung stellt;
- sonstige Betriebskosten, etwa für die Wirtschaftsprüfung. Darunter fallen auch die Kosten für Broschüren, Prospekte, Werbeanzeigen, TV-Spots und dergleichen. Das bedeutet: Der Anleger bezahlt die Werbung für die Fondsgesellschaft.

Seit die Europäische Finanzmarktrichtlinie MiFID II in Kraft trat, sind die Fondsgesellschaften dazu verpflichtet, zumindest einen Teil dieser expliziten Kosten auszuweisen und damit mehr Transparenz zu schaffen. Das klingt zunächst einmal recht erfreulich. Tatsache ist aber, dass eben nur ein Teil dieser expliziten Kosten ausgewiesen werden muss! Man wollte vollständige Nachvollziehbarkeit, dazu aber hätten auch die impliziten Kosten als Handelskosten ausgewiesen werden müssen. Das wusste die Lobby zu verhindern.

Nicht in der TER enthalten sind zum Beispiel
- die sogenannten, ebenfalls expliziten Tradingkosten, also die Handelskosten auf Fondsebene beim Kauf oder Verkauf eines Wertpapiers;
- die impliziten Kosten, zu denen die Broker beitragen – oder im Fall von Immobilienfonds die Makler –, die von der Fondsgesellschaft mit dem Handel der Wertpapiere beauftragt werden und natürlich ebenfalls bezahlt sein wollen. Broker führen nur die Aufträge aus, die die Fondsgesellschaft erteilt. Sie dürfen nicht eigenverantwortlich handeln. Die Broker, dazu zählt zum Beispiel auch die Deutsche Bank, verdienen ihr Geld durch den

sogenannten *Spread.* Der Spread ist die Differenz zwischen Geldkurs (Kurs für den Kauf) und Briefkurs (Kurs für den Verkauf). Bei Aktien von Schwellenländern, bei denen eher wenig Handel stattfindet, ist der Spread höher;

- Kosten, die für Umschichtungen innerhalb des Fonds anfallen;
- eine eventuelle *Performance Fee:* eine zusätzliche Vergütung, wenn vorab definierte Erfolgsziele erreicht werden.

So kommt eines zum anderen, und auch wenn die einzelnen Posten gering wirken, summieren sie sich schnell mal auf über hundert Basispunkte beziehungsweise auf über ein Prozent. Damit sind wir aber schon bei 2,5 Prozent Kosten.

Deutsche Anleger gut geschützt

Grundsätzlich ist das deutsche Kapitalanlagegesetzbuch (KAGB) – das in seiner vorhergehenden Fassung noch den verständlicheren Namen Investmentgesetz hatte – hervorragend. Es ist das strengste der Welt mit rigiden Strukturen und sehr fein austariert, was die Aufsicht anbelangt. So muss das Investmentfondsvermögen getrennt vom Vermögen der Kapitalverwaltungsgesellschaft (KVG), zum Beispiel einer Fondsgesellschaft, sein, sodass bei einer Pleite der KVG der Anleger nicht betroffen wäre. Die KVG muss zudem eine externe Depotstelle damit beauftragen, die Wertpapiere zu lagern und zu handeln, und es gibt externe Prüfer. Diese Regularien machen Investments zwar etwas teurer als in anderen Ländern, aber auch deutlich sicherer. Ein »Fall Madoff« wie in den USA wäre in Deutschland daher unmöglich.

Bernard »Bernie« Madoff, ein Finanz- und Börsenmakler und zeitweise sogar Vorsitzender der Technologiebörse NASDAQ, hatte ein gigantisches »Schneeballsystem« aufgebaut: ein Geschäftsmodell, bei dem Gewinne fast ausschließlich dadurch generiert werden, dass eine ständig wachsende Zahl von Teilnehmern eigenes Kapital einbringt oder erwirtschaftet. Dabei kam Madoff zu Hilfe, dass er eine lange Börsenerfahrung hatte und in der Börsenwelt und der Welt der Reichen ausgezeichnet vernetzt war. Über Jahrzehnte hatte er Investoren Traumgewinne beschert, die allerdings aus dem frischen Geld neuer Anleger bezahlt wurden. Da dieser Meister der Verschleierung als äußerst vertrauenswürdig und seriös galt und sich zudem als Menschenfreund zu inszenieren wusste, der generös zahlreiche wohltätige Zwecke unterstützte, konnte er seinen betrügerischen Machenschaften über lange Zeit hinweg ungehindert nachgehen. Als schließlich erste Verdachtsmomente auftauchten, dass es bei Madoffs Geschäften nicht mit rechten Dingen zuging, blieb die US-Börsenaufsichtsbehörde SEC tatenlos.

Ein *Whistleblower* – ein »Hinweisgeber« – hatte bereits 1999 entdeckt, dass Madoff in großem Maßstab Anlagebetrug praktizierte, und die SEC informiert. Doch diese ignorierte die Hinweise jahrelang. Erst Ende 2008 wurde Madoff verhaftet. Der Schaden, den er durch seine Betrugsmasche verursacht hat, wurde während des Prozesses gegen ihn auf unglaubliche 50 Milliarden veranschlagt – mindestens! Die offizielle Liste mit den Geschädigten ist 162 Seiten lang.

Außerdem *nicht* in der TER enthalten sind

- die beim Kauf und Verkauf fälligen Ordergebühren, die die *Depotbank* erhebt;
- ein eventueller Ausgabeaufschlag, auch *Agio* genannt, der durchschnittlich fünf Prozent beträgt, aber auch bei sechs oder sieben Prozent liegen kann;
- die alternative *Service Fee* von Premiumkunden, die natürlich zusätzlich zur TER anfällt.

Der Finanzexperte Gerd Kommer zeigt in seinem sehr empfehlenswerten Buch mit dem etwas sperrigen Titel *Herleitung und Umsetzung eines passiven Investmentansatzes für Privatanleger in Deutschland* die tatsächlichen Fondskosten in einer übersichtlichen Tabelle.

Kostenart	Von TER bzw. Ongoing Charges erfasst	Kostenspanne	Durchschnittliche Kosten p. a. ohne Performance Fee	Beschreibung
Verwaltungs-vergütung	Ja	1 % und 2,5 %	1,5 %	Deckt Kosten für Fondsmanagement und Vertrieb zuzüglich Gewinnmarge der Fondsgesellschaft ab
Depotbankgebühr und sonstige Betriebskosten	Ja	0,1 % und 0,5 %	0,2 %	Vergütung für die Depotbank der Fondsgesellschaft, weitere Kosten für Miete, Personal etc.
Transaktionskosten	Nein	0,5 % und 2 %	0,9 %	An- und Verkauf von Wertpapieren
Market-Impact-Kosten (Marktbeeinflussung)	Nein	0,3 % und 3 %	0,5 %	Bei An- und Verkauf von großen Blöcken von Wertpapieren
Performanceabhängige Managementgebühr	Nein	0,5 % und 2 % der Überrendite	–	Fällt nur bei einer relativ geringen Anzahl von Fonds an
Reale Gesamtkosten			3,1 %	

Reale Fondskosten

Wenn man sich diese Wertschöpfungskette der Finanzindustrie bei der Vermittlung von aktiven Aktienfonds an den Privatanleger anschaut, ist man schnell mal bei Kosten von mindestens 3,1 Prozent – sofern man als Premiumkunde eine ausgesprochen günstige *Service Fee* ausgehandelt hat. Bei einer konservativen Aktienstrategie, die übers Jahr gesehen vielleicht sechs Prozent Rendite erbringt, kommen selbst bei einem Premiumkunden gerade einmal etwas über zwei Prozent an. Handelt der Kunde sehr viel und in großem Umfang und bezahlt statt der pauschalen *Service Fee* bei jedem Trade Ordergebühren, können die Kosten noch weit höher liegen und die Rendite gegen null tendieren. Damit wird ziemlich schnell klar, dass die Finanzindustrie bei dieser Art Vermögensanlage den Rahm abschöpft. Und von dem kläglichen Rest holt sich dann gegebenenfalls auch noch der Staat in Form der Abgeltungsteuer seinen Teil. Die Lücke zwischen Bruttorendite (auch als »nominale Rendite« bezeichnet) und Nettorendite (oder »effektive Rendite«) hat natürlich nichts mit einem unbewussten, nachteiligen Verhalten der Anleger zu tun, sondern besteht auch bei wohlüberlegten Anlageentscheidungen – und dennoch ist sie den wenigsten Bankkunden bewusst.

In der Finanzwelt allerdings befeuert die Diskrepanz zwischen nominaler und effektiver Rendite den Glaubenskampf zwischen aktivem und passivem Management, zumal man mittlerweile aus unzähligen Studien weiß, dass aktive Fonds trotz professionellen Managements in der Regel den Markt nicht schlagen können. Was »in der Regel« heißt, zeigt etwa der Index-Anbieter S&P Dow Jones Indices in seinen jährlichen Studien auf, für die das US-amerikanische Unternehmen die Performance aktiv verwalteter Fonds in etlichen europäischen Ländern ihrem jeweiligen S&P-Vergleichsindex gegenüberstellt.

Nehmen wir als Beispiel die Studie von 2015: *Year-End 2015 Europe S&P Indices Versus Active Funds (SPIVA) Scorecard.*[10] Demnach haben 86,3 Prozent aller 25 000 aktiven Fonds, die S&P Dow Jones Indices für seine Studie unter die Lupe nahm, über den Zeitraum von zehn Jahren nach Abzug von Gebühren ihre *Benchmark*, ihren Vergleichsindex, verfehlt. Schaut man sich einzelne Segmente an, sind die Zahlen noch erschreckender: 98,9 Prozent aller US-Aktienfonds scheiterten an ihrer Benchmark, 97 Prozent der Schwellenländerfonds und 97,8 Prozent der weltweit investierenden Fonds. Beim Blick auf einzelne Länder ergibt sich ein ganz ähnliches Bild: Mit am besten schnitten mit 88 Prozent noch Dänemarks Fondsmanager ab. Schlusslicht waren definitiv die Niederlande, in denen kein einziger aktiv gemanagter Fonds seinen Vergleichsindex schlagen konnte.

Das ist, zugegeben, eine Momentaufnahme, und in manchen Jahren performen die Manager aktiver Fonds auch einmal besser, doch aus einer langfristigen Perspektive ändert sich an diesem dramatischen Bild nur wenig.

Natürlich gibt es den einen oder anderen Fondsmanager, der fast durchgehend überdurchschnittliche Ergebnisse erzielt, doch diese wenigen »Rosinen« im großen Kuchen muss man erst einmal finden. Und man muss sie sich leisten können. Fondsgesellschaften mit solch überaus fähigen Fondsmanagern haben meist eine Mindesteinstiegssumme von etlichen Millionen Euro und nehmen oft gar keine Neukunden mehr an. Darüber hinaus greifen sie bei »Übererreichung« des Ziels eine entsprechend hohe *Performance Fee* ab. Das bedeutet nichts anderes, als dass sie selbst einen Gutteil der Rendite absahnen.

Wozu also sollte man in einen aktiv gemanagten Fonds investieren, wenn man das Ganze viel günstiger haben kann? Wenn man zum Beispiel in den MSCI World (siehe nachfolgender Exkurs zu ETFs) investieren möchte, zahlt man etwa bei iShares, dem weltweit führenden Anbieter von ETFs, auf den iShares Core MSCI World eine Gesamtkostenquote (TER) von nur 0,2 Prozent (Stand August 2018). Hinter dem Kürzel MSCI steckt der US-amerikanische Finanzdienstleister Morgan Stanley Capital International. Seit Oktober 2017 kann man endlich auch in Deutschland ETFs von Vanguard kaufen, nach iShares der zweitgrößte Anbieter von Indexfonds. Gegründet wurde die ebenfalls in den USA beheimatete Vanguard Group, Inc., von John Bogle, der als Erster Indexfonds Privatanlegern zugänglich machte; zuvor waren sie institutionellen Anlegern vorbehalten. Da Vanguard aufgrund seiner genossenschaftsähnlichen Eigentümerstruktur keine Gewinnerzielungsabsicht in eigener Sache hat, zahlt man beispielsweise für einen ETF auf den S&P 500 sogar nur sieben Basispunkte beziehungsweise 0,07 Prozent. Das ist unschlagbar. Leider ist das Angebot von Vanguard in Deutschland aber noch recht überschaubar.

ETFs

Ein ETF ist, wie der englische Begriff *exchange-traded fund* schon besagt, ein Fonds, der an einer Börse gehandelt, also nicht über eine Fondsgesellschaft ge- und verkauft wird. ETFs sind Indexfonds, was bedeutet, dass sie einen Index nachbilden und damit auch dessen Wertentwicklung abbilden, zum Beispiel den DAX, in dem die 30 größten und liquidesten börsennotierten Unternehmen des deutschen Aktienmarktes vertreten sind, den EURO STOXX 50 mit den 50 größten, börsennotierten Unternehmen des Eurowährungsraums oder den MSCI World mit über 1600 börsennotierten Unternehmen aus (fast) der ganzen Welt.

Es gibt »thesaurierende« ETFs, die die laufenden Erträge wieder in Anteile des Fonds anlegen, und »ausschüttende« ETFs, bei denen die Dividenden ausbezahlt werden.

Außerdem wird unterschieden zwischen »physischen« und »synthetischen« ETFs. Bei einem »echten« oder physischen ETF werden tatsächlich die einzelnen Aktien gekauft, und zwar genau in der Zusammensetzung, wie sie im betreffenden Index enthalten sind. Bei einem synthetischen ETF erwirbt das Fondsmanagement zwar ebenfalls Wertpapiere, aber das müssen nicht die Aktien des Index sein. Der Indexbezug und die Indexentwicklung werden über ein Tauschgeschäft (Swap) abgesichert. Solange der Fondsanbieter und sein Tauschpartner, in der Regel eine Bank, ihre Vereinbarung erfüllen können, ist alles in Butter. Doch wenn einer der beiden in Schwierigkeiten gerät, kann es zu Ausfällen kommen. Wegen dieses Risikos geht der Trend eindeutig zu physischen ETFs, auch wenn diese etwas teurer sind, da sich die Notwendigkeit der ständigen Überwachung und Anpassung des ETFs an den Index natürlich kostenmäßig niederschlägt. Beim DAX mit seinen gerade einmal 30 Werten ist eine permanente 1:1-Nachbildung noch recht einfach zu bewerkstelligen, beim MSCI World hingegen mit über 1600 Werten ist sie mit hohem Aufwand verbunden.

Auch ich halte physische ETFs trotz der etwas höheren Kosten für die eindeutig bessere Wahl, denn eine Bank kann immer mal in Turbulenzen oder gar richtig in die Bredouille geraten, und sei sie noch so groß und renommiert. Denken Sie nur an Lehman Brothers, die US-amerikanische Investmentbank, die 2008 Insolvenz anmelden musste, mit Folgen, die sich schließlich sogar zu einer globalen Finanzkrise ausweiteten. Infolge dieser Finanzkrise wiederum machte zum Beispiel auch die Landesbank WestLB gewaltige Verluste und wurde durch milliardenschwere Rettungspakete gestützt. Sinnlos verpulvertes Geld: Im Juni 2012 wurde das einstige Zentralinstitut der Sparkassen in Nordrhein-Westfalen endgültig zerschlagen. Die Rettung der deutschen Banken kostet den Steuerzahler unter dem Strich über 68 Milliarden Euro – die indirekten Kosten der Bankenkrise, die unter anderem durch Entlassungen und Nullzinsen zu Buche schlagen, nicht mitgerechnet.[11]

Wie bei Einzelaktien oder Aktienfonds kann man auch bei ETFs entweder einmalig eine Summe anlegen oder in Sparpläne investieren. ETFs sind generell sehr kostengünstig, der Clou aber ist: Etliche Onlinebanken bieten gebührenfreie ETF-Sparpläne an. Vergleichen lohnt sich also.

Mein Favorit unter den ETFs ist definitiv der auf den MSCI World Index. Im MSCI World stecken 1642 Unternehmen (Stand 31. August 2018) der unterschiedlichsten Branchen aus 23 Industrieländern; er spiegelt ungefähr 85 Prozent der Marktkapitalisierung dieser Länder wider.[12] Der MSCI World Index wies in den letzten zehn Jahren eine durchschnittliche Jahresrendite von 9,68 Prozent auf, bei einer aktuellen Dividendenrendite von 2,35 Prozent, die je nach Fonds ausgeschüttet oder im Fondsvermögen wieder angelegt (= thesauriert) wird.

Auch Warren Buffett, der wohl erfolgreichste Großinvestor unserer Zeit, sieht aktiv gemanagte Fonds skeptisch. »Die Intelligenz von Hedgefondsmanagern«, formulierte er einmal recht bissig, »ist in der Regel nicht höher als die Kosten, die sie von ihren Investoren verlangen«, und fuhr fort: »Langfristig wird man mit passiven und günstigen Indexfonds besser fahren.« Im Aktionärsbrief von 2013 seiner Vermögensverwaltung Berkshire Hathaway verriet er, dass er in seinem Testament dem Vermögensverwalter seiner Frau rät, 90 Prozent ihres Vermögens in einen sehr kostengünstigen ETF auf S&P 500 zu stecken, bevorzugt in einen von Vanguard.[13]

Dennoch empfehlen Bankberater weiterhin aktiv gemanagte Fonds, weil die Finanzindustrie damit Geld verdient. Außerdem liefert das Marketing griffige Geschichten und damit eine »Verkaufshilfe« zu jedem vom Vertrieb favorisierten Produkt. Für mich ist jedenfalls klar, dass passive Strukturen eindeutig die bessere Wahl sind, ob nun ETFs oder eventuell auch »indexorientierte« Fonds. Was sind »indexorientierte« beziehungsweise »indexnahe« Fonds? Institutionelle Anleger wollen sich am Index orientieren, jedoch eine gewisse Flexibilität im Handel haben. Dies ist dann sinnvoll, wenn ein Index verändert wird und innerhalb einer kurzen Zeitspanne alle ETFs diese Indexveränderung abbilden müssen. Indexnahe Anlageklassenfonds bietet zum Beispiel die US-amerikanische Fondsgesellschaft Dimensional Fund Advisors an, kurz Dimensional genannt. Deren Produkte waren bisher institutionellen Anlegern vorbehalten, sind nun aber auch für Privatanleger in Deutschland verfügbar – allerdings mit Einschränkung, denn man erhält sie nur über wenige ausgewählte Finanzdienstleister und unabhängige Honorarberater.

Noch ein Wort zu den Kosten. Auch die Versicherungsbranche hat natürlich ihre Wertschöpfungskette. Ob Sie einen Vertrag über eine Riester-Rente, eine Berufsunfähigkeitsversicherung, eine Kapitallebensversicherung, eine Risikolebensversicherung oder irgendetwas in der Art abschließen: Immer fallen Kosten für den Vertrieb (Provision) und den Abschluss sowie Verwaltungskosten an, bei fondsgebundenen Lebensversicherungen zusätzlich Fondsverwaltungskosten. Zusammengerechnet werden dafür, je nach Anbieter und Produkt, zwischen fünf und elf Prozent fällig. Dabei spielt auch die Anzahl der Vertriebskanäle eine Rolle. Je mehr Vertriebswege der Versicherer nutzt, um seine Policen an den Mann respektive die Frau zu bringen, desto höher die Kosten. Besonders ärgerlich ist, dass die Abschluss- und Vertriebskosten »gezillmert« werden: Sie werden zwar für die Beiträge der gesamten Laufzeit berechnet, aber komplett in den ersten Jahren abgerechnet. Und da sie schnell mal mehrere Hunderte, in manchen Fällen sogar Tausende Euro ausmachen, bedeutet das, dass sie gerade in der Zeit am Zinseszinseffekt nagen – oder ihn gar vollständig auffressen –, in der dieser sich am stärksten auswirken würde.

Ein Beispiel: Beim Abschluss einer Versicherung fallen fünf Prozent Abschlussprovision an. Die Laufzeit beträgt 40 Jahre (Abschluss mit 27, Auszahlung mit 67), der Sparbeitrag liegt bei 100 Euro pro Monat, über die gesamte Laufzeit gerechnet also bei 48 000 Euro. An Provision sind somit 2400 Euro fällig. Das heißt: Die Sparbeiträge der ersten zwei Jahre gehen »faktisch« für die Abschlussprovisionen drauf.

4
Erfolgsfaktor finanzielle Allgemeinbildung

Als ich mich für meine Masterthesis auf die Suche machte, warum manche Menschen finanziell erfolgreich sind, stieß ich in wissenschaftlichen Studien sehr schnell darauf, dass man an dem Thema Finanzwissen nicht vorbeikommt. Es gibt eine hohe Wechselbeziehung zwischen finanzieller Allgemeinbildung und der Nutzung von Finanzplanung. Finanzplanung wiederum, das ergaben amerikanische Studien[14], macht den substanziellen Unterschied in der Vermögensentwicklung aus: Privathaushalte mit Finanzplanung verfügen zu Beginn des Rentenalters über ein bis zu dreimal (!) größeres Vermögen als solche ohne Finanzplanung – und dies unter sonst gleichen Startbedingungen, was soziale und ethnische Herkunft, Schulabschluss und Bildungsniveau, Einkommen und so weiter betrifft.

Das heißt ganz klar: Jeder, egal wie sein Startpunkt ist, kann Vermögen aufbauen, wenn er nur konsequent seinen Weg geht.

Es gibt eine ganz klare Kette, die mit Finanzwissen anfängt und fast automatisch auf den Weg zu finanziellem Erfolg führt: Wer sich Finanzwissen angeeignet hat, ist eher bereit, sich ein Ziel zu setzen und eine Planung vorzunehmen, hat anschließend seine Einnahmen und Ausgaben besser unter Kontrolle und spart zielstrebiger, sorgt für Rücklagen, um seinem Sparziel auch bei zwischenzeitlichen Rückschlägen, wenn die Dinge mal nicht so laufen wie geplant, treu bleiben zu können. Wer ein festes Ziel und eine konkrete Finanzplanung hat, dem fällt es auch leichter, das eine oder andere Mal auf Konsum zu verzichten. Er würde nie auf die Idee kommen, den Dispo zu beanspruchen oder einen Konsumkredit aufzunehmen für Dinge, die nicht absolut nötig sind, zum Beispiel eine Urlaubsreise oder ein neues Handy, obwohl das alte noch wunderbar funktioniert. Es sind zudem nicht selten solche im Grunde unnötigen Ausgaben, die den ersten Schritt in die Schuldenfalle markieren. Der Konsumkredit ist übrigens das margenstärkste Produkt in der Finanzwirtschaft, also jene »Ware«, mit der sie am meisten verdienen, weshalb die Banken ihn auch so gern anbieten.

Wer Sachverhalte wie Zins, Inflation und Diversifikation beziehungsweise Risikostreuung versteht, investiert eher in Anlageformen am Kapitalmarkt, die komplexer, aber auch weit renditeträchtiger sind als zum Beispiel Tages- oder Festgeld, vor allem während der derzeitigen Niedrig- beziehungsweise Nullverzinsung. Apropos Zins, Inflation und Diversifikation. Es gibt einen einfachen Test mit drei ganz banalen Fragen zu diesem Finanzwissen. Nehmen Sie sich ein paar Minuten Zeit und prüfen Sie, ob Sie die Fragen richtig beantworten können (die richtigen Antworten finden Sie am Ende des Tests):

Frage 1:

Sie legen 100 Euro zu zwei Prozent an. Wie viel Euro erhalten sie nach fünf Jahren?

- □ genau 110
- □ weniger als 110
- □ mehr als 110

Frage 2:

Sie haben heute 100 Euro. Die Inflationsrate liegt bei vier Prozent. Nächstes Jahr haben Sie 102 Euro. Haben Sie nächstes Jahr real mehr oder weniger Geld?

- □ mehr
- □ weniger

Frage 3:
Sie haben die Möglichkeit, in eine einzelne Aktie oder in einen Aktienfonds zu investieren. Was ist unter Risikogesichtspunkten sinnvoller?
- □ Aktie
- □ Aktienfonds

Die richtige Antwort auf Frage 1 ist »mehr als 110«, da die Zinsen ja ebenfalls verzinst werden, also der Zinseszinseffekt greift.

Die richtige Antwort auf Frage 2 ist »weniger«. Bei einer Inflation von vier Prozent kosten Waren vier Euro mehr. Also hat man real zwei Euro weniger in der Tasche.

Die richtige Antwort auf Frage 3 ist »Aktienfonds«, weil bei 30, 50, 100 oder wie vielen Aktien auch immer im Topf das Risiko breiter gestreut ist als bei einer einzelnen Aktie.

Es ist erschütternd, wie viele Menschen nicht einmal dieses grundlegende Einmaleins des Finanzwissens beherrschen.

Es gibt eine interessante Studie der Organisation für wirtschaftliche Zusammenarbeit und Entwicklung (OECD),[15] die besagt, dass das Maß des Verständnisses von Zusammenhängen in einer immer komplexer werdenden Welt dadurch ausgedrückt wird, wie hoch die finanzielle Allgemeinbildung ist, und dass man in einer komplexen, unübersichtlichen Finanzwelt genug Finanzwissen haben muss, um in der Lage zu sein, Finanzentscheidungen zum *eigenen Vorteil* treffen zu können. Das ist, so die OECD, das A und O. Diese Definition klingt furchtbar banal, zeigt zugleich aber auch, dass man kein absoluter Experte in Finanzdingen sein muss, um zu finanziellem Wohlstand zu gelangen. So weit, so gut. Doch es mangelt ja schon an der finanziellen *Allgemeinbildung.* Und zwar ganz erheblich. Daran ist nicht zuletzt auch das Schulsystem schuld, und das bezieht sich nicht nur auf Deutschland. Die OECD fragte im PISA-Test von 2012 in 13 Ländern erstmals auch das Finanzwissen von Schülern im Alter von 15 Jahren ab.[16] Den Jungen und Mädchen wurde zum Beispiel eine Rechnung der Firma Breezy Clothing vorgelegt. Adressat war eine Sarah Johanson. In Schwierigkeitsgrad 1 sollten die Schüler beantworten, warum Sarah diese Rechnung bekommen hat. Und als wäre das noch nicht einfach genug – wir reden hier nicht von kleinen Kindern, sondern von Fünfzehnjährigen! –, hat man den Teilnehmern auch noch vier Antwortmöglichkeiten vorgegeben:

A: Weil Sarah den Rechnungsbetrag an Breezy Clothing zahlen muss.
B: Weil Breezy Clothing den Rechnungsbetrag an Sarah zahlen muss.
C: Weil Sarah den Rechnungsbetrag schon an Breezy Clothing gezahlt hat.
D: Weil Breezy Clothing den Rechnungsbetrag schon an Sarah gezahlt hat.

In Schwierigkeitsstufe 2 sollten die Schüler aus der Rechnung den Betrag herauslesen, den Breezy Clothing für Versandkosten veranschlagt hatte. Auch das noch eine simple Aufgabe, da die Versandkosten als solche ausgewiesen waren.

Die OECD musste jedoch feststellen, dass jeder siebte Schüler (!) bereits an den einfachsten Fragen scheiterte. Und dieses finanzielle Nichtwissen besteht bis ins Erwachsenenalter fort. In einer Onlineuntersuchung, die Ipsos Marktforschung im Auftrag der ING-DiBa in zwölf Staaten durchführte, gaben 53 Prozent der deutschen Erwachsenen an, keine Finanzbildung zu haben. Damit haben die Deutschen den höchsten Wert an »Unwissenden« in Europa. »In absoluten Zahlen ausgedrückt«, so schreibt Ipsos in der anschließenden Analyse, »outen sich damit 35 Mio. deutsche Erwachsene als finanzielle Analphabeten.«[17]

Dieses verbreitete Unwissen war bereits im Jahr 2004 in der Bertelsmann-Studie *Finanzieller Analphabetismus* aufgedeckt worden. Sie stammt aus der Zeit, als die Riester-Rente eingeführt wurde, weil klar geworden war, dass das Niveau der umlagefinanzierten gesetzlichen Rente künftig nicht zu halten sein wird. Ein sinkendes Rentenniveau bringt es aber mit sich, dass zunehmend mehr Rentner auf staatliche Hilfe angewiesen sein werden, zumal die Rente immer stärker besteuert wird. Während bis 2004 Renten, die aus den Grundsicherungssystemen gezahlt wurden, nur mit dem relativ geringen »Ertragsanteil« von etwa 18 Prozent der Steuer unterlagen, waren sie mit Einführung der »nachgelagerten Besteuerung« im Jahr 2005 auf einen Schlag zu 50 Prozent der Steuer unterworfen. Seither steigt dieser Anteil für Neurentner bis 2020 Jahr für Jahr um zwei, danach um ein Prozent, bis er im Jahr 2040 schließlich 100 Prozent erreicht. Ein Neurentner, der 2020 in Rente geht, muss bereits 80 Prozent seiner Rente versteuern, ein Neurentner des Jahres 2030 schon 90 Prozent.

Um die Anzahl der Rentner, die dem Staat aufgrund sinkenden Rentenniveaus und höherer Besteuerung auf der Tasche liegen werden, möglichst gering zu halten, wurde die Idee entwickelt, dass die Bürger zusätzlich zur gesetzlichen Rentenversicherung privat fürs Alter vorsorgen sollten. Der Staat fördert diese private Altersvorsorge durch die Riester-Rente (und alternativ durch die Rürup-Rente für jene, die keine Riester-Rente in Anspruch nehmen können, zum Beispiel weil sie selbstständig sind), indem Beiträge bis zu einer bestimmten Höhe steuerfrei gestellt und zusätzlich Zuschüsse gezahlt werden.

Die Bertelsmann Stiftung untersuchte damals, ob die Menschen die Zusammenhänge erkennen und entsprechende Finanzentscheidungen treffen. Doch obwohl damals viel und ausführlich über die neue Rentenbesteuerung und die damit einhergehende Rentenlücke berichtet wurde, war den wenigsten Menschen klar – und das hat sich bis heute kaum geändert –, wie massiv sich das neue Alterseinkünftegesetz auf sie auswirken wird. Auch verstanden die meisten den Sinn und Zweck der Riester-Rente nicht, und wenn ich ein »Instrument« nicht verstehe, bin ich auch nicht bereit, es zu nutzen. So haben bis heute viel zu wenige Menschen einen privaten Altersvorsorgevertrag abgeschlossen, und etliche dieser Verträge »ruhen«, was bedeutet, dass keine Beiträge mehr eingezahlt werden. Das Problem, das ich hier sehe, ist dabei gar nicht einmal, dass so wenige einen Riester-Vertrag abschließen, sondern vielmehr, dass so wenige überhaupt in eine private Altersvorsorge investieren, welcher Art auch immer.

Hintergrund ist in erster Linie, dass bei vielen Anlageformen beim Sparer von der Rendite wenig bis nichts ankommt und er daher irgendwann die Lust und das Interesse am Sparen verliert. Das ist zwar nachvollziehbar, nichtsdestotrotz aber grundverkehrt. Viel sinnvoller ist es, seine Finanzen so zu gestalten und sein Erspartes so anzulegen, dass nicht irgendein Dritter, sei es die Bank, ein Fondsmanager oder eine Versicherungsgesellschaft, den Rahm abschöpft, sondern man selbst. Wenn da nur – neben dem mangelnden Finanzwissen – nicht die inneren Blockaden wären.

5
Die inneren Blockaden, die uns an der aktiven Gestaltung unserer Finanzen hindern

Eine Blockade, deren wir uns möglicherweise gar nicht bewusst sind, ist, dass Wohlstand nicht unbedingt positiv besetzt ist. Man denke nur an das Gleichnis aus der Bibel, das gleich in drei Evangelien – Markus, Lukas, Matthäus – genannt wird: »Eher geht ein Kamel durch ein Nadelöhr, als dass ein Reicher in das Reich Gottes gelangt.« Zwar fände es wohl ein jeder schön, mehr Geld, vielleicht sogar Reichtum zu besitzen, aber wer mag das schon offen eingestehen? Liefe man doch ständig Gefahr, als Kapitalist in Verruf zu geraten, der nur am schnöden Mammon interessiert ist.

Dann gibt es noch die offensichtlichen inneren Blockaden. Die meisten schieben die Finanzplanung ständig vor sich her, weil sie die Arbeit scheuen und ihre Unwissenheit fürchten. Das ist wie beim Testament. Wir alle wissen, dass es vernünftig wäre, unseren Letzten Willen schriftlich festzuhalten, um sicherzustellen, dass jeder das bekommt, was wir ihm gern hinterlassen möchten, und um Streit unter den Erben zu vermeiden. Und doch vertagen wir es ständig auf später. Genauso wie die Planung unserer Finanzen. »Ach, das ist alles so komplizier. Ich weiß gar nicht, wo ich da überhaupt anfangen soll.« Man fühlt sich unwohl und unsicher und geht das Thema daher nicht an.

Ein weiterer Punkt ist, dass die meisten die Notwendigkeit einfach nicht erkennen. Was auch wieder am mangelnden Wissen liegt. Natürlich mag es übers Jahr gesehen keinen großen Unterschied machen, ob man bei der einen Bank ein Prozent mehr Gebühren zahlt als bei einer anderen oder ob man bei der einen Anlageform ein Prozent weniger Rendite hat als bei einer anderen. Doch über die Jahre gerechnet akkumulieren sich solche geringen Unterschiede wegen des Zinseszinseffekts zu einem hübschen Batzen Geld.

Solange das Geld reicht, sehen viele auch nicht ein, warum sie sich überhaupt mit dem Thema beschäftigen sollten. Das ist eigentlich sehr seltsam, denn wir leben in einer durch und durch kapitalistischen Welt, wollen uns ein tolles Auto und mindestens einmal im Jahr einen schönen Urlaub und dergleichen mehr gönnen können. Als vor etlichen Jahren im Internet die Konfiguratoren für Autos freigegeben wurden, haben viele meiner Kollegen mehrere Tage lang ihre Mittagspause damit verbracht, sich ein Auto ganz nach ihren Wünschen zusammenzustellen, selbst wenn gar kein Autokauf anstand. Für den nächsten Urlaub blättern wir stundenlang durch die Kataloge des Reisebüros oder suchen als Individualtourist im Internet tagelang nach den günstigsten Flügen und Unterkünften. Und wenn wir uns neue Möbel anschaffen wollen, fahren wir von einem Möbelhaus zum anderen, um uns die Auswahl und die Angebote anzuschauen. Was ich damit sagen will: Bei so vielen Dingen des *Konsums* wenden wir sehr viel Zeit und Mühe auf, um letztlich das beste Ergebnis für unser Geld zu bekommen. Doch um uns mit der Voraussetzung für Konsum zu beschäftigen, nämlich mit unseren Finanzen, dazu fehlen uns die Energie und der Wille. Das ist grotesk.

Teil des Problems ist, dass das Finanzthema abstrakt ist und, im Vergleich zum neuen Sportwagen mit den tollen Felgen, reichlich unsexy. Es steckt auf den ersten Blick einfach kein Spaßfaktor in diesem Thema. Den hat es aber sehr wohl. Der Spaß kommt nur erst hinterher, wenn man sich dank der Beschäftigung mit der trockenen Welt der Geldanlage mehr und Schöneres oder Besseres leisten kann und keine Angst vor Armut im Alter haben muss.

Mir ist es wichtig, in diesem Buch das Universelle herauszustellen. Und das liegt darin, dass *jeder* Finanzplanung betreiben sollte.

Wer denkt, ach, für die maximal 100 Euro, die ich im Monat auf die Seite legen kann, brauche ich keine großartige Finanzplanung – das ist was für die Reichen –, der liegt völlig falsch. Gerade für diejenigen, die erst am Anfang der Sparphase stehen oder nicht so große Summen beiseitelegen können, ist Finanzplanung enorm wichtig, um überhaupt erst einmal auf den richtigen Pfad zu kommen. Und gerade für sie ist es zudem wichtig, keine Fehler zu machen. Ausgerechnet diese Kunden erhalten aber von den Banken und Finanzberatern nicht unbedingt eine Unterstützung in Form einer individuellen Beratung, im Unterschied zu den Vermögenden, mit denen die Finanzindustrie das Geld verdient.

Der Vermögende, der schon in der glücklichen Lage ist, nur noch entscheiden zu müssen, ob er sich als nächste Geldanlage eine Eigentumswohnung in Garmisch, Leipzig oder lieber an der Nordsee kauft, sollte natürlich ebenso einen Plan haben, doch der ist schon auf dem Pfad und muss nun »nur noch« auf hohem Niveau optimieren. Denn ab einer gewissen Höhe wächst Vermögen fast von allein, weshalb ja auch die Schere zwischen Arm und Reich immer weiter auseinanderklafft.

Auch das Alter lasse ich als Argument nicht gelten: Keiner ist zu jung oder zu alt, um sich mit Finanzplanung zu beschäftigen. Aber natürlich ist es besser, wenn man möglichst früh anfängt, sich um seine Finanzen und den Vermögensaufbau zu kümmern, weil dann der Zinseszinseffekt stärker zu Buche schlägt und man es insgesamt entspannter angehen kann.

Wichtig ist, dass man überhaupt erst einmal seine Passivität überwindet und sein »finanzielles Schicksal« in die Hand nimmt.

6
Das Navi für Ihren Wohlstand: die Finanzplanung

Erinnern Sie sich noch an die Zeit, bevor es Navigationsgeräte gab? Wissen Sie noch, wie es war, mit Straßenkarten in unbekannten Städten eine Adresse zu finden? Wie oft hat man sich verfahren, Umwege gemacht, ist in Sackgassen geraten, hat Zeit vergeudet und die Nerven strapaziert. Heute führen uns Navis und Apps sicher und effektiv an unser Ziel. Nach Plan durch unbekanntes Terrain geführt zu werden ist bei der Fortbewegung nicht mehr wegzudenken. Aber wie sieht es bei Finanzentscheidungen aus? Haben wir auch dort selbstverständlich einen Plan, ein Konzept, das uns teure Umwege und Frustration erspart? Leider viel zu selten. Und dabei bietet Finanzplanung so unglaublich viele Vorteile:

- Finanzplanung verschafft Ihnen Klarheit über Ihren finanziellen Status quo, darüber, was Sie haben, was Sie eventuell noch schulden, wie viel Sie einnehmen und wie viel Sie wofür ausgeben. Je nach Ergebnis finden Sie Ihren aktuellen Lebensstil bestätigt oder sehen, wo Sie Anpassungen vornehmen müssen – oder können, denn vielleicht stellen Sie ja fest, dass Sie mehr haben, als Ihnen bislang bewusst war. Wie auch immer das Ergebnis ausfällt, wird es, so befremdlich das zunächst klingt, Ihre Lebensqualität steigern, denn: Jetzt wissen Sie, woran Sie sind, und nichts befreit mehr als die Erkenntnis, seine Finanzen im Griff zu haben.
- Finanzplanung bedeutet, dass Sie Ihr Vermögen in seiner Gesamtheit betrachten und nicht isoliert einzelne Elemente wie

zum Beispiel Aktien oder Immobilien, und dass sie es strukturieren.

- Ein ganz zentrales Element einer jeden Finanzplanung sind Ihre (finanziellen) Ziele, sei es, dass Sie ein gewisses Vermögen fürs Alter aufbauen, ein längeres Sabbatical einlegen, eine Weltreise unternehmen oder eine Ferienwohnung kaufen wollen. Die Ziele geben quasi den Rahmen vor, und sie liefern, wie ich in den Fallbeispielen zeigen werde, die jeweils passende Strategie zu deren Finanzierung fast automatisch mit dazu. Ziele zu haben fördert außerdem die Selbstdisziplin und den Aufbau einer Sparroutine; anders formuliert: Vermögensaufbau wird zur Gewohnheit.
- Finanzplanung heißt auch, dass Sie Risiken leichter identifizieren sowie reduzieren und Absicherungen installieren können, dass Sie Finanzentscheidungen mit höherer Sicherheit und Effizienz treffen und an Ihren ganz individuellen Prämissen ausrichten können.
- Mit einer guten Finanzplanung sind Sie auf finanzielle Herausforderungen vorbereitet und handlungsbereit, wenn sich Investitionschancen bieten.

Ein Finanzplan ist die Brücke zwischen heute und dem, wo Sie hinwollen. Damit es auch auf Ihrem Finanzweg einmal heißt: »Sie haben Ihr Ziel erreicht!«

Was kommt rein, was geht raus?

Der erste Schritt in der Finanzplanung ist eine gewissenhafte und detaillierte *Einnahmen-und-Ausgaben-Rechnung*, um überhaupt erst einmal zu ermitteln, was monatlich »reinkommt« und was »rausgeht«. Der beste Weg dazu ist nach wie vor, ein Haushaltsbuch zu führen, in dem man penibel sämtliche Zu- und Abflüsse an Geld notiert. Nach einigen Monaten offenbaren die Eintragungen, wo man sein Geld effizienter einsetzen und so seine *Zufriedenheit pro verbrauchter Geldeinheit* steigern kann: Ein Haushaltsbuch hilft, Ausgaben zu planen und zu budgetieren sowie auch (später) zu kontrollieren. *Das Haushaltsbuch ist das Buch, das Sie reich macht.*

Vorlagen in Papierform, wie sie schon unsere Großeltern benutzten, gibt es auch heute noch in gut sortierten Schreibwarengeschäften. Vielleicht möchten Sie jedoch eher zu einer der vielen digitalen Ausführungen greifen, denn die bieten den Vorteil, dass man die Einnahmen und die Ausgaben nicht mühsam und zeitraubend addieren muss und jederzeit den Zwischenstand sieht. Eine Variante ist eine selbst gebastelte oder aus dem Internet heruntergeladene Excel-Tabelle. Oder man führt sein Haushaltsbuch über einen Onlinedienst. Und selbstverständlich dürfen in unserer Zeit Haushaltsbuch-Apps nicht fehlen. Die mögen hilfreich für all jene sein, die ihre Ausgaben gern zeitnah eintragen, damit sie es nicht vergessen. Ob aber die Haushaltsbuch-Apps für Paare eine gute Idee sind, da bin ich mir nicht so sicher. Denn dort sieht man sofort jeden neuen Eintrag, und ob »Nagellack 6,99 €« oder »4 Bier 15,60 €« zum Hausfrieden beiträgt, wage ich zu bezweifeln. Natürlich heißt die moderne Version eher »Money Manager«, »Expense Manager« oder »Spending Tracker«, doch wenn Sie sich im Internet über die vielen Angebote und ihre Vor- und Nachteile informieren wollen, werden Sie auch mit dem Stichwort »Haushaltsbuch« fündig.

»Zerlegen« Sie die einzelnen Posten, vor allem die Ausgaben, in möglichst viele Kategorien; das erleichtert es Ihnen, Sparpotenziale zu entdecken. Wenn Sie zum Beispiel die Nebenkosten nach Gas, Strom, Heizung etc. unterteilen, können Sie eher feststellen, ob sich etwa ein Wechsel des Stromanbieters lohnt.

Am sinnvollsten ist es, ein Haushaltsbuch über ein ganzes Jahr zu führen, um auch diejenigen Einnahmen und Ausgaben zu erfassen, die nur einmal im Jahr anfallen, wie zum Beispiel Urlaubs- oder Weihnachtsgeld auf der einen und Jahresbeiträge zu Versicherungen, Urlaubsreisen, Mitgliedsbeiträge für Vereine und dergleichen auf der anderen Seite. Dauert Ihnen das zu lange und möchten Sie mit Ihrer Finanzplanung schneller vorankommen, können Sie solche Einmalzahlungen natürlich auf den Monat umrechnen.

Wenn Sie Ihr Haushaltsbuch gewissenhaft führen, werden sich recht schnell folgende Punkte herauskristallisieren:

- Wie hoch die monatlichen Überschüsse sind oder, im umgekehrten Fall, wie hoch die sogenannten Unterdeckungen sind, ob Sie also mehr Geld ausgeben, als Sie Einnahmen haben.
- Ob die Überschüsse oder Unterdeckungen über die Zeit stabil sind oder stark schwanken.
- Woran es liegt, falls Sie Monat für Monat ins Minus rutschen.
- Wie hoch das Sparpotenzial ist.
- Welche Ausgaben wirklich notwendig sind und welche eingespart werden können, wo Sie also die Stellschrauben ansetzen können. Dabei offenbaren sich oft versteckte »Mitläufer«: Sie haben seit Jahren ein Jahresabo für den öffentlichen Nahverkehr, obwohl Sie schon seit Längerem mit dem Fahrrad zur Arbeit fahren? Oder ein Abo für eine Zeitschrift, die meistens ungelesen im Altpapier landet?

Ein Haushaltsbuch zu führen gibt auch in Teilen Aufschluss darüber, wie sich Ihr Cashflow und damit Ihr Sparpotenzial in der Zukunft verändern werden, zum Beispiel, wenn das Kindergeld wegfällt oder wenn die Eigentumswohnung endlich abbezahlt ist.

Sparziel(e) definieren

Ein Ziel ohne Plan ist nur ein Wunsch.
Antoine de Saint-Exupéry

Sparziele dienen als Leitlinien für die Finanzplanung und leisten Orientierungshilfe über einen längeren Zeitraum hinweg. Führen Sie zunächst ruhig alle Lebensvisionen, Lebensträume und finanziellen Ziele auf, die Ihnen einfallen, ob realistisch erreichbar oder nicht – ruhig »groß träumen«, denn Ziele wirken motivierend. Dies kann durchaus der Anlass sein, sich grundsätzliche Fragen darüber zu stellen, wo man im Leben noch hinwill, ob derzeit das persönliche Talent vollständig zur Entfaltung kommt oder dies in einem anderen Umfeld, unter anderen Gegebenheiten eher möglich wäre. Nicht umsonst hat der Verband der Finanzplaner (Financial Planning Standards Board; FPSB) sich für den Slogan »Finanzplanung ist Lebensplanung« entschieden.

Messen Sie den Zielen einen Wert bei, indem Sie sich zum Beispiel folgende Fragen stellen: Wie wichtig ist mir die Erreichung dieses oder jenes Ziels? Bin ich bereit, dafür härter und länger zu arbeiten oder auf andere Ausgaben zu verzichten? Wie stehen die Ziele in Beziehung zueinander – befinden sie sich gegebenenfalls in Konflikt? Sind alle Ziele relevant, oder kann ich einzelne streichen, um dafür andere mit höherer Wahrscheinlichkeit zu erreichen? Ordnen Sie schließlich die Ziele nach Prioritäten:

- Ziele, die Sie unbedingt realisieren wollen oder müssen, Bedürfnis bzw. Prio 1.
- Erstrebenswerte, aber nicht lebensnotwendige Ziele (»für den Lifestyle«), Erwartung bzw. Prio 2.
- »Traumziele«: erreichbar, wenn es richtig gut läuft; wenn nicht, geht die Welt deshalb auch nicht unter, Wunsch bzw. Prio 3.

Für die eigentliche *Finanzplanung* ist es nun aber wichtig, sich *klar definierte* Ziele zu setzen. Ziele wie »Ich möchte mal mehr verdienen« oder »Irgendwann will ich mir ein Boot kaufen« sind für die Finanzplanung völlig nutzlos, weil sowohl eine Summe als auch der zeitliche Rahmen fehlen. Was heißt »mehr Geld«? 10 000 Euro? 100 000? Eine halbe Million? Und wann ist »irgendwann«? In 5, 10 oder 20 Jahren? Solche Ziele sind schlicht nicht kalkulierbar. Und werden daher nur selten erreicht.

Einer legendären Harvard-Studie zufolge, die bis heute durch unzählige Ratgeberbücher über Zielerreichung geistert, hatten nur drei Prozent der Studienteilnehmer zehn Jahre später ihre Ziele erreicht, und zwar diejenigen, die ihre Ziele klar formuliert und niedergeschrieben hatten. Seltsam ist nur, dass diese Studie zwar ständig zitiert wird, aber das Original nirgendwo zu finden ist. Daher nahm die Psychologieprofessorin Gail Matthews von der Dominican University in Kalifornien eine neue Studie in Angriff. Sie teilte 267 Menschen im Alter von 23 bis 72 Jahren mit unterschiedlicher Herkunft und diversen Berufen nach dem Zufallsprinzip in verschiedene Gruppen ein. Auch sie stellte fest, dass diejenigen Teilnehmer, die konkrete Ziele hatten, denen sie sich verpflichtet fühlten und die sie klar formuliert aufschrieben, weit erfolgreicher waren als jene, die dies nicht taten.[18]

Ihre Ziele sollten daher »smart« sein, nicht im Sinne von »pfiffig«, »klug« oder »gewieft«, sondern im Sinne des Akronyms SMART, das sich ein kluger Kopf so treffend ausgedacht hat:

- S – spezifisch,
- M – messbar,
- A – aktiv beeinflussbar (im englischen Original steht das A für *attainable* or *achievable* = erreichbar; statt »aktiv beeinflussbar« könnte man auch »angemessen« oder »attraktiv« einsetzen),
- R – realistisch und
- T – terminiert.

Dieses »System« können Sie nicht nur für Ihre Finanzplanung verwenden, sondern es hilft ebenso in vielen anderen Lebensbereichen. Sie wollen abnehmen? Dann setzen Sie sich ein SMART-Ziel: »Bis Weihnachten 2019 will ich fünf Kilogramm weniger wiegen.«

Zu einem konkreten Sparziel gehört also auch ein bestimmter Zeitrahmen. Klassischerweise unterscheidet man kurz-, mittel- und langfristige Ziele. Diese Unterteilung spielt auch insofern eine Rolle, als die Zeitachse die Anlagestrategie beeinflusst: Zur Realisierung eines Ziels in naher Zukunft sollte man sich für eine sicherheitsorientierte Anlagestrategie entscheiden, während man für ein weiter in der Zukunft liegendes Ziel eine Anlageform mit höherem Risiko wählen kann.

- Kurzfristige Ziele sind solche, die Sie innerhalb der nächsten zwei Jahre erreichen möchten, zum Beispiel ein sicheres Polster auf einem Tagesgeldkonto schaffen; konkret: in Höhe von drei Monatsgehältern.
- Mittelfristige Ziele sind jene, die Sie im Lauf der nächsten fünf Jahre verwirklichen wollen, etwa das Bad renovieren; nachdem Sie sich informiert und zwei Kostenvoranschläge eingeholt haben, auf die Sie noch ein paar Prozent für die Preissteigerung der nächsten Jahre draufschlagen, kalkulieren Sie die Kosten mit 25 000 Euro.
- Langfristige Ziele sind diejenigen, die fünf oder mehr Jahre in der Zukunft liegen, beispielsweise dass Sie, wenn Sie in 15 Jahren in Rente gehen, die gesetzliche Rentenzahlung um monatlich 500 Euro aus Ihrem Ersparten aufbessern können.

Konkrete Ziele haben auch einen psychologischen Faktor: Sie sorgen dafür, dass man überhaupt mit dem Sparen beginnt und es nicht ständig vor sich herschiebt, und sie erhöhen die Wahrscheinlichkeit, dass man in seinen Sparanstrengungen nicht nachlässt – Sparen bedeutet schließlich Konsumverzicht – und dass man sein Ziel erreicht.

Eine Vermögensbilanz erstellen

Zur Erstellung eines Finanzplans gehört zudem, den Vermögensbestand und die Verbindlichkeiten zu einem Stichtag zu erfassen, also ganz genau wie bei einer Unternehmensbilanz. Eine solche Vermögensbilanz schafft Transparenz nicht nur über den Bestand, sondern auch über die Struktur des Vermögens und legt die Basis für seine Optimierung. Sie lässt zudem Rückschlüsse zu, ob gegebenenfalls Sachwerte in »Flüssiges« umgewandelt werden können, wie hoch die Renditeerwartung ist und welche Risiken in der Vermögensstruktur versteckt sind.

Auf der Aktivseite steht, wofür das Vermögen verwendet wurde (die sogenannte Mittelverwendung), unterteilt nach Sachvermögen (zum Beispiel Immobilien) und Finanzvermögen (Konten, Depots und so weiter).

Auf der Passivseite wird aufgeführt, woher das Vermögen auf der Aktivseite stammt (»Mittelherkunft«), unterschieden nach Eigen- und nach Fremdkapital. Fremdkapital meint nichts anderes als Schulden beziehungsweise Verbindlichkeiten, die Sie gegenüber einer Bank oder einem anderen Gläubiger eingegangen sind.

Die Summen der Aktiv- und der Passivseite sind immer gleich. Anders als in der Unternehmensbilanz gibt es keine Vorgaben für den Aufbau der Aktiv- und der Passivseite. Es ist aber ratsam, einer Struktur zu folgen und die Bilanz beispielsweise nach der »Liquidierbarkeit« zu gliedern, also danach, wie leicht die einzelnen Vermögenswerte in Bargeld umgewandelt werden können: vom liquidesten Vermögenswert (Girokonto) zum illiquiden (Immobilie) – oder umgekehrt. Üblicherweise werden Gebrauchsgegenstände (wie ein Auto, Möbel, sonstiger Hausrat) nicht in der Vermögensbilanz erfasst, da sie nicht der Vermögensanlage dienen.

Eine einfache Vermögensbilanz könnte wie folgt aussehen:

Aktiva			Passiva		
	IST	Struktur %		IST	Struktur %
Girokonten	**5000 €**	**1,05 %**	**Netto-Eigenkapital**	**130 000 €**	**27,20 %**
Liquide Anlagen	**5000 €**	**1,05 %**	**Fremdkapital**	**348 000 €**	**72,80 %**
Tages- und Festgeld	5000 €	1,05 %	Kurzfr. Fremdkapital	0 €	0,00 %
Aktien und Aktienfonds	0 €	0,00 %	Langfr. Fremdkapital	348 000 €	72,80 %
Anleihen und Rentenfonds	0 €	0,00 %			
Mischfonds	0 €	0,00 %			
Offene Immobilienfonds	0 €	0,00 %			
Zertifikate und Derivate	0 €	0,00 %			
Rohstoffe und Edelmetalle	0 €	0,00 %			
Sonstige liquide Anlagen	0 €	0,00 %			
Illiquide Anlagen	**468 000 €**	**97,91 %**			
Bewegliche Vermögensgegenstände	0 €	0,00 %			
Immobilien	450 000 €	94,14 %			
Kapitalbildende Versicherungen	18 000 €	3,77 %			
Alternative Investments	0 €	0,00 %			
Sonstige illiquide Anlagen	0 €	0,00 %			
Firmenbeteiligungen	0 €	0,00 %			
Bilanzsumme	**478 000 €**	**100 %**	**Bilanzsumme**	**478 000 €**	**100 %**

Einfache Vermögensbilanz

Das Eigenkapital (Netto- oder Reinvermögen) ergibt sich aus der Bilanzsumme auf der Aktivseite abzüglich der Schulden auf der Passivseite. Im obigen Beispiel also: 478 000 € – 348 000 € = 130 000 €.

Ist mehr und vor allem in unterschiedliche Bereiche fallendes Vermögen vorhanden, kann eine Vermögensbilanz schon etwas ausufern, so wie bei Daisy und Dagobert Duck. Daisy hat im Lauf der Zeit einiges an Werten angehäuft:

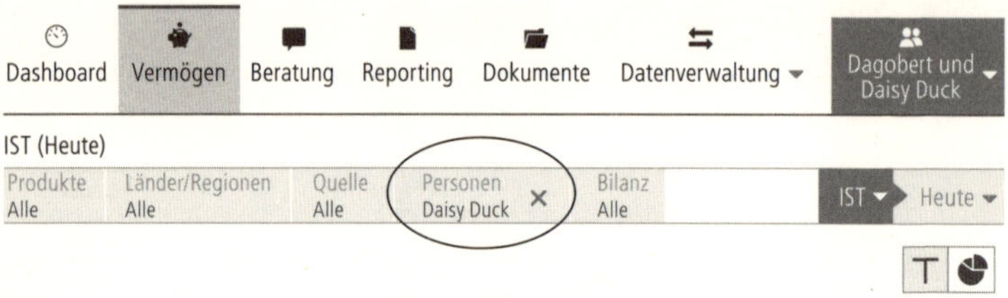

Aktiva | Passiva

	IST	Struktur %		IST	Struktur %
Girokonten	**0 €**	**0,00 %**	**Netto-Eigenkapital**	**467 676 €**	**78,25 %**
Liquide Anlagen	**159 568 €**	**26,70 %**	**Fremdkapital**	**130 000 €**	**21,75 %**
Tages- und Festgeld	100 000 €	16,73 %	Kurzfr. Fremdkapital	10 000 €	1,67 %
Aktien und Aktienfonds	59 568 €	9,97 %	Langfr. Fremdkapital	120 000 €	20,08 %
Anleihen und Rentenfonds	0 €	0,00 %			
Mischfonds	0 €	0,00 %			
Offene Immobilienfonds	0 €	0,00 %			
Zertifikate und Derivate	0 €	0,00 %			
Rohstoffe und Edelmetalle	0 €	0,00 %			
Sonstige liquide Anlagen	0 €	0,00 %			
Illiquide Anlagen	**438 108 €**	**73,30 %**			
Bewegliche Vermögensgegenstände	200 €	0,03 %			
Immobilien	155 000 €	25,93 %			
Kapitalbildende Versicherungen	82 362 €	13,78 %			
Alternative Investments	0 €	0,00 %			
Sonstige illiquide Anlagen	0 €	0,00 %			
Firmenbeteiligungen	200 546 €	33,55 %			
Bilanzsumme	**597 676 €**	**100 %**	**Bilanzsumme**	**597 676 €**	**100 %**

Umfangreichere Vermögensbilanz (Daisy)

Auch Dagobert hat ein hübsches Vermögen, allerdings weit weniger, als in den Medien immer kolportiert wurde. Vermutlich hat er sich bei Aktien verspekuliert:

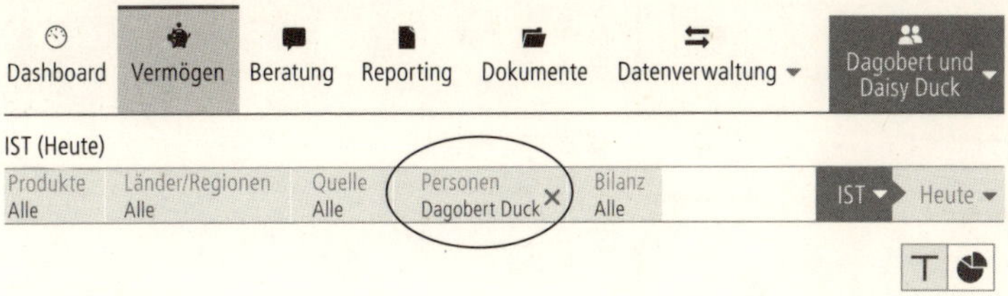

Aktiva | Passiva

Aktiva	IST	Struktur %	Passiva	IST	Struktur %
Girokonten	**13 286 €**	**3,24 %**	**Netto-Eigenkapital**	**409 630 €**	**100,00 %**
Liquide Anlagen	**320 668 €**	**78,28 %**	**Fremdkapital**	**0 €**	**0,00 %**
Tages- und Festgeld	0 €	0,00 %	Kurzfr. Fremdkapital	0 €	0,00 %
Aktien und Aktienfonds	66 872 €	16,33 %	Langfr. Fremdkapital	0 €	0,00 %
Anleihen und Rentenfonds	0 €	0,00 %			
Mischfonds	237 135 €	57,89 %			
Offene Immobilienfonds	0 €	0,00 %			
Zertifikate und Derivate	0 €	0,00 %			
Rohstoffe und Edelmetalle	0 €	0,00 %			
Sonstige liquide Anlagen	16 660 €	4,07 %			
Illiquide Anlagen	**75 676 €**	**18,47 %**			
Bewegliche Vermögens-gegenstände	9300 €	2,27 %			
Immobilien	35 000 €	8,54 %			
Kapitalbildende Versicherungen	0 €	0,00 %			
Alternative Investments	26 712 €	6,52 %			
Sonstige illiquide Anlagen	4664 €	1,14 %			
Firmenbeteiligungen	0 €	0,00 %			
Bilanzsumme	**409 630 €**	**100 %**	**Bilanzsumme**	**409 630 €**	**100 %**

Umfangreichere Vermögensbilanz (Dagobert)

Nimmt man beider Vermögen zusammen, sieht die Bilanz wie folgt aus:

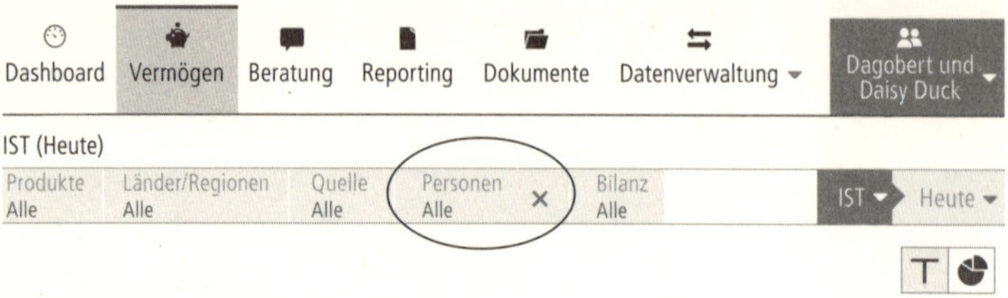

Aktiva

	IST	Struktur %
Girokonten	**13 286 €**	**1,32 %**
Liquide Anlagen	**480 236 €**	**47,65 %**
Tages- und Festgeld	100 000 €	9,92 %
Aktien und Aktienfonds	126 440 €	12,55 %
Anleihen und Rentenfonds	0 €	0,00 %
Mischfonds	237 135 €	23,53 %
Offene Immobilienfonds	0 €	0,00 %
Zertifikate und Derivate	0 €	0,00 %
Rohstoffe und Edelmetalle	0 €	0,00 %
Sonstige liquide Anlagen	16 660 €	1,65 %
Illiquide Anlagen	**514 284 €**	**51,03 %**
Bewegliche Vermögensgegenstände	10 000 €	0,99 %
Immobilien	190 000 €	18,85 %
Kapitalbildende Versicherungen	82 362 €	8,17 %
Alternative Investments	26 712 €	2,65 %
Sonstige illiquide Anlagen	4664 €	0,46 %
Firmenbeteiligungen	200 546 €	19,90 %
Bilanzsumme	**1 007 806 €**	**100 %**

Passiva

	IST	Struktur %
Netto-Eigenkapital	**877 806 €**	**87,10 %**
Fremdkapital	**130 000 €**	**12,90 %**
Kurzfr. Fremdkapital	10 000 €	0,99 %
Langfr. Fremdkapital	120 000 €	11,91 %
Bilanzsumme	**1 007 806 €**	**100 %**

Umfangreichere gemeinsame Vermögensbilanz (Ehepaar Duck)

Eine Vermögensbilanz sollte jährlich aktualisiert werden, und zwar immer zum gleichen Stichtag, um sie besser mit den Bilanzen der Vorjahre vergleichen zu können. Ob Sie dafür, wie in der Wirtschaftswelt meist üblich, den 31. Dezember wählen oder irgendein anderes Datum, weil Sie sich den Silvestertag nicht mit einem so trockenen Thema vergällen wollen, ist völlig egal. Hauptsache, der Stichtag ist immer derselbe.

Die Vermögensstruktur klären

Für viele Leser, gerade junge, die eben erst mit dem Sparen und der Geldanlage anfangen wollen, ist die Vermögensbilanz schnell erstellt und das Vermögen vermutlich so überschaubar und so einfach strukturiert, dass sie sich fragen: »Vermögensstruktur klären? Ich habe ein paar Kröten auf dem Girokonto. Welche Struktur soll ich da bitte klären?« Dennoch ist es unabdingbar, und wenn die Vermögensstruktur aus nichts anderem als einem Girokonto bestehen sollte, dann ist es halt so.

Ein Denkanstoß für alle Betroffenen: Für die Mehrheit der jungen Anleger ist ihr »Humankapital« der wichtigste Vermögenswert. Als Humankapital bezeichnet man in der Finanzwelt einen Wert, der von der verbleibenden Lebensarbeitszeit, den künftig noch zu erwartenden Arbeitseinkünften und deren Sicherheit bestimmt wird. Bei der korrekten finanztechnischen Berechnung muss »abdiskontiert« und »inflationsbereinigt« werden, deshalb wähle ich hier zur Veranschaulichung zunächst die »einfache« Berechnung: Ein junger Mann von 22 mit einem monatlichen Nettoeinkommen von knapp 1900 Euro – das ist übrigens das durchschnittliche Monatsnettoeinkommen von Deutschland – und noch 45 Arbeitsjahren bis zur Rente besitzt ein Humankapital von (1900 Euro × 12 Monate × 45 Arbeitsjahre =) 1 026 000 Euro. Ein 60-Jähriger mit demselben Nettoeinkommen, aber nur noch fünf Jahren bis zur Rente – sein gesetzliches Rentenalter liegt bei 65 – hat hingegen nur ein Humankapital von 114 000 Euro. Bei Zahlungen, die in der Zukunft liegen, wird auch die Barwertberechnung angewandt. Der Barwert drückt den Wert künftiger Zahlungen in der Gegenwart aus. Gemäß dieser Berechnung ergäbe sich für den jungen Mann mit dem gleichen Nettoeinkommen von 1900 Euro und noch 45 Arbeitsjahren bis zur Rente ein Barwert von 559 027 Euro; der 60-Jährige mit demselben Nettoeinkommen und nur fünf Jahren bis zur Rente hätte einen Barwert von 104 417 Euro. Somit sind junge Menschen, die über wenig Geld auf dem Konto verfügen, aber noch viel Lebensarbeitszeit vor sich haben, dieser Berechnung zufolge im Prinzip durchaus reich – reicher auf jeden Fall, als sie denken.

Zusammen mit dem Finanzkapital ergibt das Humankapital das gesamte Vermögen einer Person. Zwar nimmt, wie die beiden Rechenbeispiele zeigen, das Humankapital über die Zeit bis zum Rentenalter stetig ab, doch dafür nimmt das Finanzkapital bei guter Finanzplanung stetig zu.

Zurück zur Vermögensstruktur. Es gibt ja durchaus Menschen, die bereits ein Vermögen angehäuft haben, die es aber noch vergrößern wollen und deshalb zu diesem Buch gegriffen haben. Vielleicht, weil sie als Selbstständige mal keine gesetzliche Rente erhalten werden und wissen, dass ihr Vermögen daher im Alter schmelzen wird wie Schnee in der Sonne. Vielleicht, weil sie sich noch den ganz großen Lebenstraum einer mehrmonatigen Kreuzfahrt auf einem Luxusschiff erfüllen wollen, was schnell mal mit einigen Zehntausend Euro zu Buche schlägt. Vielleicht, weil sie ihren Kindern ein schönes Erbe hinterlassen möchten. Gründe gibt es viele.

Größere Vermögen haben in der Regel eine differenziertere Struktur als die Ersparnisse beispielsweise eines Berufsanfängers, nicht zuletzt oft deshalb, weil über die Jahre, in denen das Vermögen entstand, von den Banken die unterschiedlichsten Anlageprodukte empfohlen wurden. Daher kann die Aufstellung einer Vermögensstruktur durchaus eine diffizilere Aufgabe sein:

- In welchen Anlageklassen steckt das Vermögen, zum Beispiel Einlagen, Wertpapiere wie Aktien, Aktienfonds oder Mischfonds, Immobilien, Beteiligungen, angesparte Versicherungsguthaben, sonstige Vermögenswerte Edelmetall, Schmuck etc.?
- Gibt es Klumpenrisiken, weil entweder einseitig investiert wurde und ein Vermögenswert einen zu hohen Anteil am Gesamt-

vermögen hat oder weil große Vermögensteile auf Giro-, Tagesgeld- oder Sparkonten geparkt wurden und inflationsbedingt eine real negative Rendite erwirtschaften?

- In welchem Verhältnis stehen »sicherheitsorientierte« Anlagen zu »risikobehafteten«?
- Welche Vermögenswerte sind in welchen Zeiträumen liquidierbar? Sind Kündigungsfristen zu berücksichtigen?
- Wie hoch ist die Liquiditätsreserve (Tages- und Festgeld)?

Die einzelnen Themen lassen sich natürlich noch weiter zerpflücken.

Beispiel Aktien:

- Wie hoch ist die Aktienquote im Verhältnis zum Gesamtvermögen? Im Verhältnis zum liquiden Vermögen? Im Verhältnis zu anderen Wertpapieren eines Depots?
- Wie breit ist das Aktienvermögen diversifiziert? Enthält das Depot eine oder wenige Einzelaktien oder ein breit gestreutes Portfolio?
- Auch hier kann es Klumpenrisiken geben. Ist ein Einzelwert übergewichtet, weil zum Beispiel fast nur Siemens-Aktien im Depot sind, die man als Mitarbeiter des Unternehmens irgendwann einmal bekommen hat? Das Klumpenrisiko kann auch in einer Branche liegen, weil jemand vorwiegend Automobilaktien hält, oder in einer Region, weil nur Aktien deutscher Unternehmen im Portfolio stecken. Speziell in letzterem Fall greift wieder die »Psychologie der Anleger«, denn die meisten investieren bevorzugt in heimische Unternehmen, obwohl ein internationales Investment wegen der Risikostreuung viel vernünftiger wäre (»Aber bei deutschen Unternehmen weiß ich wenigstens, was die machen«).
- Welche »Instrumente« werden genutzt? Einzeltitel, ETFs, aktiv gemanagte Fonds, Vermögensverwaltung?

Beispiel Immobilienvermögen:
- In welcher Lage liegt die Immobilie? Falls es mehrere sind: Sind alle an einem Standort? Nur im Inland oder auch im Ausland?
- Wie werden die Immobilien genutzt? Sind es Wohnungen, Büros etc.? Besteht aufgrund der Mieterstruktur (ein einzelner Mieter oder viele Mietparteien) eventuell ein Klumpenrisiko?
- Ist das Immobilienvermögen direkt investiert oder in offenen oder geschlossenen Fonds?

Beispiel Beteiligungen:
- Sind es Direktbeteiligungen bei Unternehmern, denen eine oder mehrere Firmen gehören?
- Sind es Beteiligungen über Fonds wie Immobilienfonds, Schiffsfonds etc.?

Wie Sie sehen, kann es durchaus aufwendig sein, eine Vermögensbilanz zu erstellen und sich einen fundierten Überblick über die Vermögensstruktur zu verschaffen, geschweige denn ein solches Sammelsurium gegebenenfalls neu zu strukturieren. Doch die Arbeit lohnt sich, denn Sie ziehen daraus drei immens wichtige Vorteile:

1. Transparenz: Sie erhalten einen Überblick über den *aktuellen* Vermögens- und Finanzstatus als Grundlage für Entscheidungen und Gestaltungen. Sie sehen auch, ob Ihr Vermögen mit Ihrem gewünschten Risikoprofil übereinstimmt.

2. Detaildaten: Sie sammeln *differenzierte* Informationen zu Ihrer Finanzierungsstruktur, zum Beispiel welcher Anteil an Eigen- und an Fremdkapital in den einzelnen Vermögenswerten enthalten ist.

3. Verhandlungsstärke: Sie gewinnen eine *bessere Verhandlungsposition* bei Bankgesprächen, insbesondere bei Kreditverhandlungen.

In Fällen, in denen sich ein Vermögen aus sehr vielen unterschiedlichen Investments zusammensetzt, kann es durchaus sinnvoll sein, sich die Unterstützung eines erfahrenen Finanzberaters zu holen. Auch wenn Sie zum Beispiel eine eigene Firma oder eine Patchworkfamilie haben, ist es zweifelsohne hilfreich, sich an einen Profi zu wenden.

Wie dem auch sei, ob Sie noch gar kein, ein recht überschaubares Vermögen oder einen Flickenteppich aus verschiedenen Anlagen haben, ob Ihr Sparpotenzial eher klein oder groß ist: Ob Sie sich bei der Finanzplanung selbst beraten (= Selbstentscheider), indem Sie sich weiteres Finanzwissen aneignen, oder ob Sie einen Bank- oder Finanzberater aufsuchen, müssen Sie für sich selbst entscheiden. Doch auch wer sich für einen Berater entscheidet, ist gut beraten, sich vorher die Grundzüge des Finanzwissens anzueignen und zu wissen, wie ein guter Berater arbeitet. Denn wie will man ohne dieses Wissen beurteilen, ob der Berater etwas taugt? Wenn man völlig ahnungslos und unvorbereitet in ein solches Gespräch geht, läuft man Gefahr, Produkte verkauft zu bekommen, die gerade in Mode sind, aber hinter den Möglichkeiten des Marktes zurückbleiben und, schlimmer noch, gar nicht zu einem passen, was zum Beispiel Ziele, Vermögen oder Risikobereitschaft angeht. Das hieße, die weitere Entwicklung dem Glück zu überlassen, und es ist in Sachen Beratung wie in so vielen Bereichen des Lebens: Man bekommt die Qualität, die man einfordert. Als Selbstentscheider wiederum können Sie viel von der Vorgehensweise eines guten Finanzberaters lernen, weshalb Sie die folgenden Seiten bitte nicht überblättern sollten.

Was macht eine gute Finanzberatung und -planung aus?

Die meisten Anleger vertrauen ihrem *Bankberater.* Die meisten Banken haben mittlerweile zwar verstanden, dass sie von der vom Vertrieb gesteuerten und auf den Verkauf von Produkten konzentrierten »Beratung«, wie ich sie eingangs dargestellt habe, hin zu einer qualitativ hochwertigen und ganzheitlichen Beratung finden müssen, und viele sind auch auf einem guten Weg. Doch eine solche Umstellung geht nicht von heute auf morgen. Und man muss auch sagen, dass noch nicht alle Banken den Weckruf vernommen haben. Ganz ähnlich ist es bei den *Finanzvertrieben.* Deren Berater sind zwar meistens selbstständig, aber keineswegs unabhängig. Und da es auf den Verkauf verschiedener Produkte unterschiedlich hohe Provisionen gibt, kann man sich denken, wessen Vorteil bei einer solchen Beratung im Vordergrund steht. Wenn ich als Kunde aber weiß, worauf es ankommt, kann ich gezielt nachhaken und Qualität einfordern – zumindest bis zu einem gewissen Grad.

Die Informationen, die diese Berater von ihren Kunden einholen, dienen in erster Linie dazu, die Vorgaben der Europäischen Finanzmarktrichtlinie (MiFID II) und des Wertpapierhandelsgesetzes (WpHG) zu erfüllen: Wertpapierdienstleistungsunternehmen – damit sind unter anderem Banken und Finanzdienstleistungsinstitute gemeint – sind verpflichtet, detaillierte Angaben des Kunden unter anderem zu seinem bisherigen Anlageverhalten, zu seinen Kenntnissen und Erfahrungen mit den verschiedenen Anlageformen, zu seiner Risikobereitschaft und seinen Anlagezielen sowie zu seinen Einkommens- und Vermögensverhältnissen einzuholen und zu protokollieren. So weit, so gut. Doch Papier ist bekanntlich geduldig, und was nützt es, wenn einem Kunden zwar ein mehrseitiger WpHG-Bogen vorgelegt wird, seine Antworten jedoch nicht hinterfragt werden? Wenig bis gar nichts.

Bei einer »Standardberatung« à la Bank und Finanzvertrieb mit ihrem oberflächlichen Verkaufsprozess nehmen die Datenaufnahme, die Klärung, wie viel Erfahrung mit welchen Anlageformen der Kunde hat, wie hoch seine Risikobereitschaft sowie seine Risikotragfähigkeit sind und wie sein Vermögen strukturiert ist, also nur wenig Raum ein, denn der Fokus zielt ganz klar auf den Verkauf standardisierter Produktlösungen.

Da Banken und Finanzvertriebe natürlich mehrere Produktlösungen »im Angebot« haben, spielen bei einer Standardberatung allenfalls noch persönliche Vorlieben des Beraters eine Rolle. Der eine bevorzugt Immobilien, ein anderer Wertpapiere, ein Dritter vielleicht Edelmetalle. Die Frage aber, wie die Strategische Asset Allocation des einzelnen individuellen Kunden aussehen sollte, bleibt meist »fundiert unbeantwortet«.

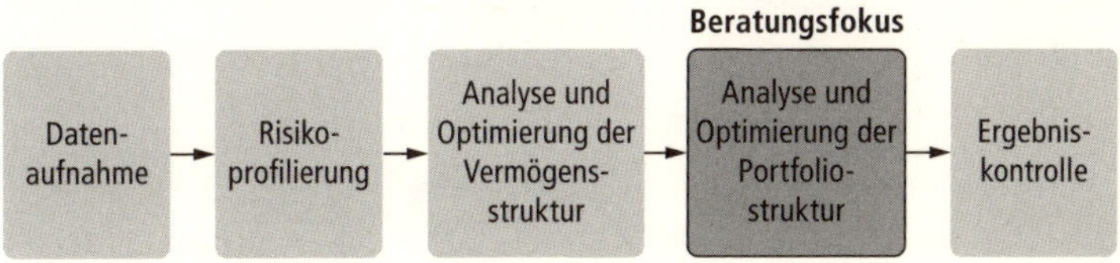

Schwerpunkte einer Standardberatung

Entsprechend spielt auch das *Tracking* oder *Reporting* – die Ergebniskontrolle – bei einer Standardberatung kaum eine Rolle. Man schickt dem Kunden regelmäßig Konto- und Depotauszüge mit all den Daten, die durch die MiFID vorgegeben sind, doch was der Kunde mit diesen Informationen anfängt oder ob er sie überhaupt zur Kenntnis nimmt oder nur im Bankordner ablegt, kümmert die »Produktverkäufer« nicht.

Honorarberater – Berater, die nach einem Vergütungssystem ohne Provisionen entgolten werden – müssen im Unterschied zu Beratern von Banken und Finanzvertrieben keine Vertriebsvorgaben erfüllen und sind auch sonst in keiner Weise weisungsgebunden, sondern »lediglich« dem Kunden verpflichtet. Es gibt in Deutschland nach meiner Einschätzung etwa 2000 Honorarberater. (Neben rund 200 »Honorar-Finanzanlagenberatern« – einem gesetzlich geschützten Begriff – unterliegen auch die etwa 700 »unabhängigen Vermögensverwalter« einem Verbot zur Annahme von Provisionen. Darüber hinaus nehme ich in meiner Coaching-Praxis bei einer Minderheit von gut 1000 der insgesamt 37 000 »freien Berater« einen freiwilligen Verzicht auf Provisionen zugunsten einer interessenkonfliktfreien Vergütung zwischen Berater und Endkunde wahr.) Der Einfachheit halber fasse ich diese Gruppe der etwa 2000 Berater unter der Bezeichnung »Honorarberater« zusammen. Wie viele der rund 150 000 Berater in Banken auf Provisionen gänzlich verzichten, kann ich nicht seriös schätzen. Sie werden vom Kunden direkt bezahlt, zum Beispiel auf Basis eines Stundensatzes, der in der Regel zwischen 150 und 200 Euro liegt, oder in Form einer »laufenden« Beratungs- und Betreuungsvergütung. Da die »Bestandsaufnahme« etliche Stunden in Anspruch nimmt, können Sie als Kunde das anfallende Honorar erheblich reduzieren, indem Sie penible Vorarbeit leisten, also vorab über mehrere Monate ein Haushaltsbuch führen, eine Vermögensbilanz erstellen und sich Gedanken über Ihre Ziele machen. Bei längerer Auftragsdauer und sehr hohem Vermögen wird üblicherweise eine monatliche oder jährliche Pauschale vereinbart. Eine solche *Service Fee* beträgt nach internationalen Gepflogenheiten im Schnitt etwa ein Prozent des betreuten Vermögens. Die Vergütung durch den Kunden bedeutet letztlich, dass Honorarberater, da sie nicht auf Provisionen schielen (müssen), sich mit weit höherer Wahrscheinlichkeit an den Wünschen und Zielen des jeweiligen Kunden orientieren und daher eine Beratung bieten, wie sie sein sollte: ganzheitlich, individuell, zum Vorteil des Kunden – wobei es natürlich bei Honorarberatern ebenfalls gute und weniger gute gibt.

Die Schwerpunkte, die Honorarberater und die »Perlen« unter den Bankberatern und »Vertrieblern« setzen – ich nenne sie nachfolgend schlicht »gute Berater« –, sind demnach auch diejenigen, auf die Sie Ihr Augenmerk legen sollten, wenn Sie Ihre Finanzplanung in die eigenen Hände nehmen oder sich auf die Suche nach einem Berater machen.

Auch eine optimale Beratung beginnt mit einem Fragenkatalog. Dieser umfasst jedoch weit mehr Themenbereiche und geht sehr viel mehr ins Detail, um den Kunden, seine Vermögensstruktur, seine Präferenzen und seine (Lebens-)Ziele präzise zu erfassen. Dabei wird unweigerlich Privates abgefragt – Beruf, Werte, Interessen, Hobbys, verheiratet, zusammenlebend, Single, mit oder ohne Kind(er), Engagement in der Gemeinde und vieles mehr –, was ein gewisses Maß an Vertrauen vonseiten des Kunden erfordert. Dem Berater ermöglichen die Antworten auf solche Fragen unter anderem, einzuschätzen, ob sein Kunde eher ein sachlich-nüchterner oder emotionaler Mensch ist, und das Kommunikationsverhalten darauf abzustimmen.

Ein guter Berater weiß, dass ein Kunde nicht alle Fakten im Kopf haben kann, und wird ihn daher um entsprechende Unterlagen bitten, sei es den letzten Einkommensteuerbescheid, aktuelle Konto- und Depotauszüge, Versicherungspolicen, Miet- oder Kaufverträge, Darlehens- und Kreditverträge, die letzte Renteninformation, Unterlagen zur betrieblichen oder einer privaten Altersvorsorge, Ehevertrag und dergleichen.

Bei einer optimalen Beratung wird außerdem die Risikobereitschaft und -tragfähigkeit sehr viel tiefer ausgelotet. Ein Kunde kann ja beispielsweise durchaus risikofreudig sein, während seine objektive Risikotragfähigkeit es nicht angeraten sein lässt, Vollgas zu geben, weil der Kunde das Alter erreicht hat, in dem man generell das Risiko zurückfahren sollte, weil er Zahlungsverpflichtungen hat oder, oder, oder.

Der fundamentale Unterschied zwischen einer produktorientierten Standardberatung und einem fundierten Beratungsprozess liegt allerdings darin, dass Letzterer darauf ausgerichtet ist, dem Kunden dabei zu helfen, dass er seine (Lebens-)Ziele erreicht, statt einfach nur auf die Rendite zu achten, was einen enormen Unterschied ausmacht.

Hat man sich schließlich für ein Basisszenario entschieden, wird eine Strategie festgelegt und eine Portfoliostruktur erstellt oder eine bestehende gegebenenfalls geändert. Und erst danach, also fast schon am Ende des ganzen Prozesses, wird die Frage geklärt, welche Finanzprodukte zu dem Kunden passen. Die Portfoliostrukturierung kommt im Unterschied zur Standardberatung letztlich also relativ spät zur Sprache und nimmt auch kaum Zeit in Anspruch, da sie sich mehr oder weniger aus dem Vorherigen ergibt.

Ebenfalls im Unterschied zur Standardberatung wird bei einer optimalen Beratung wieder mehr Wert auf die Ergebniskontrolle gelegt, indem über alle Anlageklassen hinweg – plus Immobilien und Versicherungen – ein regelmäßiger Soll-Ist-Vergleich stattfindet und der Kunde genau die Informationen bekommt, die er braucht. Das ist ein wichtiger Punkt, und nur sehr wenige, äußerst gewissenhafte Selbstentscheider nehmen sich die Zeit für ein solches Tracking, indem sie sämtliche relevanten Daten in eine Excel-Liste übertragen. In regelmäßigen Abständen sollte aber immer eine Ergebniskontrolle stattfinden, um (leichter) beurteilen zu können, ob man noch auf dem richtigen Pfad ist. Hat sich die Erreichungswahrscheinlichkeit aufgrund bestimmter Marktentwicklungen geändert? Muss gegebenenfalls hier und da korrigierend eingegriffen werden? Oder können/müssen sogar größere Veränderungen vorgenommen werden, weil sich die Prioritäten der Ziele geändert haben oder vielleicht sogar ein Ziel komplett weggefallen ist, das vor einem Jahr noch eine hohe Priorität hatte?

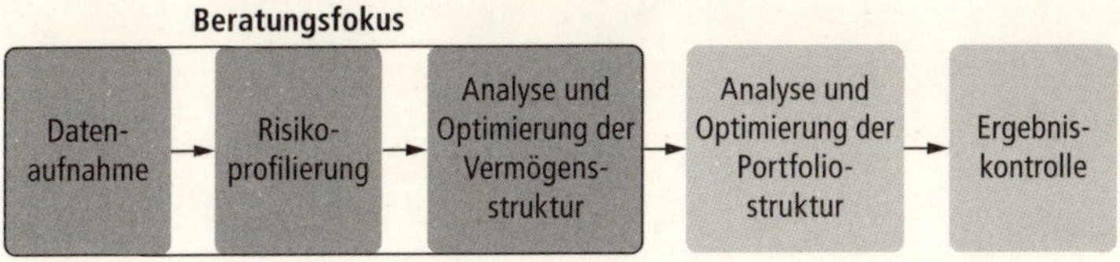

Schwerpunkte einer guten Beratung

Falls Sie sich dazu entschließen sollten, die Dienste eines Finanzberaters in Anspruch zu nehmen, empfehle ich Ihnen, sich an einen zertifizierten Finanzplaner zu wenden. Verbände, die verlässliche Zertifikate vergeben, sind der FPSB Deutschland e. V., ein Zusammenschluss von rund 1500 Finanzplanern mit dem Zertifikat »Certified Financial Planner« (CFP). Mehr Informationen finden Sie auf der Website www.fpsb.de. In Österreich heißt das Pendant Österreichischer Verband Financial Planners (www.fpsb.at) und in der Schweiz Swiss Financial Planners Organization (www.sfpo.ch). Alle drei Verbände sind der internationalen Dachorganisation Financial Planning Standards Board angeschlossen und vergeben Qualitätszertifikate an ihre Mitglieder, zum Beispiel eben den international verbreiteten Titel »Certified Financial Planner«. Jeder nationale FPSB stellt Standesregeln auf und verpflichtet zur Einhaltung von Ethikregeln. Bei Verstößen gegen die Standesregeln kann ein »Ehrengericht« sogar disziplinarische Maßnahmen ergreifen.

Gern bin auch ich Ihnen bei der Suche nach einem Berater behilflich.

Wenn Sie das Gefühl haben, dass die Beratung, wie Sie sie bisher erfahren haben, nicht den hier beschriebenen Anforderungen entspricht, dann helfe ich Ihnen gern, eine zweite Meinung bei einem geeigneten Berater einzuholen. Melden Sie sich dazu einfach bei mir unter www.finanz-navigation.de.

7
Die zehn Gebote für kluge Investmententscheidungen

Die Zukunft ist nicht vorhersehbar!
Wenn klar wäre, dass morgen die Kurse steigen,
würde keiner verkaufen.
Wenn klar wäre, dass morgen die Kurse fallen,
würde keiner kaufen.
Börsenweisheit

Diverse internationale Untersuchungen, wie zum Beispiel die bereits zitierte Dalbar-Studie, zeigen, dass Anleger nur halb so viel verdienen, wie am Kapitalmarkt eigentlich möglich wäre, weil nur etwa die Hälfte der Rendite bei ihnen ankommt. Damit Ihnen das nicht passiert, damit Sie selbst und nicht die Finanzindustrie den Rahm abschöpft, sollten Sie die zehn Gebote für kluge Investmententscheidungen beachten. Auf das eine oder andere Gebot bin ich bereits mal kurz, mal ausführlicher eingegangen, doch weil sie so immens wichtig sind, schadet es nicht, sie hier kurz zu wiederholen, um einen Gesamtüberblick zu bieten.

Als ich selbst noch in der Beratung tätig war, früher in der Bank und später als Selbstständiger, fragten die Kunden im Beratungsgespräch oft: »Wie gehe ich denn jetzt am besten vor?« Angenommen, wir hatten einen Plan erstellt, und der Kunde wusste, dass er, um seine Sparziele zu erreichen, soundso viel in Aktien oder in Rentenpapiere investieren sollte. Rentenpapiere – auch Anleihen oder festverzinsliche Wertpapiere genannt – sind kurz-, mittel- oder langfristige Anleihen, mit deren Hilfe Staaten oder Unternehmen ihren Finanzierungsbedarf decken. Rentenpapiere sind also Schuldverschreibungen. Nebenbei: Wegen der Niedrigzinsphase rechnet es sich derzeit nicht, in Anleihen zu investieren, eben weil die Zinsen niedrig, die Kosten aber vergleichsweise hoch sein können. Durch den risikoreduzierenden Effekt von Anleihen in Kombination mit Aktien kann ein Investment dennoch sinnvoll sein, denn die Anleihen wirken bei unruhigen Marktphasen am Aktienmarkt wie ein »Stoßdämpfer«. Alternativ zu Anleihen könnten sie das Geld auch auf dem Tagesgeldkonto liegen lassen.

Sie fragen sich vielleicht auch gerade, wie Sie jetzt am besten vorgehen beziehungsweise für welche Anlage Sie sich entscheiden sollten. Grundsätzlich gilt: Die Entscheidungsgrundlagen – Vermögensbilanz, Cashflow und Ziele – sind zunächst einmal vollkommen marktunabhängig. Es sind immer dieselben, egal ob Sie vor dem Kauf von Aktien stehen, eine Immobilie erwerben wollen oder in Gedanken mit einer Beteiligung an einem Unternehmen spielen. Dasselbe gilt für die zehn Gebote. Da der übliche Weg bei der Vermögensanlage jedoch Investitionen am Kapitalmarkt sind, konzentriere ich mich hier auf diese Anlageform.

Das erste Gebot – Nutzen Sie die Marktpreise

Täglich werden weltweit Millionen von Wertpapieren an den verschiedenen Finanzmärkten gehandelt, und mit jedem Kauf und Verkauf werden Informationen geschaffen. In unserer digitalen Welt geschieht dies innerhalb von Millisekunden. Diese Echtzeitinformationen tragen zur Gestaltung der Preise mit bei, in denen sich das Marktwissen aller Anleger spiegelt.

Weltaktienhandel im Jahr 2017 [19]

Das heißt nicht, dass die Preise dem tatsächlichen Wert eines Wertpapiers entsprechen, aber sie geben Anhaltspunkte. Zwar erfahren diese Anhaltspunkte mit jeder neuen Information eine Korrektur, nichtsdestotrotz stellen sie die vermutlich beste Annäherung an den »realen« Preis dar, denn: Viele Köpfe wissen mehr als einer allein. Diese »Intelligenz der Masse« wurde in ganz einfachen Experimenten immer wieder belegt, wie etwa im folgenden: Bei einer Veranstaltung wurden die Teilnehmer gebeten, die Anzahl der Gummibärchen in einem Glasbehälter zu schätzen. Die Antworten lagen auf einer enormen Bandbreite von 409 bis 5365. Tatsächlich waren in dem Glas 1670 Gummibärchen. Das Verblüffende nun ist, dass alle Schätzungen zusammengenommen im Durchschnitt einen Wert von 1635 ergaben und damit fast einen Volltreffer landeten. Hüten Sie sich also davor, Ihr Marktwissen höher einzuschätzen als das *aller* Marktteilnehmer.

Das zweite Gebot – Anlegen hat nichts mit Spekulieren zu tun

Informationen reisen im digitalen Zeitalter in Millisekunden um die Welt und stehen jedem Marktteilnehmer in Echtzeit zur Verfügung. Fondsmanager tun sich daher heutzutage schwerer, einen namhaften Vorsprung vor anderen Marktteilnehmern zu erzielen. Das erklärt, zumindest teilweise, auch ihre eher magere Erfolgsbilanz.

Wie weiter oben erwähnt, haben 86,3 Prozent der von S&P Dow Jones Indices untersuchten aktiven Fonds und 98,9 Prozent aller US-Aktienfonds über den Zeitraum von zehn Jahren ihre Benchmark verfehlt. Nach anderen Studien und über einen längeren Zeitraum betrachtet, kommen die Fondsmanager zwar etwas besser weg, aber ihre Ergebnisse sind dennoch erschreckend schlecht: Im Fünfzehn-Jahres-Zeitraum von Anfang 2003 bis Ende 2017 gelang es nur 14 Prozent aller US-amerikanischen Aktienfonds und 13 Prozent der Anleihenfonds, ihre Benchmark zu übertrumpfen.

Performance von US-amerikanischen Investmentfonds von 2003 bis 2017 [20]

Das zeigt recht eindrucksvoll, dass Spekulieren, also ständiges Kaufen und Verkaufen in der Hoffnung, dadurch die Gewinne zu maximieren, unter dem Strich nicht zum Erfolg führt. Daher ist es nur vernünftig, »auf dem Boden zu bleiben«, die langfristige Rendite des Vergleichsindex als Maßstab für die eigene Investmentstrategie zu nehmen und sich mit dieser Rendite zufriedenzugeben.

Das dritte Gebot – Sehen Sie Ihre Geldanlage langfristig

Für den Erfolg an der Börse braucht es die vier G:
Geld, Gedanken, Geduld und Glück.
Wer langfristig immer die ersten drei G befolgt,
der hat früher oder später auch das notwendige Glück.
Dem »Zittrigen« fehlt eines der ersten drei G.
André Kostolany

Wie André Kostolany, der »Altmeister der Börse«, vertreten viele Investmentprofis die Buy-and-hold-Strategie, also »Kaufen und halten«. Auch zum Beispiel Charles D. Ellis. Der Unternehmensberater unterrichtete Investitionsmanagement an der Harvard Business School und der Yale School of Management und war 16 Jahre lang Mitglied im Investmentausschuss der Yale University. Auf die Frage, wie man sein Geld sicher und gewinnbringend investieren sollte, antwortete er kurz gefasst: indem man die Füße still hält.

Kapitalmärkte belohnen langfristige Anleger. Historisch gesehen haben Aktien- und Anleihenmärkte – in der vorhergehenden Grafik durch drei große Börsenindizes repräsentiert – ein Vermögenswachstum gezeigt, das die Inflation deutlich übertraf. Dabei wird laut wissenschaftlichen Studien die Rendite von der richtigen Vermögensstruktur und der stringenten Umsetzung einer Investmentstrategie bestimmt – und nicht vom Spekulieren auf die richtige Aktie.

Auch ein Finanzberater wie ich, der ein einschlägiges Studium absolviert hat – Finanzmanagement, Finanzökonomie, Wealth Management … –, kann Ihnen nicht sagen, welche Aktie morgen fallen und welche steigen wird. Geraten Sie an einen Berater, der Ihnen vorgaukelt, genau das zu können, sollten Sie überlegen, ob Sie ihm nicht besser den Laufpass geben.

Das vierte Gebot – Erschließen Sie sich zusätzliche Renditequellen

Wer gut essen will, kauft Aktien;
wer gut schlafen will, kauft Anleihen.
André Kostolany

Aus meiner Zeit als Bankberater weiß ich, dass sich Kunden, die sich Einzelaktien kaufen, in der Regel auf Titel aus dem Heimatmarkt konzentrieren. Das kommt daher, dass der Name eines deutschen Unternehmens schlicht geläufiger ist, weil man in der Presse eher Informationen darüber liest. Daher finden sich in ihren Depots aus der Pharmabranche weit eher Bayer-Aktien als welche von Johnson & Johnson.

Professionelle Investoren hingegen orientieren sich in der Regel an der Marktkapitalisierung der Unternehmen, also kurz gesagt an deren Börsenwert, und, was die Gewichtung der Länder betrifft, ebenfalls an deren Marktkapitalisierung. Nein, das ist kein Tippfehler, auch Länder haben quasi einen Börsenwert.

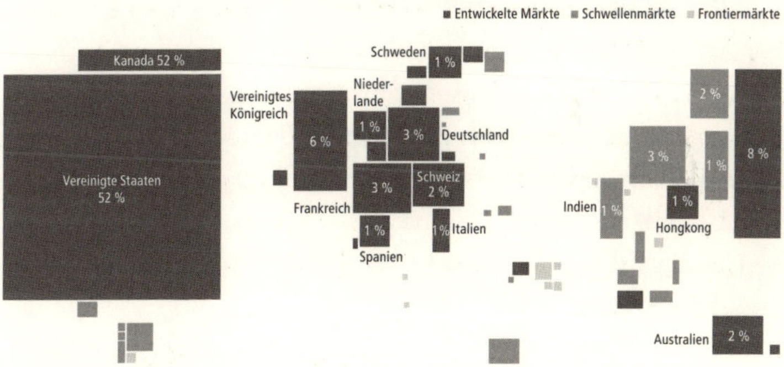

Prozentsatz der globalen Marktkapitalisierung, Stand 31. Dezember 2017

Der US-Aktienmarkt zum Beispiel hatte zum Stichtag 31. Dezember 2017 einen Anteil an der weltweiten Marktkapitalisierung von

52 Prozent. Danach kommt erst einmal sehr lange nichts. Platz 2 nimmt mit einem Anteil von acht Prozent Japan ein. Der deutsche Aktienmarkt liegt bei drei Prozent. Die viel kleinere Schweiz hat dank ihrer verhältnismäßig vielen großen, kapitalstarken Unternehmen wie Novartis, Credit Suisse, ABB oder Nestlé einen fast gleich großen Anteil wie Deutschland: zwei Prozent.[22]

Das spricht eindeutig dafür, über den Tellerrand, in dem Fall über die Landesgrenzen, zu schielen.

Es gibt an den Aktien- und Anleihemärkten noch weitere, zusätzliche Renditequellen, die sich als nachhaltig erwiesen haben und kosteneffektiv in Portfolios eingebaut werden können. In der wissenschaftlichen Forschung ist von vier solchen Renditequellen – oder »Renditeprämien« – die Rede.

Eine ist die Value- oder Wert- oder auch Substanzprämie. Das bedeutet, dass Aktien von Unternehmen, deren innerer Wert (auch Buchwert genannt, da er die Summe aller bilanziell erfassten Vermögenswerte darstellt) höher oder sehr nahe dem Marktwert notiert, und die Investoren allgemein wenig Kursfantasie mit diesen Unternehmen verbinden. Dies kann daran liegen, dass die Unternehmen »aus der Mode« gekommen sind und es einer sehr genauen Analyse vonseiten des Investors bedarf, um in dieser Phase Kursfantasie zu erkennen, bevor die breite Masse des Marktes das Potenzial entdeckt. Für das mit dem Investment in diese Aktien eingegangene Risiko werden die Value-Investoren mit einer langfristig besseren Performance entschädigt, als wenn sie gleich in die vergleichsweise teureren Growth-Aktien bzw. Wachstumsaktien investieren würden, die die breite Masse der Anleger »auf dem Zettel« hat.

Eine andere Renditeprämie liegt in der Profitabilität. Aktien von Unternehmen, die im Verhältnis hohe Eigenkapitalrendite und solide Erträge aufweisen, haben einen stärkeren Wertzuwachs als Aktien von Unternehmen mit niedriger Wachstumsrate. Klingt banal, aber ist deshalb nicht weniger wichtig.

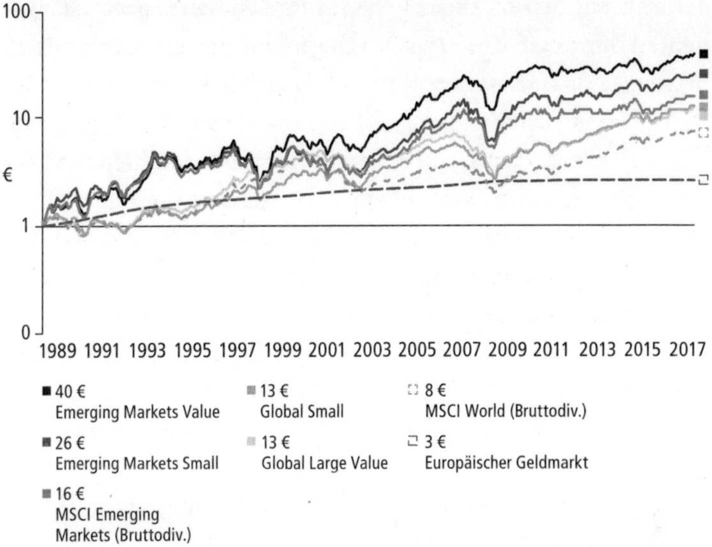

Vergleich Wertwachstum des Euro (vor 1999 in DM angegeben; monatliche Verzinsung) mit drei Börsenindizes zwischen 1989 und 2017[21]

Eine dritte ist die *Small-Cap*-Prämie. Sie basiert auf der Binsenweisheit, dass kleinere Unternehmen *(Small Caps)* agiler auf neue Marktbedingungen reagieren können als große *(Large Caps)* – so wie Schnellboote wendiger und flexibler sind als Ozeandampfer. Sie sind aber auch riskanter und müssen deshalb den Investor langfristig für sein eingegangenes Risiko höher entschädigen.

Die vierte schließlich ist die *Emerging-Market*-Prämie. *Emerging Markets* bedeutet wörtlich übersetzt »aufstrebende Märkte«. In der Finanz- und Wirtschaftswelt bezeichnet man damit zumeist die Schwellenländer, die gerade am Übergang vom Entwicklungsland zum Industriestaat oder zur Dienstleistungsvolkswirtschaft stehen, wie zum Beispiel China, Indien oder Rumänien. *Emerging Markets* weisen zumeist ein dynamischeres Wirtschaftswachstum auf, weil noch keine Marktsättigung erreicht ist. Unternehmen aus Schwellenländern und ihre Aktien entwickeln sich daher zwar unter sehr starken Schwankungen, aber in der Regel besser als die etablierten Unternehmen, die unter anderem im MSCI World zu finden sind.

Kurz gefasst: Wenn der Anleger sich mit den Märkten beschäftigen möchte, sollte er sich eher mit den internationalen Märkten auseinandersetzen, sich da an der Marktkapitalisierung orientieren und an den vier Renditequellen. Rendite ist immer die Entlohnung für eingegangenes Risiko, und dies trifft auf alle hier vorgestellten Renditequellen zu.

Das fünfte Gebot – Streuen Sie Ihr Geld intelligent

Wer streut, rutscht nicht aus.
Börsenweisheit

Eine breite Diversifikation hilft, die Risiken Ihrer Geldanlage deutlich zu reduzieren. Oder, wie eine andere Weisheit sagt: »Lege nicht alle Eier in einen Korb.« Denken Sie bei »Korb« nicht allein an Ihren Heimatmarkt und auch nicht allein an Europa. Je breiter Sie über viele verschiedene Länder und Branchen hinweg streuen, desto ausgewogener und ruhiger ist Ihr Portfolio. Dies gilt selbst dann, wenn man bedenkt, dass ein internationales Investment im Vergleich zu einem rein nationalen mit der Gefahr von Währungsschwankungen und politischer Unsicherheit verbunden ist. Und denken Sie bei »Eier« nicht allein an Aktien, sondern an sämtliche Anlageklassen wie Anleihen, Rohstoffe und so weiter.

Seien Sie sich dabei immer bewusst, dass auch Diversifikation weder Gewinne garantieren noch gegen Verluste in einem fallenden Markt absichern kann – da hilft nur Geduld. Sie kann jedoch

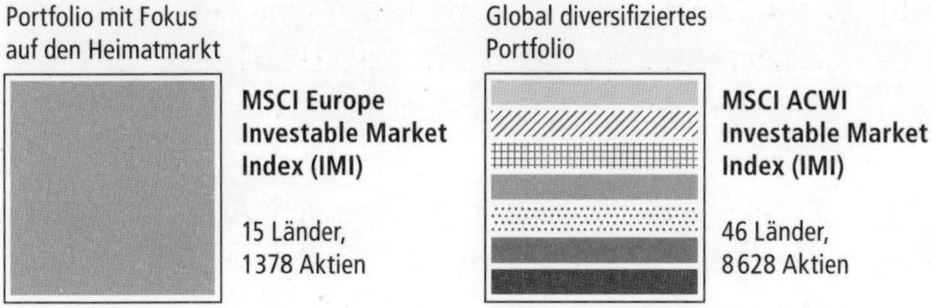

Enge kontra breite Streuung

die Wahrscheinlichkeit erhöhen, weniger Verluste zu erleiden und schneller wieder in die Gewinnzone zu kommen.

Das sechste Gebot – Versuchen Sie nicht, die Märkte zu kontrollieren

Wer versucht, den Markt zu timen,
tut seinem Broker einen Gefallen, aber nicht sich selbst.
Warren Buffett

Keiner weiß mit Sicherheit, welche Märkte sich von Jahr zu Jahr am besten entwickeln werden. Der »Flickenteppich« in der nachfolgenden Abbildung stellt die Willkür der Renditen für die unterschiedlichen Märkte im Lauf der Zeit dar und zeigt, dass es kein »Muster« gibt, nach dem man eine Timing-Strategie weben könnte. Wenn Sie aber breit streuen und eine langfristige Investmentstrategie verfolgen, können Sie von Renditen profitieren, wo immer diese auftauchen. Die Suche nach dem richtigen Ein- und Ausstiegszeitpunkt führt hingegen oft zu Spekulationsverlusten. Dazu gibt es ein weiteres treffendes Zitat von Warren Buffett: »Erfolg hat viel mit Inaktivität zu tun«, sagte er einmal.

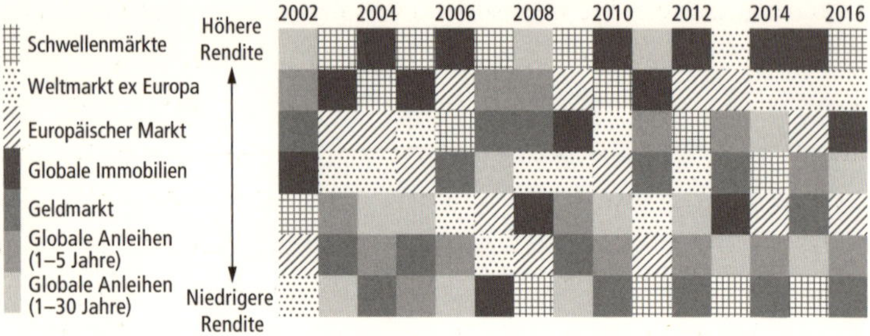

Jahresrenditen für Marktindizes

Das siebte Gebot – Lassen Sie sich nicht von Ihren Emotionen leiten

An der Börse sind zwei mal zwei nicht vier,
sondern fünf minus eins,
und man muss die Nerven haben,
dieses Minus eins auszuhalten.
André Kostolany

Viele Anleger werden nervös, wenn die Märkte fallen, und verkaufen. In den allermeisten Fällen – Ausnahmen bestätigen auch hier die Regel – ist eine *Baisse,* ein Kursrückgang, der denkbar schlechteste Zeitpunkt für einen Ausstieg, denn damit realisieren Sie letztlich Verluste statt Gewinne. Hält der Abwärtstrend an, steigen oft auch noch diejenigen aus, die Ihre Emotionen anfangs unter Kontrolle hatten. Zuletzt konnte man das während der Finanzkrise ab 2007 beobachten. Während viele Anleger bereits im Herbst 2007, andere im Lauf des Jahres 2008 das vermeintlich sinkende Schiff verließen, stießen etliche Investoren ihre Aktien erst Anfang 2009 ab. Letztere erlitten die stärksten Verluste, da sie die Reißleine erst zogen, als die Talsohle schon fast erreicht und die Preise am niedrigsten Punkt waren. Hätten sie doch ihre Emotionen nur noch ein klein bisschen länger im Zaum gehalten, denn kurz danach begannen sich die Märkte zu erholen. Und zwar relativ rasch. Nehmen wir als Beispiel den DAX und ein beliebig herausgegriffenes Datum im Frühjahr 2009, den 23. Februar. Bis zu diesem Tag war der DAX unter die 4000-Punkte-Marke gerutscht. Nur ein Jahr später, am 23. Februar 2010, lag er schon wieder bei über 5600 Punkten. Und wiederum ein Jahr später hatte er es bereits auf über 7194 Punkte geschafft.[23]

Der US-amerikanische Psychologe Daniel Kahneman brachte entsprechend als eine der wichtigsten Emotionen von Investoren an der Börse die Angst ins Spiel. Für seine Kernthese, dass die Anleger Entscheidungen in erster Linie aus Angst vor Verlusten treffen, erhielt er im Jahr 2002 sogar den Wirtschaftsnobelpreis.

Angst ist aber nicht das einzige Gefühl, das Anleger zu unüberlegtem Handeln an der Börse verleitet. Auch von Gier, Euphorie und Vertrauensseligkeit wird in dem Zusammenhang oft gesprochen, Emotionen, die manchmal eine unselige Allianz bilden und die Kurse in Höhen treiben, die völlig irrational und durch nichts zu rechtfertigen sind. In den Dreißigerjahren des siebzehnten Jahrhunderts etwa gab es eine Tulpenblase (!) in den Niederlanden. Tulpen waren damals kaum bekannte exotische Blumen und daher begehrte Objekte, zugegeben, dennoch ist es schwer nachvollziehbar, dass für eine Tulpenzwiebel Hunderte, bei selteneren Züchtungen gar mehrere Tausend Gulden gezahlt wurden; das war das Zigfache des durchschnittlichen Jahreseinkommens, das bei gerade einmal 150 Gulden lag. Das konnte auf Dauer nicht gut gehen. Im Jahr 1637 platzte die Tulpenblase, und die Zwiebeln taugten allenfalls noch als Kompost. Genauso unverständlich war aus rationaler Sicht der rasante Aufstieg des sogenannten Neuen Marktes, der *New Economy.* Auf einmal wollte jeder in digitale Technologie und in Start-up-Unternehmen investieren. Dass viele dieser Unternehmen weder Produkte vorweisen konnten noch Gewinne erwirtschafteten, wurde geflissentlich ignoriert. Es kam, wie es kommen musste. Im März 2000 platzte die sogenannte Dotcom-Blase.

So wie die Angst dazu verleitet, bei einer schwächelnden Börse seine Aktien – egal ob Einzelaktien, ETFs oder Fonds – zu verkaufen und damit Verluste einzufahren, verführen Euphorie und Gier dazu, noch schnell auf den Zug aufzuspringen, wenn dieser längst in voller Fahrt ist.

Wer sich der Tatsache bewusst ist, dass eine Aktie kein abstraktes Zockerpapier ist, sondern ein verbrieftes Miteigentum an einem Unternehmen – vergleichbar dem Grundbuchauszug bei einer Immobilie –, der verliert in der Regel schon einen Teil seiner Emotionalität.

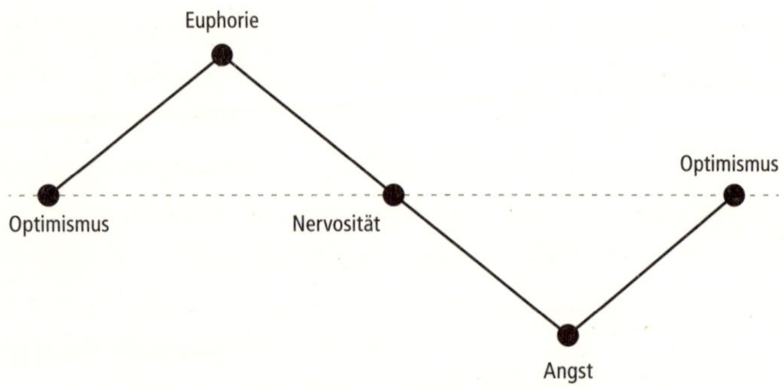

Reaktives Investieren innerhalb eines Marktzyklus

Schaffen Sie sich ein Portfolio, mit dem Sie in Höhen und Tiefen Ihrer Investmentstrategie treu bleiben können.

Das achte Gebot – Lassen Sie sich nicht von »Gurus« und den Medien beeinflussen

Je mehr Tipps man nachläuft,
umso größer sind die Enttäuschungen.
André Kostolany

Die Anlagedisziplin wird nicht selten durch Medien- und Research-Berichte, die mit ihrem »Lärm« eine unglaubliche Anziehungskraft entfalten, auf eine harte Probe gestellt. Während die einen Nachrichten und Kommentare Ängste über die zukünftige Entwicklung der Märkte schüren, locken andere mit Versprechen auf mühelose Gewinne und wecken so die Gier. Ich vergleiche das gern mit Diäten. Jedes Frühjahr gibt es einen Abnehmhype. Dann tauchen, speziell in Frauen-, Fitness- und Gesundheitszeitschriften, neue »Wunderdiäten« auf, alle mit dem Versprechen, dank ihrer mühelos, ohne zu hungern und ohne Jo-Jo-Effekt in drei Wochen eine Bikinifigur erzielen zu können.

Mit dem Vermögenswachstum ist es wie mit dem Abnehmen: Sie brauchen Disziplin, Durchhaltevermögen und eine langfristige Perspektive. Eine »Wunderstrategie« gibt es nicht.

HEISSE TIPPS VOM HEDGEFONDS-MILLIARDÄR
MANAGER MAGAZIN, 16.05.2014

KEINE GUTEN AUSSICHTEN FÜR GOLDBULLEN
HANDELSBLATT, 06.06.2013

WIR RECHNEN WEITER MIT STEIGENDEN KURSEN
HANDELSBLATT, 27.05.2014

UBS HEBT ZIEL FÜR LUFTHANSA AUF 16,75 EURO – BUY
HANDELSBLATT, 17.10.2013

BÖRSEN-GURU: DARUM KAUFE ICH JETZT GAZPROM-AKTIEN
FOCUS MONEY, 27.05.2014

Der »Lärm« der Medien

Ich weiß, dass es nicht leicht ist, das Spektakel der »Gurus« und der Medien zu ignorieren. Machen Sie sich, wann immer Sie in Versuchung geraten, sich von Hypes und der Mainstream-Meinung beeinflussen zu lassen, klar, dass dahinter stets ein raffiniertes Marketing steckt. Reißerische Überschriften sollen zum Kauf der Zeitschrift oder des Research-Berichts verleiten. Nicht mehr. Und nicht weniger.

Versuchen Sie, die »Störgeräusche« der Medien auszublenden, widerstehen Sie dem Herdentrieb und bleiben Sie Ihrer langfristigen Anlagestrategie treu. Schauen Sie nicht täglich auf die Börsenkurse, ein Blick pro Jahr genügt. Verlieren Sie auch nicht die Geduld, wenn es gerade mal nicht so gut läuft und eine andere Anlageform vielleicht besser performt. Wie beim Abnehmen gilt es, eine langfristige Strategie zu befolgen. Wer schon einmal eine Diät gemacht hat, weiß, dass es immer wieder Tage gibt, an denen die Waage unbeirrt dasselbe Gewicht anzeigt und es scheint, dass einfach keine Pfunde mehr purzeln wollen. So ein zwischenzeitlicher Stillstand ist ganz normal. Danach geht es aller Erfahrung nach mit neuem Schwung weiter.

Das neunte Gebot – Halten Sie die Kosten niedrig

Im Lauf der Zeit können Kosten wie etwa Verwaltungsgebühren und Fondskosten ein riesiges Loch in Ihren Vermögensaufbau reißen. Die nachfolgende Grafik zeigt recht anschaulich, wie drastisch sich schon ein geringfügiger Kostenunterschied auswirkt: Wer 100 000 Euro über dreißig Jahre anlegt und dabei nur 1,5 Prozent Kosten hat, hat am Ende 74 000 Euro mehr in der Tasche als derjenige, bei dem 2,5 Prozent Kosten zu Buche schlagen.

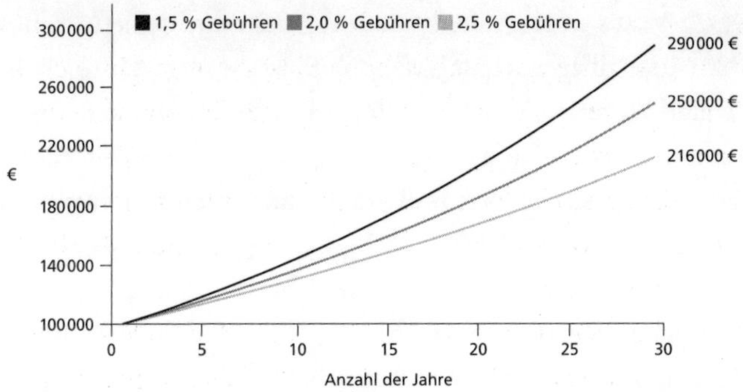

Vermögenswachstum von 100 000 Euro über 30 Jahre bei unterschiedlich hohen Gebühren

Wie Sie in der Grafik sehen, kann ein einziger Prozentpunkt weniger an Kosten ein hübsches Extrapolster fabrizieren. Auch hier greift wieder der Zinseszinseffekt, den Albert Einstein angeblich einmal als die stärkste Kraft des Universums bezeichnet hat. Die Gesamtkosten Ihrer Geldanlage sollten daher immer in einem guten Kosten-Nutzen-Verhältnis stehen. *Family Offices* zum Beispiel legen besonderen Wert auf diesen Aspekt und setzen da die Stellschrauben an. Wie ein Eichhörnchen suchen sie unter jedem Baum und Busch und sammeln jede kleine »gute« Prozentnuss auf, mit der sie Kosten sparen, um sie in ihr Vorratsdepot zu legen, während sie die »hohlen Nüsse« aussortieren.

Das zehnte Gebot – Konzentrieren Sie sich auf Faktoren, die Sie kontrollieren können

Das zehnte Gebot ergibt sich fast unweigerlich aus den vorherigen neun. Faktoren, die Sie kontrollieren können, sind Ihr Investmentplan, Ihr Verhalten, die Struktur und die Diversifikation Ihres Portfolios sowie Ihre Kosten:

- Machen Sie einen Anlageplan, der zu Ihren Bedürfnissen und Ihrer Risikobereitschaft passt.
- Achten Sie auf Renditequellen oder »Renditeprämien«, wie sie im vierten Gebot aufgezeigt sind.
- Diversifizieren Sie weltweit über Länder und Anlageklassen hinweg.
- Reduzieren Sie die Kosten und verfahren Sie nach dem Grundsatz »Kaufen und halten«.
- Lassen Sie sich nicht aus Angst oder Gier von Ihrem Plan abbringen.

Einige Gebote, vor allem das siebte (»Lassen Sie sich nicht von Ihren Emotionen leiten«) und das achte (»Lassen Sie sich nicht von ›Gurus‹ und den Medien beeinflussen«), sind, das gebe ich gern zu, nicht einfach zu befolgen. Wenn alle um einen herum in Aufruhr sind, fällt es schwer, Ruhe zu bewahren. Wenn Sie zu den Menschen gehören, die sich leicht von der allgemeinen Stimmung »anstecken« lassen, wäre es eine Überlegung wert, sich an einen Finanzberater zu wenden. Dessen Mehrwert besteht laut einer Studie zu 50 Prozent darin, dass er seinen Kunden hilft, den gesteckten Zielen treu zu bleiben.

Teil II
Fallbeispiele

Wie sich die drei wichtigsten Grundsätze der Vermögensbildung – Überblick über die Einnahmen und die Ausgaben (Cashflow) gewinnen, Sparziel(e) definieren, eine Vermögensbilanz erstellen und das Vermögen strukturieren – umsetzen lassen, um daraus eine Investitionsstrategie für den Vermögensaufbau abzuleiten, beschreibe ich in den folgenden Kapiteln an vier Fallbeispielen.

Die Fallbeispiele sind zwar recht konkret, doch gleichzeitig so grundsätzlich, dass die »Beratungsansätze« – sprich die Vorgehensweisen – für alle gelten, die sich auch nur annähernd in derselben Situation befinden. Was ich zum Beispiel in dem ersten Fallbeispiel zu Stefanie schreibe, würde genauso auf eine alleinerziehende Mutter mit einem Kind zutreffen. Aus finanzplanerischer Sicht besteht kein Unterschied: Beide haben bislang nichts gespart, beide schwimmen nicht in Geld, beide verfügen über kein Finanzwissen. Bei beiden geht es zunächst darum, überhaupt erst einmal mit dem Sparen zu beginnen und sich Schritt für Schritt an einen Vermögensaufbau zu machen. Oder nehmen wir das dritte Fallbeispiel. Die Grundzüge, etwa dass harte Einschnitte notwendig sind und zusätzliche Einnahmequellen erschlossen werden müssen, wenn jemand sich von Schulden befreien will, gilt für einen »kleinen« Angestellten genauso wie für den Rechtsanwalt aus unserem Beispiel.

8
Von der Vermögensaufstellung bis zur ersten Anlage – Finanzplanung für (junge) Einsteiger

Eine junge Studentin schrieb kürzlich in den sozialen Medien, dass sie zwar in der Lage sei, ein Gedicht zu rezitieren, sogar in verschiedenen Sprachen, aber sich nicht mit einem Bausparvertrag oder einer Haftpflichtversicherung auseinandersetzen könne. Ein junger Verwandter, der ebenfalls studiert hat, erzählte mir auf einer Familienfeier verzweifelt etwas ganz Ähnliches: Er fühle sich schlichtweg überfordert, sich dem Thema Finanzen überhaupt anzunähern, weil es für ihn so gar nicht greifbar sei. Diese beiden jungen Menschen stehen damit sicherlich nicht allein da.

Als erstes Fallbeispiel für die Umsetzung der drei Hauptgrundlagen habe ich daher stellvertretend die Situation eines jungen Menschen nach der Ausbildung gewählt, der nun sein eigenes Geld verdient und sparen möchte. Das ist im Grunde der optimale Fall. Denn nie wieder im Leben steigen die Einnahmen in so kurzer Zeit so schnell an: vom Lehrlings- zum Gesellengehalt, vom studentischen Jobber zum Jungingenieur oder Junior Consultant – das bringt was auf der Einnahmenseite. Wer es jetzt schafft, seine Ausgaben im Griff zu behalten und einen Teil des »Mehrgelds« sinnvoll anzulegen, und so dem Zinseszinseffekt Zeit zur Entfaltung gibt, der wird im Alter von 40 oder 50 Jahren zwangsläufig ziemlich viel auf der hohen Kante haben. Man sieht jetzt zwar noch nichts davon, das ist richtig, aber wenn der Bauer fertig ist mit der Aussaat, sieht der Acker auch nicht besonders attraktiv aus.

Zunächst die Rahmendaten für unser erstes Fallbeispiel: Stefanie, wie ich sie nenne, ist 28 Jahre alt und ledig. Sie hat einen Bachelorabschluss in Medien/Kommunikation, ist derzeit befristet angestellt bei einem Bruttojahresgehalt von 36 000 Euro und gesetzlich krankenversichert.

Stefanie wohnt zur Miete in einer Zweizimmerwohnung in Düsseldorf, die mit Ikea-Möbeln eingerichtet ist. Ihre Hobbys sind Zumba und Reisen nach Südamerika. Für Letztere hat sie eine Auslandskrankenversicherung abgeschlossen. Eine Haftpflicht- und eine Berufsunfähigkeitsversicherung sind alles, was Stefanie sonst an Versicherungen hat, und auch die nur, weil »Papa« sie dazu drängte und die Beiträge sponserte. Was ihre Finanzen angeht, will sich Stefanie nun aber von ihrem Vater emanzipieren.

Auf ihr Finanzwissen angesprochen, sagt sie: »Das ist gleich null.« Und ihr Interesse an dem Thema hält sich, trotz ihrer grundsätzlichen Sparbereitschaft, eigentlich auch in Grenzen. »Das Geld soll halt reichen.« Entsprechend gering ist ihre Motivation, sich mit ihren Finanzen zu beschäftigen. Am liebsten hätte sie eine Anlagestrategie, bei der sie sich nur ein, höchstens zweimal im Jahr dem leidigen Thema widmen muss. Das ist durchaus machbar, denn wenn man eine solide, nachhaltige Anlagestrategie hat, reicht es tatsächlich völlig aus, wenn man einmal im Jahr einen Kassensturz macht und prüft, ob sich noch alles in den gewünschten Bahnen bewegt.

Zugleich sollten, so Stefanies Wunschvorstellung, ihre Finanzen so flexibel wie ihr Leben sein, denn sie möchte sich möglichst wenig binden und sich alle Optionen offenhalten. Lange Vertragslaufzeiten und Kündigungsfristen sind ihr ohnehin ein Gräuel. Nicht zuletzt, weil sie mit dem Gedanken spielt, mal ein paar Jahre zum Arbeiten ins Ausland zu gehen oder vielleicht sogar für immer von Deutschland fortzuziehen. Sicher ist nur, dass sie irgendwann in einer eigenen Wohnung leben und eine Familie gründen möchte.

Eine eigene Wohnung und Familie sind, so sagt Stefanie, denn auch ihre größten Sparziele. Wann sie sich eine Wohnung anschaffen will, ob in zwei oder erst in zehn Jahren, wie groß sie sein soll, wo sie liegen soll, ob es eine Durchschnittswohnung oder etwas Nobleres sein soll oder welches Budget sie dafür einplanen muss – zu alledem hat Stefanie keine konkreten, ja nicht einmal den Hauch einer Vorstellung. Ein *finanzplanerisches* Ziel ist die eigene Wohnung daher streng genommen nicht, denn es fehlen die wichtigsten Eckdaten: Zeitpunkt und Betrag.

Bei dem Punkt Familienplanung ist Stefanie auch nicht recht viel weiter. Der Zeitpunkt, zu dem die Familiengründung stattfinden soll, ist völlig offen, was nicht weiter verwunderlich ist angesichts der Tatsache, dass Stefanie im Moment Single ist. Immerhin hat sie gedanklich schon einmal den konkreten Betrag von 10 000 Euro für eine Hochzeit eingeplant. Derzeit sind ihr aber ohnehin ihre Fernreisen wichtiger. Eine pro Jahr soll es schon sein. Für drei Wochen will Stefanie dann durch Südamerika ziehen und veranschlagt dafür jeweils 3000 Euro.

Hier hat sie einen Zeitpunkt beziehungsweise einen festen Zeitrahmen und ein Budget. Damit sind die Fernreisen Stefanies einziges finanzplanerisches Ziel. Solche regelmäßig wiederkehrenden Ziele lassen sich recht einfach berücksichtigen. Im Fall von Stefanie heißt es: Sie müsste jeden Monat 250 Euro dafür zurücklegen. Selbst wenn wir keine Niedrigzinsphase hätten, könnte man bei einer so kurzen Sparphase von zwölf Monaten die Zinsen und den Zinseszinseffekt vernachlässigen. Hier und in den folgenden Fallbeispielen sind der Einfachheit halber glatte Summen genannt, allerdings ist gedanklich eine Inflationsrate von jährlich zwei Prozent berücksichtigt.

Bislang hat Stefanie nichts unternommen, um ihren Sparzielen auch nur einen Schritt näher zu kommen. Sie sagt von sich selbst: »Ich bin nicht sparfähig. So wie es reinkommt, geht es wieder raus.« Folgerichtig hat sie weder ein Tages- oder Festgeldkonto noch irgendwelche Sparpläne, demgemäß auch keine private Altersvorsorge. 3000 Euro auf dem Girokonto ist alles, was sie an »Vermögen« vorweisen kann. Ihre Möbel, weiterer Hausrat, das Auto – ein fünf Jahre alter Kleinwagen – und sonstige Gebrauchsgegenstände finden keine Berücksichtigung, da sie nicht dem Vermögensaufbau dienen. Anders wäre es, wenn sich jemand zum Beispiel einen Oldtimer als Vermögensanlage gekauft hätte; dessen Wert würde in eine Vermögensbilanz einfließen. Das Positive auf der anderen Seite ist: Stefanie hat keine Verbindlichkeiten. Ihre Vermögensbilanz ist also recht übersichtlich:

Aktiva	IST	Struktur %	Passiva	IST	Struktur %
Girokonten	**3000 €**	**100,00 %**	**Netto-Eigenkapital**	**3000 €**	**100,00 %**
Liquide Anlagen	**0 €**	**0,00 %**	**Fremdkapital**	**0 €**	**0,00 %**
Tages- und Festgeld	0 €	0,00 %	Kurzfr. Fremdkapital	0 €	0,00 %
Aktien und Aktienfonds	0 €	0,00 %	Langfr. Fremdkapital	0 €	0,00 %
Anleihen und Rentenfonds	0 €	0,00 %			
Mischfonds	0 €	0,00 %			
Offene Immobilienfonds	0 €	0,00 %			
Zertifikate und Derivate	0 €	0,00 %			
Rohstoffe und Edelmetalle	0 €	0,00 %			
Sonstige liquide Anlagen	0 €	0,00 %			
Illiquide Anlagen	**0 €**	**0,00 %**			
Bewegliche Vermögensgegenstände	0 €	0,00 %			
Immobilien	0 €	0,00 %			
Kapitalbildende Versicherungen	0 €	0,00 %			
Alternative Investments	0 €	0,00 %			
Sonstige illiquide Anlagen	0 €	0,00 %			
Firmenbeteiligungen	0 €	0,00 %			
Bilanzsumme	**3000 €**	**100 %**	**Bilanzsumme**	**3000 €**	**100 %**

Vermögensbilanz von Stefanie am Beginn ihrer Finanzplanung

Ihre Risikobereitschaft ist ein weiterer Punkt, über den sich Stefanie noch keine Gedanken gemacht hat. Und von Wertpapieren, Fonds und so weiter hat sie zwar gehört, aber damit endet ihr Wissen diesbezüglich auch schon.

Bevor sich Stefanie an eine Vermögensplanung machen kann, muss sie also erst ein paar grundlegende, für den Vermögensaufbau immens wichtige Dinge klären.

Sparpotenzial identifizieren und sich committen

Stefanie hat keine Ahnung, wofür sie ihr Geld ausgibt. Der einzige Posten, den sie auf Anhieb beziffern kann, ist die Miete. Ihre Kosten für Telefon, Versicherungen, Lebensmittel, Kleidung, Ausgehen und so weiter, und so fort? Da streift sie nicht einmal ein blasser Schimmer. Damit weiß sie natürlich auch nicht, bei welchen Dingen sie sparen könnte. Und wie viel.

Das Erste, was Stefanie tun muss, ist daher, ihre Einnahmen und ihre Ausgaben und damit ihr Sparpotenzial zu ermitteln. Stefanie legt sich zu diesem Zweck eine Haushaltsbuch-App für ihr Smartphone zu. Sie findet diese Lösung praktischer als ein herkömmliches Haushaltsbuch in Papierform oder eine Excel-Liste auf dem PC, weil sie so gleich unterwegs sämtliche Ausgaben eintragen kann.

Nach etwa drei Monaten kristallisiert sich allmählich heraus, wo es Sparansätze gibt. Oft liegen die in Klein- und Kleinstbeträgen. Stefanie zum Beispiel kauft sich jeden Tag auf dem Weg zur Arbeit einen Coffee to go für drei Euro, weil sie zu bequem ist, sich zu Hause einen Kaffee zu machen, aber auch nicht warten will, bis sie in der Firma ankommt, wo in der Kaffeeküche Kaffee kostenlos zur Verfügung stünde. Der Coffee to go schlägt bei einer Fünftagewoche und im Schnitt 21 Arbeitstagen pro Monat mit gut 60 Euro zu Buche. Zieht man die Urlaubstage ab, macht das aufs Jahr gerechnet weit über 600 Euro. Als Stefanie bewusst wird, wie sich Kleinbeträge ganz schnell auf mehrere Hundert Euro im Jahr summieren, informiert sie sich über Vergleichsportale im Internet, wie viel Geld sie monatlich sparen kann, wenn sie den Strom- und/oder den Mobilfunkanbieter wechselt. Das bringt ihr 30 Euro im Monat, wenngleich nicht alles sofort, da ihr Handyvertrag noch ein halbes Jahr läuft. Nach und nach kommt Stefanie auf den Geschmack und entdeckt immer weitere Möglichkeiten, Geld einzusparen, ohne dabei jeden Cent dreimal umdrehen zu müssen. Und sie wird preisbewusster. Bisher war es ihr nicht in den Sinn gekommen, bei kleineren Beträgen die Preise zu vergleichen, doch seit ihr klar wurde, dass auch Kleinvieh Mist macht, geht sie mit offeneren Augen einkaufen. Kosmetik- und Körperpflegeartikel zum Beispiel kauft sie nun im Drogeriemarkt statt im Kaufhaus – dieselben Markenprodukte wie bisher, nur günstiger.

Der zweite Schritt ist, sich zum Sparen zu verpflichten – zu committen, wie man auf Neudeutsch sagt. Das geht am einfachsten, wenn man das Sparen »umdreht«. Statt am Ende des Monats das, was nach allen Ausgaben – vielleicht – übrig geblieben ist, auf ein Tagesgeldkonto oder in eine andere Sparform fließen zu lassen oder statt wie in Stefanies Fall Arbeitstag für Arbeitstag ein Sparschwein mit drei Euro für den eingesparten Coffee to go zu füttern, ist es weit sinnvoller, regelmäßig eine feste Summe per Dauerauftrag vom Girokonto abzuziehen. *Und zwar sobald das Gehalt dort eingeht.* Das kann bei den einen am Monatsanfang, bei anderen am Fünfzehnten des Monats, bei wieder anderen am Monatsende sein. Das spielt unter dem Strich keine Rolle. Was zählt, ist, dass einem bei dieser Methode, psychologisch – und auf dem Kontoauszug – gesehen, dieser Teil des Gehalts nicht mehr zur Verfügung steht. Positiv formuliert: Ich drehe die Prioritäten um und bezahle zuallererst mich selbst.

Was die wenigsten Sparwilligen wissen: Man kann als weitere Maßnahme einen ganz ähnlichen Automatismus auch bei manchen Banken einrichten lassen. Und zwar in folgender Form: Wann immer an einem Stichtag – am besten drei Tage vor dem Gehaltseingang – noch ein »Haben« von mindestens einem Monatsgehalt (das ein Girokonto immer aufweisen sollte) plus zum Beispiel 200 Euro auf dem Girokonto sind, soll die Bank automatisch den überschüssigen Betrag auf ein Tagesgeld- oder ein anderes Sparkonto umbuchen. Fragen Sie bei Ihrer Hausbank nach dieser, wie ich finde, sehr charmanten Lösung, bei der sozusagen der Rahm abgeschöpft wird. Und das ohne Risiko, da ja ein Puffer bleibt und drei Tage später das Gehalt eingeht. Eine Spanne von drei Tagen zwischen Stichtag und Gehaltseingang festzulegen ist insofern sinnvoll, als das Gehalt ja auch einmal einen Tag eher als üblich auf Ihrem Konto landen kann, und wenn Sie den Stichtag auf *einen* Tag vor dem Gehaltseingang festgelegt haben, kann es passieren, dass Ihr Gehalt versehentlich als »Überschuss« auf das Sparkonto wandert.

Dem einen oder anderen, der nicht ausgabenbewusst ist, hilft es, Spontankäufe zu vermeiden, wenn er nur wenig Bargeld im Portemonnaie hat (und natürlich nicht gegebenenfalls die Bank- oder Kreditkarte zückt). Ähnlich funktioniert das »Modell Briefumschlag«. In einem Haushaltsbuch – ob analog oder digital – werden die Ausgaben notiert und kategorisiert, die schon gelaufen sind. Das kann den gewünschten Effekt haben, dass der Sparwillige daraus die Erkenntnis zieht, in welchen Bereichen und wie viel er sparen kann, und das so auch umsetzt; das ist aber immer *reaktiv.* Wer sich mit der Umsetzung schwertut, sollte seine Ausgaben *proaktiv* managen, indem er zum Beispiel am Anfang des Monats – oder wann immer das Gehalt eingeht – die Summe, die er monatlich für Lebensmittel und andere lebensnotwendige Dinge braucht, abhebt und in Briefumschläge oder eigens dafür reservierte Geldbeutel steckt. Übrigens eine recht alte Methode, die noch aus der Zeit stammt, als die Arbeitnehmer ihren Lohn wöchentlich in einer Lohntüte ausbezahlt bekamen.

Wenn Sie sich für diese Methode entscheiden: Seien Sie realistisch, was die Kosten beziehungsweise Ihre Ausgaben angeht. Wer allzu knapp kalkuliert und weit vor Ende des Monats »wieder aufladen« muss, handelt sich nur Frust ein. Die Summe, die für Kleidung oder fürs Ausgehen (Kino, Kneipe, Restaurant und so weiter) vorgesehen ist, kann in *einen* Umschlag oder Geldbeutel wandern, die Ausgaben für Lebens- und Haushaltsmittel sollte man besser in *vier* Portionen – eine pro Woche – aufteilen. Es kann sehr disziplinierend wirken, wenn man bei jedem Einkauf im Blick hat, wie viel bereits verbraucht ist.

Ein weiterer Ansatz ist sehr fortschrittlich und wissenschaftlich. Die beiden US-amerikanischen Verhaltensökonomen Richard Thaler und Shlomo Benartzi erarbeiteten einen vierstufigen Modellversuch, der den Namen »Save More Tomorrow« (SMarT) bekam,[1] um Arbeitnehmern das Sparen auf langfristige Ziele (im konkreten Fall war es die Altersvorsorge) schmackhaft zu machen. Im ersten Schritt sollen Arbeitnehmer einen Betrag festlegen, den sie für das Alter regelmäßig ansparen wollen. Das ist ein eher spielerischer Gedanke und hat für die Teilnehmer des Experiments erst einmal keine Konsequenzen – außer dass sie, vielleicht zum ersten Mal überhaupt in ihrem Leben, über ihre Altersvorsorge nachdenken. Erst im zweiten Schritt wird es ernst: Die Arbeitnehmer entscheiden, wie viele Prozentpunkte von der nächsten Gehaltserhöhung automatisch in einen Sparplan fließen sollen, beispielweise ein Prozentpunkt bei einer Gehaltserhöhung um vier Prozent. Das tut den Teilnehmern nicht weh, denn es landen ja noch drei Prozent mehr als zuvor auf dem Konto. Sobald sie dem Sparplan zustimmen, tritt er in Kraft. Der dritte Schritt besteht darin, dass die Sparrate bei jeder Gehaltserhöhung angehoben wird, und zwar so lange, bis eine zu Beginn vereinbarte Maximalhöhe erreicht wird. Der vierte Schritt ist eigentlich ein potenzieller Rückschritt. Die Teilnehmer können nämlich nun jederzeit aus dem Sparplan aussteigen – was jedoch, wie sich bald herausstellen sollte, kaum einer tut. Denn bis zu dieser vierten Stufe hat die Macht der Gewohnheit bereits ihre Wirkung erzielt.

Das Modell wurde erstmals in einem Unternehmen des Mittelstands getestet. 162 der etwas mehr als 300 Mitarbeiter erklärten sich zur Teilnahme an SMarT bereit und steigerten ihre Sparrate auf beachtliche 11,6 Prozent. Viele Teilnehmer waren bald derart motiviert, dass sie nun sogar mehr spart, als sie sich ursprünglich vorgenommen hatten. SMarT wurde ein enormer Erfolg. Es ist mittlerweile eine eingetragene Marke und wird von vielen der großen Pensionspläne in den USA und auch in Großbritannien sowie Australien angeboten. Auf der Website von Shlomo Benartzi – www.shlomobenartzi.com – zählt eine »Spareruhr«, wie viele US-Amerikaner aktuell das Programm nutzen: Es sind fast 15,5 Millionen! (Stand November 2018.)

Im konkreten Fall erfordert die Umsetzung zwar ein Zusammenspiel mit einer Finanzinstitution und dem Arbeitgeber, die grundsätzliche Idee kann aber jeder für sich anwenden, indem er sich selbst gegenüber die Verpflichtung eingeht, von jeder Gehaltserhöhung einen bestimmten Prozentsatz in einen Sparplan umzuleiten. Ohne diese Selbstverpflichtung wandert das zusätzliche Geld, das nach Abzug der gestiegenen Lebenshaltungskosten übrig bleibt, in steigenden Konsum, weil man nur zu gern und zu leicht der Verlockung des Geldes erliegt. Das hat wohl jeder schon an sich selbst bemerkt.

Dieses Phänomen hat einen treffenden Namen: Lifestyle-Inflation – wer mehr hat, gibt auch mehr aus. Man leistet sich eine größere Wohnung, kauft sich ein schnelleres Auto, das neueste Smartphone, geht in teuren Restaurants essen … Das Dumme ist nur, dass es kein Ende nimmt und die Ansprüche ständig weiter steigen, oft schneller als die Gehaltserhöhungen. So manchen hat dieses ungeschriebene Gesetz der Konsumgesellschaft schon in die Schuldenfalle geführt.

Zurück zu Stefanie. Sie kann, da sie gerade erst ihren ersten Job angetreten hat, vorerst nicht mit einer Gehaltserhöhung rechnen, aber sie könnte sich dazu entschließen, das Urlaubs- und das

Weihnachtsgeld – je ein halbes Monatsgehalt – sofort bei Erhalt auf ein Tagesgeldkonto zu überweisen. Manche Arbeitnehmer bekommen erfolgsabhängige Vergütungen, sogenannte Boni. Auch die bieten sich dazu an, umgehend auf ein Sparkonto zu fließen. Solche »Extrazahlungen« in den Spartopf zu werfen tut nicht weh, eben weil sie Extras sind, die ja in den übrigen Monaten auch nicht zur Verfügung stehen. Vorausgesetzt natürlich, sie waren nicht für eine einmalige Sonderausgabe eingeplant, zum Beispiel für die Anschaffung eines neuen Kühlschranks, weil der alte schon bedenklich ächzt.

Es stehen also zwei Wege offen: monatlich einen Teil des Gehalts zu sparen und einmal im Jahr entweder die gesamte Summe oder einen Teil von zusätzlichen Geldzuflüssen wie eben Weihnachtsgeld oder sonstige Vergütungen. Beschreitet man beide Wege, kommt übers Jahr einiges zusammen.

Das Wichtigste ist und bleibt, überhaupt erst einmal einen Schritt Richtung Sparen zu machen. Ob man mit monatlich 100 oder 500 Euro oder bei angespannter finanzieller Lage vielleicht auch erst nur mit 20 Euro beginnt, ob man Sondervergütungen mit einfließen lässt oder nicht, spielt im Grunde zunächst einmal keine Rolle. Hauptsache, ein Anfang ist gemacht. Das Wachstum des Vermögens zeigt sich selten sofort, dann aber explodiert es plötzlich – wie die Aussaat auf dem Acker nach einem warmen Frühlingsregen.

Meilensteine setzen

Man überschätzt, was man in einem Jahr erreichen kann,
und unterschätzt, was man in zehn Jahren erreichen kann.
Alte Weisheit

Stefanie hat zu Beginn ihrer Sparbemühungen etwas mehr als ein Nettogehalt auf dem Girokonto. Damit hat sie, ohne dass sie sich dessen bis zu diesem Zeitpunkt bewusst war, den ersten Meilenstein bereits erreicht: Die erste Schale ihres Schokobrunnens war gefüllt. Die visuelle Vorstellung eines Schokobrunnens ist in meinen Augen das beste Modell, um sich ein Bild von der eigenen finanziellen Situation zu machen. Bestimmt haben Sie schon einmal einen Schokoladenbrunnen gesehen. Falls nicht: Er funktioniert wie ein herkömmlicher Terrassenbrunnen, bei dem das Wasser zunächst von oben in ein kleines Becken fließt und, sobald dieses gefüllt ist, in das darunter liegende größere schwappt, von dort in ein noch größeres Becken und so weiter – weshalb man das Ganze auch »Terrassenmodell« nennt. Ich habe mich hier zur Veranschaulichung des Vermögensaufbaus für einen Schokobrunnen entschieden, weil ich Schokolade einfach leckerer und sinnlicher finde als Wasser. Wer es nicht so mit Süßem hat, kann sich stattdessen gern eine Sekt- oder Champagnerpyramide vorstellen.

Wie bei einem Schokobrunnen »sprudelt« das Geld von oben in verschiedene Schalen, die erste ist das Girokonto, das immer im »Haben« geführt und mindestens in Höhe eines Monatsgehalts Guthaben aufweisen sollte. Ist diese Schale gefüllt, fließt das »überschüssige« Geld wie überlaufende Schokolade in die zweite Schale, auf das Tagesgeldkonto, auf dem eine Reserve vorgehalten werden sollte, die im Notfall für mindestens drei – am besten sechs – Monate alle gängigen und/oder nicht einkalkulierten Ausgaben decken könnte. Sind beide Schalen gefüllt, können mittel- bis langfristige Sparziele in Angriff genommen werden. Diese Vorgehensweise verhindert, dass wegen unvorhersehbarer Ereignisse, wie Arbeitslosigkeit, längerer Krankheit, Auftragseinbruch bei Freischaffenden oder einem Rohrbruch in der Wohnung (glücklich der, der für solche Fälle eine Versicherung hat, doch bis die zahlt, dauert es meist eine Weile), Anlagen zu einem ungünstigen Zeitpunkt angegriffen werden müssen.

Jetzt, da die erste Schale des Schokobrunnens gefüllt ist, kann sich Stefanie gleich den nächsten Meilenstein setzen und die Schokolade dazu bringen, in die zweite Schale zu schwappen.

Auch dieser Schritt ist eng mit dem Thema committen verbunden. Auf den vorherigen Seiten ging es eher darum, überhaupt erst einmal vereinzelte Sparpotenziale zu entdecken und wie man sich, wenn man kein Sparfuchs ist, selbst überlistet. Wie viel Prozent seines Einkommens man dabei letztendlich anspart, spielt, wie gesagt, zunächst keine so große Rolle. Das wird jetzt zum Thema.

Nachdem man sein Sparpotenzial ausgelotet und den für sich optimalen Weg – oder vielleicht auch mehrere Wege – zu sparen gefunden hat, sollte man sich nun ein konkreteres Ziel setzen, zum Beispiel: Ich möchte es schaffen, zehn Prozent meines Einkommens zu sparen. Es gibt keine allgemeingültige Vorgabe, wie viele Prozent es sein sollen. Laut einer im Dalbar-Report zitierten Studie von Morningstar ist aber die Wahrscheinlichkeit, dass im Rentenalter das Geld ausgeht, signifikant geringer, wenn sechs Prozent gespart werden, als wenn es nur drei Prozent sind – und dies über unterschiedliche Einkommensstufen hinweg gesehen. Da man sich auf dem langen Weg in die Rente aber auch mal etwas gönnen können will, ist über sämtliche Sparziele – die kurz-, die mittel- und die langfristigen – hinweg gesehen eine Sparquote von zehn Prozent empfehlenswert.

Spitzenprofis – Spitzensparer

Kluge Profifußballer sparen im Schnitt über 50 Prozent ihres Einkommens. Denn wenn die kurze Karriere als Spieler erst einmal beendet ist – das »Berufsleben« beginnt mit spätestens 18 Jahren und endet in der Regel mit Anfang/Mitte 30 Jahren –, stehen viele, bildlich gesprochen, auf der Straße. Nur wenige Profifußballer haben eine Berufsausbildung. Und diejenigen, die eine haben, haben keine Berufspraxis. Das heißt, wenn sie den Rasen verlassen, reißt der Einkommensstrom in der Regel abrupt ab. Nur wenige Spitzenprofis erhalten dann noch Werbeaufträge oder andere lukrative Angebote. Das heißt: Wer in den paar aktiven Jahren nicht ausreichend Rücklagen bildet, gerät nach dem Ende der Laufbahn ganz schnell in finanzielle Nöte. »Ausreichend Rücklagen« klingt harmlos, wenn man bedenkt, dass dieses Geld nicht nur die 20 oder vielleicht 30 Jahre reichen muss, die ein normaler Rentner nach dem Ausscheiden aus dem Berufsleben noch vor sich hat, sondern 50 bis 60 Jahre. Für Otto Normalverbraucher und Lieschen Müller aber ist eine Sparquote von zehn Prozent absolut in Ordnung.[2]

Stefanie setzt sich als Meilensteine, ein Mindest-Haben von einem Nettogehalt auf dem Girokonto nicht zu unterschreiten und monatlich zehn Prozent ihres Gehalts zu sparen. Damit will sie erst einmal ein Polster auf dem Tagesgeldkonto anlegen. Das Tagesgeld sollte, wie gesagt, generell über den Daumen gepeilt mindestens drei Nettogehälter umfassen. Bei Stefanie wären das etwa 6000 Euro. Erst wenn auch diese Schale des Schokobrunnens gefüllt ist, ist der Zeitpunkt gekommen, mittel- und langfristige Sparpläne anzugehen.

Zweckgebundenes und flexibles Sparen

Stefanie hat nun – vor allem dank des Urlaubs- und Weihnachtsgelds, aber auch aufgrund ihres bewussteren Umgangs mit Geld – 6500 Euro Tagesgeld angespart. Ihre Vermögensbilanz sieht zwar noch immer nicht berauschend aus, aber es ist erstaunlich, wie sich ihre finanziellen Verhältnisse in relativ kurzer Zeit verbessert haben, ohne dass Stefanie sich dafür groß hätte einschränken müssen.

Aktiva

	IST	Struktur %
Girokonten	**3000 €**	**31,58 %**
Liquide Anlagen	**6500 €**	**68,42 %**
Tages- und Festgeld	6500 €	68,42 %
Aktien und Aktienfonds	0 €	0,00 %
Anleihen und Rentenfonds	0 €	0,00 %
Mischfonds	0 €	0,00 %
Offene Immobilienfonds	0 €	0,00 %
Zertifikate und Derivate	0 €	0,00 %
Rohstoffe und Edelmetalle	0 €	0,00 %
Sonstige liquide Anlagen	0 €	0,00 %
Illiquide Anlagen	**0 €**	**0,00 %**
Bewegliche Vermögensgegenstände	0 €	0,00 %
Immobilien	0 €	0,00 %
Kapitalbildende Versicherungen	0 €	0,00 %
Alternative Investments	0 €	0,00 %
Sonstige illiquide Anlagen	0 €	0,00 %
Firmenbeteiligungen	0 €	0,00 %
Bilanzsumme	**9500 €**	**100 %**

Passiva

	IST	Struktur %
Netto-Eigenkapital	**9500 €**	**100,00 %**
Fremdkapital	**0 €**	**0,00 %**
Kurzfr. Fremdkapital	0 €	0,00 %
Langfr. Fremdkapital	0 €	0,00 %
Bilanzsumme	**9500 €**	**100 %**

Vermögensbilanz von Stefanie »auf halbem Weg«

Die ersten beiden Schalen des Schokobrunnens sind nun also gefüllt, und Stefanie steht vor der Entscheidung, welche zweckgebundenen, welche flexiblen, welche mittel- und langfristigen Sparpläne sie machen will.

Bausparen – ja oder nein?

Eine zweckgebundene, also auf ein konkretes Ziel ausgerichtete langfristige Form wäre zum Beispiel das Bausparen. Ich bin, was Bausparverträge angeht, etwas zwiegespalten. Während meiner Bankausbildung Ende der 1990er-Jahre, als alle in Aktien investierten, flossen meine vermögenswirksamen Leistungen nicht in einen Aktienfonds, sondern in einen Bausparvertrag. Als mein Lehrlingskollege das hörte, mokierte er sich. »Bauuuusparen? Wie laaaangweilig.« Als sieben Jahre später, 2004, mein Bausparvertrag fällig wurde, hatte ich damit keinen Cent Geld verloren; ganz anders sah es demgegenüber bei den Aktienfonds aus – da hatten mein Kollege und ich massive Einbußen erlitten. Denn im März 2000 war die Dotcom-Blase geplatzt und hatte Kleinanlegern, die wie wir in Unternehmen der New Economy investiert hatten, erhebliche Vermögensverluste beschert. Grundsätzlich bin ich dennoch, das dürfte auf den bisherigen Seiten klar geworden sein, ein Freund von Aktieninvestments – solange sie nur breit genug gestreut sind, um einen etwaigen desaströsen Crash einer Branche oder eines Landes abzufedern.

Bausparer sind wie eine Solidargemeinschaft. Das Prinzip ist folgendes: Viele Sparer zahlen ein paar Jahre in einen gemeinsamen Topf ein und erwerben sich damit den Anspruch, über dieselbe Summe ein zinsgünstiges Darlehen aus diesem Guthabentopf zu bekommen, um damit ein Eigenheim zu finanzieren. Das Darlehen zahlen sie in Raten zurück in den Guthabentopf der Gruppe. Ein Bausparvertrag war – warum »war« und nicht »ist«, dazu komme ich gleich – über Jahrzehnte eine attraktive Sache, und dies aus mehreren Gründen. Zum einen bewies ein Bausparer der Bank gegenüber seine Sparfähigkeit. Zum anderen konnte er den Darlehenszins bereits bei Abschluss sichern. Ein Bausparvertrag war quasi ein Zinssicherungsgeschäft. Der dritte Aspekt war, dass sich die Bausparkassen hinter der Bank einreihten. Hintergrund ist folgender: Bei einer Baufinanzierung gibt es verschiedene Sicherheitsstufen. Von der Refinanzierung her gesehen sind die ersten 60 Prozent der Kaufsumme die sichersten, da sie durch das Eigenheim, das erworben wird, auf jeden Fall abgedeckt sind. Die folgenden 20 Prozent sind immer noch gut gesichert, weil in der Regel ebenfalls durch das Haus oder die Wohnung gedeckt. Die restlichen 20 Prozent sollten Eigenkapital sein, doch nicht jeder, der sich ein Eigenheim kaufen möchte, kann die entsprechende Summe aufbringen. Die Bausparkasse gibt sich aber mit dem zufrieden, was danach noch an Sicherheiten übrig bleibt. Für die Banken war das ein höchst charmantes Arrangement.

Gegen dieses System ist auch gar nichts einzuwenden. Die Disziplinierung mag nach wie vor ein Argument *dafür* sein – es bedarf allerdings recht hoher Einnahmen für die höhere Tilgung des Darlehens. In der jetzigen Phase aber mit ihren historisch niedrigen Zinsen stellt sich die Frage, ob ein Bausparvertrag noch das richtige Mittel ist, um den Grundstein für ein Eigenheim zu legen. Denn der ursprüngliche Vorteil, nach der Sparphase einen niedrigen Darlehenszins zu bekommen, hat sich praktisch in Luft aufgelöst. Außerdem ist bei Vertragsabschluss eine Gebühr fällig, die die Kosten-Nutzen-Rechnung zusätzlich belastet. Doch irgendwann wird die Niedrigzinsphase vorübergehen, die ja nun schon seit zehn Jahren währt und seit dem 16. März 2016 sogar eine Nullzinsphase ist. In der Sitzung vom 26. Juli 2018 hat der Rat der EZB den Leitzins zwar noch bei null Prozent belassen und seine frühere Einschätzung bestätigt, dass die Schlüsselzinsen noch bis »über den Sommer 2019« hinaus auf dem aktuellen Niveau bleiben sollen.[3] Doch es deuten immer mehr Hinweise in Richtung eines Endes der Niedrigzinspolitik nach diesem »Sommer 2019« und dass es dann zu einer schrittweisen Anhebung des Leitzinses kommt. Dann könnte es durchaus wieder sinnvoll sein, in einen Bausparvertrag zu investieren. Nachteilig sind die Abschlussgebühren und der Bedarf höherer Einnahmen, da die Regeltilgung höher ist als bei Bankdarlehen. Demgegenüber die positiven Aspekte:

- Es besteht eine langfristige Zinssicherheit.
- Die Spardisziplin ist auf ein konkretes Ziel gerichtet.
- Die nachrangige Sicherheit begünstigt Bankdarlehen.

Immobilie – kaufen oder mieten?

Der folgende Abschnitt kann und will nicht ein Fachbuch zum Thema Immobilienerwerb ersetzen; es sollen jedoch die grundlegenden Punkte zu diesem Themenkomplex kurz beleuchtet werden, denn die Immobilie hat in vielen Gesprächen mit meinen Kunden immer einen Schwerpunkt gebildet.

Die Entscheidung für oder gegen eine selbst genutzte Immobilie ist eine Weichenstellung im Leben. Es ist die größte finanzielle Entscheidung, die die meisten von uns jemals treffen und deren Folgen uns jahrzehntelang begleiten werden. Wer ein Haus kaufen oder bauen will, hat für die Umsetzung der Investition einen Zeithorizont von weniger als zehn Jahren. Man will ja seine eigenen vier Wände nicht erst als Oma und Opa bewohnen, sondern als junges Paar oder als junge Familie. Das bedeutet für viele enorme Sparanstrengungen – vorher, um möglichst viel Eigenkapital zusammenzubekommen und dadurch günstige Kreditzinsen zu erhalten, und nachher, um die Schuldenlast abzubauen, die trotz des momentan äußerst niedrigen Zinsniveaus nicht zu unterschätzen ist.

Angenommen, die Immobilie kostet 400 000 Euro – wofür man in manchen Gegenden eine hübsche Villa bekommt, in anderen wie zum Beispiel München gerade mal eine Zweizimmerwohnung –, und man hat 100 000 Euro Eigenkapital. Dann braucht man noch einmal 300 000 Euro auf Pump – mindestens, denn zum eigentlichen Kaufpreis kommen noch die Kaufnebenkosten dazu wie Grunderwerbssteuer, Notarkosten, Grundbucheintrag und eventuell Maklerprovision, die sich zusammen je nach Bundesland auf knapp unter zehn Prozent oder auch darüber summieren. Das macht schnell einmal weitere 40 000 Euro. Bei einer Sollzinsbindung von zehn Jahren und einer Tilgungsrate von zwei Prozent sind dafür derzeit pro Monat zwischen 900 und 1000 Euro fällig.

Das mag sich günstig anhören, doch bei einer Eigentumswohnung ist Monat für Monat auch ein sogenanntes Hausgeld (oft auch »Wohngeld« genannt) zu berappen. Von diesem Hausgeld werden zum Beispiel die Verwaltungskosten wie Verwalterhonorar und Kontogebühren, die Betriebskosten wie Müllentsorgung, Hausstrom oder Hausmeister und Instandhaltungsarbeiten bezahlt und Rücklagen für weitere Instandhaltungen gebildet. Je nach Größe der Wohnung und Ausstattung der Wohnanlage summieren sich diese Einzelposten auf mehrere Hundert Euro. Beim Kauf darf man sich übrigens nicht von niedrigen Instandhaltungskosten blenden lassen. Oft wird das Hausgeld als Rücklage für die Instandhaltungskosten viel zu gering angesetzt, sodass es die tatsächlich anfallenden Kosten nicht abdecken kann. Im Normalfall muss man mit Kosten in Höhe von 1,5 Prozent auf den Gebäudezeitwert rechnen. Und selbstverständlich gibt es Kosten, die für Mieter und Selbstnutzer gleichermaßen anfallen (Strom, Wasser, Müll) und daher bei der Betrachtung der Mehrbelastung durch ein Eigenheim nicht berücksichtigt werden müssen.

Die meisten Menschen, die eine Immobilie kaufen wollen, müssen daher ihre gesamte Finanzstrategie auf dieses Großereignis ausrichten – und das bedeutet Börsenverbot, denn zum Tag X soll die Summe Y garantiert verfügbar sein, und alles unter zehn Jahren Haltedauer ist in meinen Augen Spekulation. Börsenverbot wiederum heißt, dass man sich mit den mickrigen Zinsen zufriedengeben muss, die es für Tages- oder Festgeld gibt. Wer hingegen im Alter von 30 Jahren entscheidet, dass er auf Dauer zur

Miete wohnen will, kann sich für die 37 Jahre bis zur Rente an der Börse engagieren, wo bei wohlüberlegter Strategie weit bessere Renditechancen warten.

Das klingt ganz danach, als wäre es im Sinne des Vermögensaufbaus vernünftiger, sich gegen den Kauf einer Immobilie zu entscheiden. Beim Thema Immobilienkauf scheint es jedoch zu jedem Argument ein Gegenargument zu geben: Eine Auswertung der Einkommens- und Verbrauchsstichprobe (EVS) von 2013 des Statistischen Bundesamtes durch das Forschungsinstitut empirica in Zusammenarbeit mit dem Institut für Empirische Sozialökonomie (inifes) und des Infodienstes LBS Research der Bausparkasse der Sparkassen hat ergeben, dass Wohneigentümer bei ansonsten vergleichbaren wirtschaftlichen Verhältnissen im Lauf ihres Lebens »fast sechsmal so viel Vermögen [aufbauen] wie Mieter«. Die Begründung ist durchaus einleuchtend: »Wer eigene vier Wände erwirbt, ist offenbar in den ersten 10 bis 15 Jahren weitgehend ›immun‹ gegen den Reiz größerer Anschaffungen oder Konsumausgaben [...] Durch hohe Tilgungsbeiträge bei der Rückzahlung von Wohnungsbaudarlehen findet ein selbst auferlegtes ›Zwangssparen‹ statt, das sich später auszahlt. Auch nach Abzahlen der Immobilie behalten die Eigentümer meistens eine hohe Sparneigung bei, so dass sie im Alter neben ihrer größtenteils entschuldeten Immobilie noch ein stattliches Geldvermögen aufweisen.«[4] Die Daten dieser Sonderauswertung offenbaren eines ganz deutlich, nämlich, dass eine realistische Selbsteinschätzung, ob man über viele Jahre bereit ist, für das Wohneigentum zu sparen, vielleicht sogar wichtiger ist, als sich der Frage, ob und ab wann der Kauf lohnt, von der finanzmathematischen Seite zu nähern.

Meiner Meinung nach ist die Frage »Wohneigentum oder Miete?« im Grunde eine typische Lebensstilentscheidung. Daher kann man nicht generell sagen, welcher Weg nun der bessere ist – beide haben ihre Tücken und ihre Vorteile –, und daher lässt sich auch so trefflich darüber streiten. Die Diskussion hat schon mehr als eine Beziehung gewaltig knirschen lassen.

Wie dem auch sei: Die Entscheidung für oder gegen ein Eigenheim sollte man möglichst früh treffen – und dann aber auch dabei bleiben und nicht mitten im Rennen die Pferde wechseln! Wer eigentlich immer eine Immobilie wollte, um mit der geplanten Familie darin zu leben, und daher sein Geld risiko-, aber auch renditearm auf »die sichere Bank legt« und mit Mitte 40 dann feststellt: »Das wird nichts mehr mit einer Familie«, der verschenkt 10 oder 15 Jahre Börsenwachstum. Schade, aber c'est la vie. Wer dagegen auf die Börse setzt und auf einmal weiß: In drei Jahren möchte ich bauen, müsste eigentlich voll auf die Notbremse treten und seine Aktien verkaufen. Wenn die Investments gut gelaufen sind, kein Problem. Andererseits: Wer verkauft schon ein gut laufendes Depot, um in drei Jahren zu bauen? Ist es nicht viel verlockender, die »Gewinne laufen zu lassen«? Nur, was, wenn man dann feststellen muss, dass sich die Börse just, wenn man das Geld vom Depot braucht, eine kleine oder große Krise genehmigt?

Entscheidet man sich – egal ob nun frühzeitig oder eigentlich zu spät – *für* den Kauf einer Immobilie, beginnt oft das eigentliche Drama. Beim Kauf eines Kaffeevollautomaten oder einer Waschmaschine informieren sich die meisten Menschen ausführlich, im Internet oder in einschlägigen Zeitschriften wie *Stiftung Warentest* oder *Öko-Test*, wägen ab und treffen dann eine rationale Entscheidung. Bei einer Investition in eine Immobilie hingegen entscheiden viele Menschen emotional, obwohl sie sich dafür oft über 20 oder gar 30 Jahre hinweg verschulden müssen und dabei stets die Gefahr droht, dass die eigenen vier Wände sie finanziell zu Fall bringen. Denn wie soll man die Hypothek weiter bedienen, wenn man den Arbeitsplatz verliert oder womöglich gar berufsunfähig wird? Und während sich bei einer Scheidung der Hausrat, ein Sparbuch, Aktien oder sonstige Geldanlagen relativ einfach aufteilen lassen, kann man nicht einfach eine Mauer durch die Eigentumswohnung oder das Eigenheim ziehen, um sie in zwei Hälften zu teilen.

Emotionale, oft völlig irrationale Beweggründe führen dazu, dass sich junge, nur durchschnittlich verdienende Paare aus einer ländlichen Gegend einen Bauplatz im Neubaugebiet kaufen und darauf ein Eigenheim errichten, obwohl sie sich dafür derart hoch verschulden müssen, dass für die nächsten Jahrzehnte der Urlaub und so einiges mehr gestrichen ist und obwohl auf dem Land die Finanzierungskonditionen meist schlechter sind als in der Stadt, da Banken bei einem Hypothekendarlehen auch den Umstand berücksichtigen, ob die Immobilie gegebenenfalls sofort und zu einem guten Preis verkauft werden könnte.

Und was das angeht, stehen die Chancen im ländlichen Raum schlecht. Davon zeugen die vielen leer stehenden Häuser, deren Besitzer – oft notgedrungen aus beruflichen Gründen – in die Stadt gezogen sind und nun vergeblich auf einen Käufer oder zumindest einen Mieter in ihrem Heimatort hoffen. Der Leerstand sollte den bauwilligen jungen Paaren eigentlich klarmachen, dass auch ihr Haus enorm an Wert verlieren kann und sie in dem Fall, dass sie es verkaufen müssen, womöglich einen hohen Verlust erleiden. Doch bis heute ist es in ländlichen Regionen ein Statussymbol, für seine Familie ein eigenes »Nest« zu bauen. Und das soll dann bitte auch im gerade angesagten Baustil errichtet werden, schließlich will man zeigen, dass man auf der Höhe der Zeit ist. Dabei wäre es weit vernünftiger, eines der vielen Häuser zu kaufen, die wegen der Landflucht leer stehen und daher sehr günstig zu haben wären. Oder gar nur zu mieten, um mobil und flexibel zu bleiben, wenn sich die Lebensumstände oder der Wohnraumbedarf ändern.

Warum ist das so? In vielen anderen Ländern sehen die Menschen ihr Zuhause rationaler und ziehen viel bereitwilliger um, ob nun Mieter oder Eigenheimbesitzer. Die Ursache liegt zum einen vermutlich darin, dass in Deutschland sehr lange ausschließlich die Herrschenden und die Kirche Grund und Boden besaßen, das Eigenheim ist für den Normalbürger also eine relativ neue Errungenschaft. Wer sich ein eigenes Haus leisten konnte, der stellte etwas dar. Zum anderen war Deutschland bis weit ins neunzehnte Jahrhundert hinein in Klein- und Kleinststaaten zersplittert, und erst mit der Bundesakte des Deutschen Bundes von 1815 wurde das Recht anerkannt, dass ein Deutscher in einen anderen deutschen Staat ziehen durfte. Bis dahin musste der jeweilige Landesherr einen Fortzug gestatten. Das machte uns wohl recht »bodenständig« im wahrsten Sinn des Wortes. In Ländern hingegen, die erst in der jüngeren Vergangenheit besiedelt wurden, wie Amerika oder Australien, in denen der Pioniergeist noch nachwirkt, sind die Menschen trotz einer Immobilie viel mobiler. Wird das Haus zu klein, wird ein größeres gekauft. Ist das größere nach ein paar Jahren zu groß, weil die Kinder flügge geworden sind, sucht man sich wieder ein kleineres. Oder das zweistöckige wird verkauft und dafür ein ebenerdiges, rollstuhlgerechtes angeschafft.

In den Städten ist die Situation gänzlich anders als auf dem Land. Anfang 2018 lag der Quadratmeterpreis in der bayerischen Landeshauptstadt *im Durchschnitt* schon bei 6540 Euro – Neubauten liegen weit darüber –, und laut Immobilienportal Immowelt, das für eine Kaufpreisprognose die Entwicklung der Wohnungspreise in den 14 größten Städten Deutschlands untersuchte, ist kein Ende der Preisspirale in Sicht. Innerhalb der nächsten drei Jahre wird, so die Prognose, der Quadratmeterpreis in München – wiederum im Durchschnitt, also selbst für Bestandsimmobilien – bis auf knapp 8400 Euro steigen.[5] Ein Haus ist bei diesen Preisen für die meisten schlicht unerschwinglich. Selbst eine Eigentumswohnung bleibt in München für viele ein Traum. Das unabhängige wirtschafts- und sozialwissenschaftliche Forschungs- und Beratungsinstitut empirica, das auf Basis von Immobilieninseraten regelmäßig Preisindizes und -rankings berechnet, ermittelte für eine 80-Quadratmeter-Wohnung im ersten Quartal 2018 einen Durchschnittspreis von 613 280 Euro. Mit den Nebenkosten – Grunderwerbssteuer, Maklerprovision, Notarkosten und so weiter – summiert sich der Gesamtpreis auf 668 904 Euro. 25 Prozent sollten Käufer an Eigenkapital mitbringen, in diesem Fall also 167 226 Euro.[6] Eine Summe, die kaum jemand auf der hohen Kante hat.

Ähnlich drastisch wie in München, wenn auch auf niedrigerem Niveau, sieht die Preisentwicklung in den Großräumen von Hamburg, Berlin, Köln, Frankfurt, Stuttgart und Leipzig aus, deren Immobilienmarkt Immowelt untersuchte. In Berlin sollen die Preise von derzeit 3460 Euro pro Quadratmeter bis zum Jahr 2020 auf 4300 Euro steigen, in Bremen von 1930 auf 2350 Euro, in Nürnberg, einer der im Moment am stärksten boomenden Städte, von 2700 auf 3400 Euro, in Dresden von 1920 auf 2190 Euro.[7] Diese Tendenz gilt selbst für Städte, die lange im Ruf standen, zu schrumpfen, etwa Halle oder Chemnitz. Wer sich 2011 in Halle eine Eigentumswohnung mit 100 Quadratmetern kaufte, zahlte im Schnitt 1400 Euro pro Quadratmeter. 2017 lag der Quadratmeterpreis für eine Wohnung in dieser Größe bereits bei 1990 Euro.[8] Noch drastischer verlief die Entwicklung in Chemnitz (Vergleichswert ist wiederum eine Wohnung mit 100 Quadratmetern): Von 1060 Euro pro Quadratmeter im Jahr 2011 stieg der Preis bis 2017 auf mehr als das Doppelte: auf 2110 Euro.[9] Man darf bei dieser Betrachtung fairerweise nicht vergessen, dass deutschlandweit die Immobilienpreise auf einem im internationalen Vergleich extrem niedrigen Niveau gestartet sind. Wer in einer Stadt aus welchen Gründen auch immer seine Immobilie, egal ob Wohnung oder Haus, verkaufen muss, findet in der Regel schnell einen Käufer, ist also weniger »immobil« als Eigenheimbesitzer auf dem Land und macht auch noch einen hübschen Gewinn.

Der »Nettozuzug« in die Ballungsräume wird wohl weiterhin anhalten, aus vielerlei Gründen: Nur wenige Unternehmen können es sich in Zeiten der Globalisierung noch leisten, ihren Firmensitz in einem kleinen Ort fernab von Autobahnen und Flughäfen zu haben; die besseren Berufschancen, das größere Job- und Freizeitangebot werden die Landbevölkerung, allen voran die Jugend, weiterhin in die Stadt ziehen; Menschen von außerhalb Deutschlands, ob Zuwanderer oder Flüchtlinge, werden ihr Glück auch eher in Berlin, Frankfurt, Stuttgart, München oder Hamburg als in Hinterhuglhapfing, Extertal oder Dobberkau versuchen. Das heißt, die Städte und die Ballungsräume werden wachsen, und die »Speckgürtel« werden sich immer weiter ausdehnen, unter Umständen bis ins Umland der nächsten Stadt, und zwar umso mehr, je stärker sich das autonome Fahren durchsetzen wird. Autonomes Fahren wird, wenn es so ausgereift ist, wie die Forscher es sich jetzt vorstellen, viel Zeit sparen, unter anderem, da die Autos sich dann Stoßstange an Stoßstange flüssig voranbewegen statt im Stop-and-go-Modus und weil es keine Ampeln mehr geben wird, die den Verkehrsfluss behindern. Autonomes Fahren bedeutet auch, dass wir während der Fahrt arbeiten, ein Buch lesen oder auf dem Tablet einen Film anschauen, also die Zeit für uns selbst nutzen können, so wie bei einer Zugfahrt, nur mit dem Unterschied, dass uns das Auto von Haustür zu Haustür bringt und lästige Wege zum Bahnhof und zeitraubendes Umsteigen erspart.

Innerhalb der Ballungsgebiete schwinden die Unterschiede, was die Lage betrifft, immer mehr, da die Immobilienpreise in den Speckgürteln in den letzten Jahren stark angezogen und mittlerweile etwa 75 Prozent des innerstädtischen Niveaus erreicht haben. Das Geld, das man sich durch den Kauf einer Immobilie »etwas außerhalb« spart, wird durch den Mehrverbrauch an Sprit, ein unter Umständen nötiges Zweitauto oder die höheren Kosten für Bus und/oder Bahn fast aufgefressen. Den Zeitverlust noch gar nicht mitgerechnet. Und das gilt für ganz Deutschland ebenso wie für die Schweiz und Österreich.

Was bedeutet das nun alles? Kurz gesagt: In den Ballungsräumen kann man ohne allzu großes Risiko kaufen – sofern man es sich leisten kann –, auf dem Land sollte man stattdessen mieten, auch wenn das bedeutet, dass man in einem älteren Haus wohnt, das nicht dem derzeitigen Lifestyle entspricht.

Ebenfalls emotional statt rational wird die Entscheidung über die Größe der Immobilie getroffen. Die wenigsten Menschen analysieren vor dem Bau oder Kauf eines Eigenheims ihren Wohnraumbedarf über den langen Zeitraum hinweg, über den sie die Immobilie abzahlen. Viele junge Paare planen zwei Kinder ein, und ein jedes soll sein eigenes Zimmer haben, vielleicht auch noch ein eigenes Bad. Solange das Paar noch kinderlos ist oder erst ein Kind hat, ist das Haus aber zu groß. Und wenn die Kinder später auf eigenen Beinen stehen – meist lange bevor das Heim abbezahlt ist –, ist es *wieder* zu groß. So sitzen viele im Alter in einem Haus, das für ihre Bedürfnisse nicht nur überdimensioniert ist, sondern auch aus anderen Gründen oft nicht mehr »passt«, zum Beispiel, weil das Bad und das Schlafzimmer im oberen Stockwerk liegen, das Treppensteigen aber immer mühsamer wird. Es verkaufen und sich stattdessen zum Beispiel eine Wohnung zulegen wollen sie jedoch nicht, weil sie über die Jahre so viel für das Haus geopfert haben. Und in ländlichen Gegenden können sie aus den weiter oben genannten Gründen nicht verkaufen, selbst wenn sie wollten. Dabei gäbe es gerade dort eine ganz einfache Lösung: Das junge Paar übernimmt das Haus seiner oder ihrer Eltern – denn auch die sitzen in der Regel in einem Statussymbol –, und diese ziehen in eine Eigentumswohnung. Wenn da eben nicht die Emotionen wären. Sie tragen einen Gutteil dazu bei, dass Immobilien uns immobil machen.

Ob auf dem Land oder in der Stadt: Da wir uns so schwer von einer einmal erworbenen Immobilie trennen, ist es sinnvoll, ein

Haus so zu planen – oder bei der Auswahl eines bereits fertigen Hauses darauf zu achten –, dass man später, wenn die Kinder ausgezogen sind, einen Teil des Hauses zu einer Einliegerwohnung umfunktionieren kann. Sei es, damit ein erwachsenes Kind sein eigenes Reich hat oder um die pflegebedürftige Mutter aufzunehmen, sei es, um die Wohnung zu vermieten oder im Fall des Falles eine Pflegekraft für sich selbst darin unterbringen zu können.

Zur Analyse des Wohnraumbedarfs gehört nicht nur die Anzahl, sondern auch die Größe der Zimmer. Einem berufstätigen Paar ohne Kinderwunsch, das oft auswärts isst, genügt eine kleine Küche, während ein eingefleischter Single, der gern kocht und Freunde zum Essen einlädt, eher eine geräumige Wohnküche braucht als ein großes Badezimmer mit zwei Waschbecken. Sich im Vorfeld intensiv und selbstkritisch damit auseinanderzusetzen spart viel Zeit bei der Suche nach dem geeigneten Objekt – und letztlich auch eine Menge Geld, denn viele Menschen überschätzen ihren tatsächlichen Wohnraumbedarf.

Eine weitere Entscheidung, die man, natürlich unter Berücksichtigung des gegebenen finanziellen Rahmens, rational treffen sollte, ist die Frage: Haus oder Wohnung? Bin ich ein Mensch, der unabhängig entscheiden will? Sei es, ob ich den Rasen selbst mähe oder einen Gärtner engagiere oder ob das Dach noch vor diesem oder erst dem nächsten Winter ausgebessert wird. Oder bin ich ganz froh, wenn ich als Teil einer Wohneigentümergemeinschaft solche Entscheidungen in die Hände der Hausverwaltung oder eines Verwaltungsbeirats legen oder in der Eigentümerversammlung zusammen mit den anderen Wohneigentümern treffen kann? Habe ich kein Problem damit, im Winter frühmorgens um fünf oder sechs auf dem Gehweg vor meinem Haus Schnee zu schippen? Oder liege ich lieber im warmen Bett, während der Hausmeister das erledigt? Will ich bei allem rund ums Haus immer den besten Preis bekommen und dass die Kosten transparent sind? Oder ist es mir lieber, dass sich die Hausverwaltung darum kümmert, wenn das Garagentor klemmt? Und bin ich bereit, dafür höhere Kosten in Kauf zu nehmen? Denn während man als Hausbesitzer kleinere Reparaturen selbst ausführt oder gegebenenfalls die Preise mehrerer Handwerker anfragt, beauftragt die Hausverwaltung für jedes Kinkerlitzchen einen Handwerker. Und wahrscheinlich greift sie dabei auf diejenigen zurück, mit denen sie seit Jahren zusammenarbeitet – ohne jedes Mal Preise zu vergleichen. Obendrein sind die Hausverwaltungen ja kein Caritasverband und wollen auch für ihre Arbeit bezahlt werden. So kommt eines zum anderen: Während sich bei einem Eigenheim die Nebenkosten auf etwa 1,50 Euro pro Quadratmeter belaufen, ist es bei einer Eigentumswohnung das Doppelte: drei Euro. Über all diese Dinge sollte man sich unbedingt vorab Klarheit verschaffen, sonst sind Ärger und Frust vorprogrammiert.

Ein weiterer Punkt, bei dem man die Vernunft über die Emotionen stellen sollte: Egal wie gut einem ein Haus oder eine Wohnung gefällt, sollte man vor Unterzeichnung den Kaufvertrag und bei einer Wohnung auch die Teilungserklärung unbedingt von einem Fachanwalt prüfen lassen, da ein Anwalt einen ganz anderen Blick auf diese Dinge hat als der Notar, der den Vertrag aufgesetzt hat. Vor allem in Teilungserklärungen stecken oft Fehler, und »Werkverträge« – also Verträge für eine Immobilie, die erst noch gebaut wird – sind viel zu komplex, als dass ein Laie sie beurteilen könnte. Die Kosten von 1500 bis 2000 Euro sind im Verhältnis zum Kaufpreis »gering« und sind es allemal wert, denn es ist mehr als ärgerlich, wenn man zum Beispiel eine ältere Eigentumswohnung kauft, zu der laut Bauplan ein Kellerabteil gehört, und danach feststellen muss, dass dieses Kellerabteil vor Jahren dem Gemeinschaftseigentum zugeschlagen wurde. Oder wenn man nach Unterzeichnung eines Werkvertrags realisieren muss, dass der Bauträger noch gar keine Baugenehmigung hat. Was bedeutet, dass das Objekt vielleicht viel später als geplant fertig wird, wodurch etliche Tausend Euro an Bereitstellungszinsen anfallen können oder womöglich überhaupt nicht gebaut werden kann. Vor allem bei Werkverträgen mit all den Unwägbarkeiten, die das Bauen mit sich bringt, empfiehlt es sich, zu einem Anwalt zu gehen und sich außerdem selbst einen Notar zu suchen, da der vom Bauträger empfohlene im Zweifelsfall nicht ganz so unabhängig und unparteiisch ist, wie er sein sollte.

Die rechtliche Prüfung ist sogar weit wichtiger als die technische. Denn auf technische Mängel, die der Verkäufer kennt, muss er hinweisen. Unterlässt er das, ist das arglistige Täuschung, gegen die man rechtlich vorgehen kann. Tauchen im Nachhinein technische Probleme auf, von denen der Verkäufer nichts wusste, ist das zwar ärgerlich, aber in der Regel finanziell kein Beinbruch und kann gelöst werden.

Apropos Recht. Achten Sie darauf, dass Sie sich nicht von zwei Maklern ein Exposé für ein und dieselbe Immobilie schicken lassen, denn dann müssen Sie gegebenenfalls beide Makler bezahlen. So ist die Rechtslage. Da sich der Prozess von der Entscheidung, sich Wohneigentum zuzulegen, bis zum faktischen Kauf im Mittel über zwei Jahre hinzieht, ist es daher sinnvoll, sich eine Liste anzulegen, welches Exposé man von welchem Makler angefordert hat. Noch ein Tipp am Rande: Makler sind im Grunde »Verkäufer«. Sie leben von der Provision, die sie mit dem Verkauf einer Immobilie verdienen, daher sollte man nicht alles glauben, was sie einem erzählen, und ihren Aussagen mit gesunder Skepsis begegnen. Es gibt viele gute und ehrliche Makler, aber halt auch ein paar schwarze Schafe.

Bei Immobilien aus den 1950er- bis 1980er-Jahren sollte man zur Sicherheit vor dem Kauf einen Gutachter beauftragen, der das Objekt auf Schadstoffrisiken wie Asbest, PCB-haltige Parkettkleber oder verzinkte Wasserleitungen prüft. Zum einen natürlich um der eigenen Gesundheit willen, zum anderen, weil die Beseitigung von Schadstoffen extrem teuer werden kann. Und wenn der Vorbesitzer nichts von den Schadstoffen wusste, bleibt man als Käufer auf den Kosten sitzen. Allein für die Sanierung eines Asbestdaches eines Einfamilienhauses werden etwa 30 000 Euro fällig. Wenn dann noch Asbest im Putz und im Bodenbelag ist, kann die Sanierung zum finanziellen Ruin führen. Im Vergleich: Baubiologen verlangen für eine Ortsbegehung um die 100 Euro pro Stunde plus Anfahrtskosten. Für die Begehung einer 80 Quadratmeter großen Wohnung beispielsweise benötigen sie etwa vier Stunden. Unter Umständen kommen noch Kosten für die Entnahme und Analyse von Proben hinzu, doch in der Regel *sehen* Baubiologen, ob Gefahr in Verzug ist.

Besser rational als emotional sollten Paare ohne Trauschein entscheiden, ob sie eine Immobilie gemeinsam kaufen oder ob nur einer der beiden als Käufer auftritt. Und sie sollten klare finanzielle Regelungen treffen und sich gegebenenfalls gegenseitig Vollmachten ausstellen. Klare Verhältnisse zu schaffen ist nicht nur im Hinblick auf eine eventuelle Trennung wichtig, sondern auch für den Fall, dass einem der beiden etwas zustößt. Angenommen, er kauft die Wohnung, sie steuert 50 000 Euro zum Eigenkapital bei und übernimmt in der Folgezeit die Lebenshaltungskosten, während er die Hypothek abzahlt. Dann stirbt er, und weil die beiden alles nur mündlich geregelt haben, erbt sein Bruder und setzt sie auf die Straße. Daher sollte in solchen Fällen unbedingt auch die Vermögensnachfolge geregelt werden.

Fast alle diese Punkte sind auch zu beachten, wenn man eine Immobilie als Vermögensanlage kauft. Und ein paar mehr, beispielweise: Wie groß ist mein Zeit- und Arbeitsaufwand bezüglich der Verwaltung? Soll sie in der Nähe sein – Anhaltspunkt: mit dem Fahrrad zu erreichen –, damit ich mich um kleinere Reparaturen selbst kümmern oder einfach schnell mal nach dem Rechten sehen kann? Soll sie ein Spekulationsobjekt sein oder meine »Rentenversicherung«? Eine Immobilie als Investitionsobjekt bietet einige Vorteile, zum Beispiel: Man kann viele Ausgaben von der Steuer absetzen und beim Verkauf den Gewinn steuerfrei einstreichen, sofern man die Spekulationsfrist von zehn Jahren einhält. Andererseits ist man mit einer solchen Vermögensanlage naturgemäß weniger mobil als etwa mit Aktien.

Noch ein paar Worte zur Finanzierung. Egal ob Sie die Immobilie zu eigenen Wohnzwecken oder als Investitionsobjekt nutzen: Seit Einführung der als »Basel II« bekannten Eigenkapitalvorschriften im Jahr 2007 hängen die Kreditkonditionen von der Kreditwürdigkeit *(Bonität)* des Kunden ab und von der Einstufung des Objekts nach Kriterien wie Lage, voraussichtliche Wertsteigerung, Infrastruktur, Verkehrsanbindung, Gebäudeausstattung, behindertengerechte Bauweise und so weiter. Die Bonitätsprüfung des Kunden erfolgt anhand einer Selbstauskunft. Die Bank will unter anderem Folgendes wissen: welchen Beruf Sie haben, ob das Arbeitsverhältnis fest oder befristet ist, wo und wie Sie derzeit wohnen, Ihre familiären Verhältnisse. Außerdem möchte sie eine Auflistung Ihrer monatlichen Einnahmen und Ausgaben sehen, Nachweise über Ihr Eigenkapital, über eventuelle Lebensversicherungen, Sparverträge und so weiter – also im Grunde eine Vermögensbilanz, die Sie aufgrund und mithilfe dieses Buches natürlich längst erstellt haben, weshalb Sie gut vorbereitet sind. Und je besser man auf ein solches Gespräch vorbereitet ist, umso höher sind die Chancen auf günstige Konditionen.

Richten Sie Ihr Augenmerk jedoch nicht ausschließlich auf die Zinshöhe. Auch wenn Sie bei Ihrer Hausbank 0,1 oder 0,2 Prozent mehr Zinsen bezahlen als beispielsweise bei einer Direktbank, kann Erstere die bessere Wahl sein, wenn Sie Ihnen Rechte einräumt, die Sie flexibler machen: höhere Sondertilgungen zu leisten als üblich; gegebenenfalls das Darlehen ohne Vorfälligkeitsentschädigung vor der Zeit auf einen Schlag zurückzuzahlen, etwa, weil Sie unerwartet erben; das Darlehen auf ein anderes Objekt zu übertragen, falls Sie das jetzige verkaufen und sich dafür ein anderes zulegen; oder vom Darlehensvertrag zurückzutreten, wenn Ihnen die Stadt oder Gemeinde die Immobilie vor der Nase wegschnappt, indem sie auf ihr Vorkaufsrecht pocht. Außerdem reagieren Hausbanken, vor allem kleinere, in der Regel hilfsbereiter, wenn Probleme auftauchen sollten, etwa Scheidung, Krankheit oder Verlust des Arbeitsplatzes.

Nichtsdestotrotz sollten Sie natürlich mehrere Angebote einholen und genau vergleichen und durchrechnen. Banken bieten ein Hypothekendarlehen zum Beispiel gern in Kombination mit dem Abschluss eines Bausparvertrags an, doch auf den entfallen wiederum Gebühren, und Sie zahlen über Jahre erst einmal Monat für Monat in den Bausparvertrag ein, statt Schulden zu tilgen. Es kann aber auch sinnvoll sein, das Restdarlehen durch den Abschluss einer Risikolebensversicherung abzusichern.

In Zeiten niedriger Zinsen empfiehlt es sich außerdem, eine möglichst lange Laufzeit mit einem festen Zinssatz zu vereinbaren, beispielsweise 20 Jahre statt der üblichen 10, denn nach § 489 des Bürgerlichen Gesetzbuches können Sie nach 10 Jahren das Darlehen entweder ganz oder teilweise kündigen, ohne eine Vorfälligkeitsentschädigung zahlen zu müssen. Sie müssen dabei nur die Kündigungsfrist von sechs Monaten einhalten. Die Kündigungsfrist läuft ab dem ersten Tag nach der Auszahlung des vollständigen Darlehens. Das bedeutet: Wird das Darlehen in Teilsummen ausgezahlt, zum Beispiel bei einem Neubau je nach Baufortschritt, beginnt die Kündigungsfrist einen Tag nachdem der letzte Teil des Darlehens ausbezahlt wurde.

Checkliste Immobilien – Vermeiden Sie die gängigen Fehler!

1. Vorüberlegung – das Wichtigste!

- Ländlicher Raum oder Stadt beziehungsweise Ballungsgebiet?
- Wie ist der Bedarf und für welchen Zeitraum?
- Wie viel Quadratmeter möchte ich?
- Eigennutzung oder Kapitalanlage?
- Neubau oder Bestandsimmobilie?

- Wie hoch ist die Wahrscheinlichkeit, dass ich gezwungen sein könnte, die Immobilie zu verkaufen (wegen Scheidung, Arbeitsplatzwechsel etc.)?
- Wie hoch ist meine Kapitaldienstfähigkeit und, damit verbunden, wie groß mein Finanzierungsrahmen?
- Wie werden sich die aktuellen Umstände in den nächsten Jahren womöglich ändern, zum Beispiel von »double income, no kids« (doppeltes Einkommen, keine Kinder) zum Alleinverdiener einer vierköpfigen Familie?
- Wie werden sich die jetzigen Bedürfnisse in der Zukunft ändern: Nähe zu Arbeitsplatz, Schule der Kinder etc.?

2. Suchprofil – Bestimmen, was wirklich wichtig ist

- Lage und Umfeld festlegen und beurteilen, für welchen Zeitraum es wichtig ist.
- Brauche oder will ich eine öffentliche Verkehrsmittelanbindung (erhöht den Kaufpreis)?
- Welche weiteren Elemente einer Infrastruktur (Schulen, Bibliotheken, Museen, Sportanlagen usw.) sind mir wirklich wichtig?
- Suchanfrage deutlich definieren.
- Auf vielfältigen Wegen suchen – in Tageszeitungen, regionalen Wochenblättern, im Internet, über Freunde, Bekannte, Arbeitskollegen, Aushänge …

3. Rechtliche Prüfung, wenn die Wunschimmobilie gefunden wurde

- Auszug aus dem Grundbuch, Baugenehmigung und gegebenenfalls Teilungserklärungen prüfen.
- Sind Dienstbarkeiten vorhanden, hat also jemand beispielweise ein Durchfahrts- oder Durchgangsrecht?
- Lasten auf dem Grundstück öffentlich-rechtliche Verpflichtungen gegenüber der Baubehörde (je nach Bundesland nachzuse-

hen im Baulastenverzeichnis oder im Grundbuch), etwa Wegerechte?
- Welche städtebaulichen Entwicklungen sind in dem Gebiet geplant (zum Beispiel Umgehungsstraße)?

4. Technische Prüfung der Wunschimmobilie

- Neubau:
  - Wie ist das Baurecht?
  - Gibt es Altlasten im Baugrund?
  - Wie ist der Baugrund beschaffen?
  - Wie hoch ist der Bodenrichtwert?
- Neubau und Bestandsimmobilie:
  - Nie ohne vorherige Besichtigung – am besten an verschiedenen Wochentagen und zu unterschiedlichen Uhrzeiten – kaufen.
  - Auf Umfeld achten. Gibt es zum Beispiel Sendemasten oder störende Gewerbegebiete in direkter Nachbarschaft, oder liegt die Immobilie in der Einflugschneise eines Flughafens?
  - Sind Altlasten vorhanden?
  - Gibt es wesentliche und offensichtliche Baumängel?
  - Bei Immobilien aus den 1950er- bis 1980er-Jahren Gutachten eines Baubiologen einholen.
  - Wie hoch ist der Instandhaltungsstau?
  - Wie hoch ist der Bodenrichtwert?
  - Gibt es Kostenrisiken?
  - Gab es in den letzten zehn Jahren Versicherungsschäden?

5. Finanzierung

- Lässt die Finanzierung genügend Luft zum Atmen?
- Bewerten Sie geplante Eigenleistungen realistisch!
- Was passiert bei
  - Krankheit,

  - Arbeitslosigkeit,
  - Scheidung,
  - Wechsel des Arbeitsplatzes?
- Wie hoch wäre im Fall des Falles die Vorfälligkeitsentschädigung?
- Ist der Kredit übertragbar?

6. Kaufvertrag

- Der Käufer bestimmt den Notar seiner Wahl! Dies ist gerade bei einem Kauf von einem Bauträger wichtig.
- Kaufvertrag unbedingt von Fachanwalt prüfen lassen.

Altersvorsorge

Früher haben viele Menschen eine Lebensversicherung als Altersvorsorge abgeschlossen. Es gibt in Deutschland über 90 Millionen Lebensversicherungsverträge – fast alles Altverträge, denn seit die frühere Steuerfreiheit auf das angesparte Kapital und auf die Zinsen weggefallen ist, sterben Lebensversicherungen einen langsamen Tod. Eine Riester- oder Rürup-Rente muss zwar auch versteuert werden, dafür werden die Einzahlungen gefördert. Wer mindestens vier Prozent des Bruttolohns vom Vorjahr in einen Riester-Vertrag einzahlt, erhält eine staatliche Grundzulage von 175 Euro. Außerdem gibt es für jedes Kind, für das man Anspruch auf Kindergeld hat, eine Prämie, und zwar 185 Euro für vor 2008 und sogar 300 Euro für nach 2008 geborene Kinder. Darüber hinaus kann man pro Jahr bis zu maximal 2100 Euro der Einzahlungen als Sonderausgaben von der Steuer absetzen. Die Einzahlungen in einen Rürup-Vertrag sind ebenfalls steuerlich begünstigt: Im Jahr 2019 beispielsweise bleiben 88 Prozent bis zu einem Höchstbetrag von 98 400 Euro steuerfrei (der Prozentsatz steigt in den nächsten Jahren um je zwei Prozentpunkte an, bis im Jahr 2025 schließlich 100 Prozent erreicht sind; der Höchstbeitrag ist an die Beitragsbemessungsgrenze West zur knappschaftlichen Rentenversicherung gekoppelt).

Bei all diesen zweckgebundenen, langfristigen Sparformen muss jeder für sich selbst die Vor- und Nachteile abwägen. Ein Vorteil, vor allem bei kinderreichen Familien, sind die Zulagen, die Prämien und die steuerliche Berücksichtigung der Beiträge. Ein Nachteil ist, dass diese Verträge unflexibel sind und dass Abschlussgebühren sowie Verwaltungskosten am Sparkapital nagen. Und nicht nur das. Da Gebühren und Kosten am Anfang »bedient« werden, wird ausgerechnet in den ersten zwei bis drei Jahren nichts gespart, aber gerade das Gesparte der ersten Jahre ist finanztechnisch am wertvollsten, da es am längsten für den Zinseszinseffekt sorgt.

Ich bin ein großer Freund der Altersvorsorge und rate jedem, wegen des Zinseszinseffekts so früh wie möglich damit zu beginnen. Auch für viele Anleger ist die Altersvorsorge das Ziel mit der höchsten Priorität und daher auch eines der Hauptthemen bei der weiter oben beschriebenen zukunftsorientierten Erfolgsmessung. Obwohl Stefanie erst am Anfang ihres Berufslebens steht, träumt sie davon, nicht bis zum gesetzlichen Rentenalter arbeiten zu müssen. Ein vorzeitiger Renteneintritt hat aber enorme Auswirkungen, nicht nur wegen der Abschläge von der gesetzlichen Rente (dazu mehr im Kapitel »Zeit zu ernten«), sondern auch, weil entsprechend weniger Zeit zum Vermögensaufbau bleibt.

Für manche jedoch, vor allem junge Menschen, stehen eher andere Ziele an oberster Stelle. »Das Alter ist ja noch weit weg«, argumentieren sie, »wer weiß, was bis dahin alles passiert und wie viel Geld ich mal verdienen werde. Und fürs Alter kann ich ja später noch vorsorgen.« Oder sie stecken den Kopf in den Sand und sagen sich: Wird schon irgendwie reichen. Aber es wird in der heutigen Zeit, sofern man nicht selbst vorsorgt, eben nicht reichen, zumindest nicht für ein angenehmes Leben, und für manche nicht einmal für die Hand in den Mund. Ausnahmen bestätigen hier nur die Regel. Und das betrifft sowohl Angestellte als auch Selbstständige.

Im Fall von Stefanie, die sich mit dem Gedanken trägt, ihren Wohnsitz nicht nur für einige Zeit, sondern womöglich auf Dauer ins Ausland zu verlegen, ist »riestern« keine gute Idee. Da ihre große Liebe Südamerika gilt und einer der lateinamerikanischen Staaten wohl ihr bevorzugtes Auswandererland wäre, sollte sie die Finger von einem Riester-Vertrag lassen, sonst müsste sie im Fall des Falles nämlich sämtliche Zulagen zurückzahlen. Würde Stefanie eher mit Mallorca oder einer griechischen Insel liebäugeln, wäre das kein Problem. Bis 2007 mussten auch Rentner, die ihren Alterssitz nach Spanien, Italien oder in ein anderes EU-Land verlegten, die Zulagen zurückzahlen. Dem hat der Europäische Gerichtshof jedoch Einhalt geboten.

Für Stefanie jedenfalls ist eine betriebliche Altersvorsorge die bessere Lösung, zumal sie bei einem Riester-Vertrag mangels Kinder nur die staatliche Grundzulage von 175 Euro bekommen würde. Zur Auswahl stehen eine klassische und eine fondsgebundene Kapitallebens- beziehungsweise private Rentenversicherung. Bei der klassischen Variante werden die Sparbeiträge während der Ansparphase verzinst; die späteren Erträge sind sicher und kalkulierbar, dafür ist die Rendite erbärmlich. Bei ihrer fondsgebundenen Schwester, bei der ein Teil des monatlichen Sparbeitrags in Aktienfonds angelegt wird, hat man eine potenziell höhere Rendite, trägt aber auch ein größeres Risiko. Egal ob nun klassisch oder fondsgebunden: Die Beiträge sind bis zu einer Höchstgrenze steuer- und sozialversicherungsfrei. Sozialversicherungsfrei sind vier Prozent der Beitragsbemessungsgrenze West der Rentenversicherung; das sind 2019 6700 Euro pro Monat. Das macht also einen Höchstbetrag von 6700 × 4 Prozent = 268 Euro pro Monat beziehungsweise 3216 Euro pro Jahr. Steuerfrei bleiben dank des Betriebsrentenstärkungsgesetzes (BRSG) seit Januar 2018 sogar acht statt bisher vier Prozent. Steuerfrei sind demnach in 2019 6700 Euro × 8 Prozent = 536 Euro pro Monat beziehungsweise 6432 Euro pro Jahr. Das bewirkt einen enormen Effekt. Wenn Stefanie auf eigene Faust zum Beispiel pro Monat 100 Euro in einen ETF-Sparplan stecken möchte, müsste sie dafür etwa 200 Euro brutto aufwenden. Wenn sie den Sparplan aber über eine betriebliche Altersvorsorge laufen lässt, kann sie wegen der Steuer- und Sozialversicherungsfreiheit 200 Euro in den Spartopf werfen, was sie aber nur 100 Euro netto kostet, und profitiert so weit stärker vom Zinseszinseffekt. Der Zinseszinseffekt kompensiert im Übrigen auch den Nachteil der höheren Gebühren, die für Abschluss und Verwaltung des »Versicherungsmantels« anfallen, und dass das Geld bei der Auszahlung versteuert werden muss – und dies in einer Lebensphase mit niedrigeren, steuerpflichtigen Einkünften.

Stefanie entscheidet sich für genau diese Variante: einen Fondssparplan über monatlich 200 Euro brutto im Rahmen der betrieblichen Altersvorsorge. Falls sie das über die gesamten 39 Jahre bis zur Rente durchzieht, kommen an Sparleistung insgesamt 93 600 Euro zusammen. Diese Summe wird ihr als Mindestleistung garantiert. Erzielt das Fondsmanagement eine Rendite von im Schnitt drei Prozent, werden daraus am Ende 142 400, bei neun Prozent 251 000 Euro. Stefanie kann sich das Geld später entweder auf einen Schlag auszahlen lassen – als sogenannte Kapitalabfindung – oder als lebenslange monatliche Rente. Bei monatlicher Auszahlung sind 270 Euro »garantiert«; 410 Euro erhält sie, wenn das Fondsmanagement drei Prozent Rendite erzielt hat, über 720 Euro bei neun Prozent Rendite.

Inzwischen hat Stefanie Spaß am Sparen gefunden und überlegt, wie sie weiteres Geld für kurz- und mittelfristige Ziele wie etwa ein neues Auto oder neue Möbel anlegen könnte. Da ihr Flexibilität extrem wichtig ist, wäre hier ein ETF-Sparplan ein probates Mittel.

Diese Reihenfolge beim Sparen einzuhalten – erstens: Cashflow analysieren und Sparpotenzial identifizieren, zweitens: committen und Rücklagen auf Tagesgeldkonto bilden, drittens: Sparplan oder -pläne aufstellen – ist immens wichtig. Es mag durchaus sein, dass es zwei, drei oder vielleicht auch vier Jahre dauert, bis man die ersten beiden Phasen durchlaufen hat. Davon geht die Welt nicht unter. Viele »Neusparer« machen jedoch den dritten Schritt vor dem ersten und nehmen sich dadurch zu viel auf einmal vor. Wenn dann irgendetwas dazwischenkommt, zum Beispiel dass das Auto den Geist aufgibt, haben sie keine Rücklagen und müssen den Sparplan kündigen oder, falls sie in Einzelaktien investiert haben, diese zu einem womöglich denkbar ungünstigen Zeitpunkt verkaufen. Das erzeugt Frust und führt häufig dazu, dass mit dem Sparen nicht wieder angefangen wird, auch dann nicht, wenn sich die Situation entspannt hat.

9
Flexibel bleiben, wenn es komplexer wird – Finanzplanung für den mittleren Lebensabschnitt

Als zweites Fallbeispiel, wie die drei Schritte umzusetzen sind, um mit einer individuellen Finanzplanung auf die undurchsichtige globale Wirtschaftswelt zu antworten, habe ich ein Ehepaar in mittleren Jahren gewählt. Anna ist 40 Jahre alt. Die Logopädin arbeitet in Teilzeit 25 Stunden in der Woche in einem Krankenhaus und verdient 2500 Euro brutto. Michael ist 45 Jahre alt und verbeamteter Lehrer mit einer Besoldung von 4000 Euro.

Die beiden haben zwei Söhne, sechs und acht Jahre alt, und wohnen in einem kleinen Dorf bei Münster in einem fast abbezahlten großen Einfamilienhaus mit Einliegerwohnung. Michaels großes Hobby ist der Modellflugzeugbau, Anna malt gern und liebt es, in ihrem Garten zu arbeiten. Die meiste freie Zeit, die ihr bleibt, verbringt sie jedoch mit den Kindern.

Michael hat eine private Krankenversicherung, eine Haftpflicht- und eine Hausratversicherung. Anna ist gesetzlich krankenversichert und hat darüber hinaus keine weitere Versicherung.

Finanzielle Fallstricke moderner Partnerschaften

Man könnte die beiden als bodenständig, arbeitsam und sehr familienzentriert beschreiben – anders formuliert: als konservativ. Dennoch haben die beiden getrennte Kassen. Während Michael ziemlich genau weiß, wofür er wie viel Geld ausgibt, und Monat für Monat etwas auf die Seite legt, hat Anna keinen Überblick über ihren Cashflow. Und es kümmert sie auch nicht.

Grundsätzlich ist das Vermögen bei den beiden höchst ungleich verteilt. Das Einfamilienhaus, das Michael bereits kaufte, bevor er Anna kennenlernte, ist auf seinen Namen im Grundbuch eingetragen. Michael interessiert sich sehr für Wirtschaftsnachrichten, jedoch nicht sonderlich für Finanzen im Speziellen. Aber er ist ein Sparfuchs; es gibt wohl kaum einen Zuschuss oder eine Steuererleichterung, die ihm entgeht, und er vergleicht bei allem und jedem Kosten und Gebühren. Da er für sich nicht viel Geld ausgibt und gut verdient, hat Michael über die Jahre 25 000 Euro auf dem Tagesgeldkonto und etwa 100 000 Euro in seinem Wertpapierdepot angesammelt. Auf der Soll-Seite steht eine Resthypothek auf das Haus in Höhe von 50 000 Euro. Unter dem Strich hat Michael also ein relativ großes Vermögen:

Aktiva

	IST	Struktur %
Girokonten	**2000 €**	**0,51 %**
Liquide Anlagen	**124 804 €**	**31,85 %**
Tages- und Festgeld	25 000 €	6,38 %
Aktien und Aktienfonds	0 €	0,00 %
Anleihen und Rentenfonds	0 €	0,00 %
Mischfonds	99 804 €	25,47 %
Offene Immobilienfonds	0 €	0,00 %
Zertifikate und Derivate	0 €	0,00 %
Rohstoffe und Edelmetalle	0 €	0,00 %
Sonstige liquide Anlagen	0 €	0,00 %
Illiquide Anlagen	**265 000 €**	**67,64 %**
Bewegliche Vermögensgegenstände	0 €	0,00 %
Immobilien	250 000 €	63,81 %
Kapitalbildende Versicherungen	15 000 €	3,83 %
Alternative Investments	0 €	0,00 %
Sonstige illiquide Anlagen	0 €	0,00 %
Firmenbeteiligungen	0 €	0,00 %
Bilanzsumme	**391 804 €**	**100 %**

Passiva

	IST	Struktur %
Netto-Eigenkapital	**341 804 €**	**87,24 %**
Fremdkapital	**50 000 €**	**12,76 %**
Kurzfr. Fremdkapital	0 €	0,00 %
Langfr. Fremdkapital	50 000 €	12,76 %
Bilanzsumme	**391 804 €**	**100 %**

Vermögensbilanz von Michael

Anna hingegen ist mit ihrem Girokonto am Monatsende immer mehr oder weniger bei plus/minus null. Während Michael die Kosten für das Haus, Wasser, Strom etc. trägt, schultert sie sämtliche Ausgaben für die Kinder – mit Ausnahme der Beiträge für deren private Krankenversicherung – und bezahlt die Lebensmittel. Ihre Einstellung lautet: Die Dinge kosten, was sie kosten. Und wenn die Kinder neue Schuhe brauchen, ist das halt so. Das ganze Thema Finanzen interessiert sie nicht. Was Vermögensplanung und Altersvorsorge angeht, betreibt Anna Vogel-Strauß-Politik. So gesehen ist ihre Risikobereitschaft extrem hoch. Wie so viele Frauen, die wegen der Kinder halbtags arbeiten oder unbezahlt in der Firma ihres Mannes mitarbeiten, verlässt sich Anna darauf, dass ihre Ehe ewig halten wird und sie über ihren Mann finanziell abgesichert ist. Das ist gar nicht so verwunderlich, denn diese Einstellung wurde über viele Generationen hinweg verinnerlicht, und Frauen in Annas Alter haben sie quasi noch mit der Muttermilch aufgesogen. Auch die Gesellschaft trägt ihr Scherflein dazu bei, denn nach weitverbreiteter Meinung, die im Übrigen jeglicher Grundlage entbehrt, können Frauen in Finanzdingen den Männern nicht das Wasser reichen. Der Umdenkprozess greift erst allmählich, und es wird noch ein langer Weg sein, bis Frauen ganz selbstverständlich ihre Finanzen, die Vermögensplanung und die Altersvorsorge eigenverantwortlich in die Hand nehmen.

Die einzige Vorsorge Annas ist ein Riester-Vertrag. Und den hat sie nur, weil Michael so dazu gedrängt hat. Da Anna eher wenig verdient, muss sie auch relativ wenig in den Riester-Vertrag einzahlen, um die volle Grundzulage vom Staat zu erhalten. Gesetzlich vorgeschrieben ist dafür ein Mindesteigenbeitrag in Höhe von vier Prozent des Bruttolohns vom Vorjahr. Dieser Betrag wird noch um die Grundzulage gekürzt: 154 Euro bis 2017, 175 Euro seit 2018. Außerdem bekommt Anna Kinderzulagen, und zwar für jedes der beiden Kinder satte 300 Euro. Und auch die werden von der geforderten Eigenleistung abgezogen, sodass

Anna im Jahr nur etwa 200 Euro selbst aufbringen muss. Michael konnte seine Frau außerdem überzeugen, den Vertrag nicht bei einer Versicherungsgesellschaft zu schließen, sondern bei einer Fondsgesellschaft, was kostengünstiger ist. Einen Riester-Fondssparplan ohne Abschlusskosten kann man auch über einen Fondsvermittler im Internet abschließen. Anna hat also dank Michaels Drängen einen Riester-Vertrag, doch würde man sie fragen, wie viel Geld pro Monat in diesen Vertrag fließt, hätte sie keine Antwort darauf.

Annas Vermögensbilanz sieht äußerst mager aus:

Aktiva	IST	Struktur %	Passiva	IST	Struktur %
Girokonten	**1000 €**	**9,09 %**	**Netto-Eigenkapital**	**11000 €**	**100,00 %**
Liquide Anlagen	**0 €**	**0,00 %**	**Fremdkapital**	**0 €**	**0,00 %**
Tages- und Festgeld	0 €	0,00 %	Kurzfr. Fremdkapital	0 €	0,00 %
Aktien und Aktienfonds	0 €	0,00 %	Langfr. Fremdkapital	0 €	0,00 %
Anleihen und Rentenfonds	0 €	0,00 %			
Mischfonds	0 €	0,00 %			
Offene Immobilienfonds	0 €	0,00 %			
Zertifikate und Derivate	0 €	0,00 %			
Rohstoffe und Edelmetalle	0 €	0,00 %			
Sonstige liquide Anlagen	0 €	0,00 %			
Illiquide Anlagen	**10000 €**	**90,91 %**			
Bewegliche Vermögensgegenstände	0 €	0,00 %			
Immobilien	0 €	0,00 %			
Kapitalbildende Versicherungen	10000 €	90,91 %			
Alternative Investments	0 €	0,00 %			
Sonstige illiquide Anlagen	0 €	0,00 %			
Firmenbeteiligungen	0 €	0,00 %			
Bilanzsumme	**11000 €**	**100 %**	**Bilanzsumme**	**11000 €**	**100 %**

Vermögensbilanz von Anna

Da verwundert es nicht, dass sich die gemeinsame Vermögensaufstellung kaum von derjenigen für Michael allein unterscheidet:

Aktiva	IST	Struktur %	Passiva	IST	Struktur %
Girokonten	**3000 €**	**0,74 %**	**Netto-Eigenkapital**	**352 804 €**	**87,59 %**
Liquide Anlagen	**124 804 €**	**30,98 %**	**Fremdkapital**	**50 000 €**	**12,41 %**
Tages- und Festgeld	25 000 €	6,21 %	Kurzfr. Fremdkapital	0 €	0,00 %
Aktien und Aktienfonds	0 €	0,00 %	Langfr. Fremdkapital	50 000 €	12,41 %
Anleihen und Rentenfonds	0 €	0,00 %			
Mischfonds	99 804 €	24,78 %			
Offene Immobilienfonds	0 €	0,00 %			
Zertifikate und Derivate	0 €	0,00 %			
Rohstoffe und Edelmetalle	0 €	0,00 %			
Sonstige liquide Anlagen	0 €	0,00 %			
Illiquide Anlagen	**275 000 €**	**68,27 %**			
Bewegliche Vermögensgegenstände	0 €	0,00 %			
Immobilien	250 000 €	62,07 %			
Kapitalbildende Versicherungen	25 000 €	6,21 %			
Alternative Investments	0 €	0,00 %			
Sonstige illiquide Anlagen	0 €	0,00 %			
Firmenbeteiligungen	0 €	0,00 %			
Bilanzsumme	**402 804 €**	**100 %**	**Bilanzsumme**	**402 804 €**	**100 %**

Gemeinsame Vermögensbilanz von Michael und Anna

Michael hat, so könnte man sagen, seine Schäfchen im Trockenen, möchte aber weitere finanzielle Rücklagen bilden. Zum einen möchte er sich in gut 15 Jahren, wenn er pensioniert wird, eine schöne Ferienwohnung im Schwarzwald kaufen, wofür er 200 000 Euro einplant. Zum anderen will er genug »übrig« haben, um seine Söhne finanziell unterstützen zu können, falls die beiden studieren möchten. Dazu müssten sie zumindest nach Münster, je nach Studienwahl auch weiter fortziehen, weshalb Michael 1000 Euro pro Monat und Kind kalkuliert. Michael rechnet recht optimistisch mit einer Studiendauer von nur vier Jahren, doch selbst das summiert sich schon auf fast 50 000 Euro pro Kind.

Seit einiger Zeit hat Michael das Gefühl, dass sein Depot irgendwie nicht vom Fleck kommt, obwohl die Märkte, wie er gelesen hat, gut laufen und er doch immer das Finanzprodukt kauft, das ihm sein Bankberater empfiehlt. Er recherchiert im Internet und stellt fest, dass die aktiv gemanagten Fonds, die er auf Anraten der Bank gekauft hat, wegen diverser Gebühren und Aufschläge viel zu teure Produkte sind. Als er dann noch liest, dass aktiv gemanagte Fonds nicht besser abschneiden als solche mit passivem Portfoliomanagement, entschließt er sich, seine Wertpapieranlagen selbst in die Hand zu nehmen, statt sich wie bisher auf die Tipps seiner Bank zu verlassen. Da er als Beamter gut abgesichert und das Eigenheim fast abbezahlt ist, wäre er – entgegen seiner sonst auf Sicherheit bedachten Einstellung – einerseits grundsätzlich bereit, bei Finanzinvestitionen mal ein Risiko einzugehen, will sich andererseits aber nicht öfter als einmal im Jahr damit beschäftigen, seine Anlagestrategie gegebenenfalls anpassen zu müssen.

Annas finanzielle Ziele sind äußerst bescheiden. Eigentlich hat sie nur ein einziges: Sie möchte, wenn die Kinder aus dem Haus sind, eine ausgedehnte Reise durch das farbenfrohe Indien machen und sich Inspirationen für ihre Malerei holen, und schätzt, dass sie eine solche Reise ungefähr 5000 Euro kosten wird.

In einem der seltenen Gespräche über Geld und Finanzen, die Anna normalerweise immer abblockt, wird den beiden erst so richtig klar, wie ungleich ihre Vermögensverhältnisse verteilt sind und dass sie das ändern müssen.

Anna macht sich, wenn auch widerstrebend, daran, ein Haushaltsbuch zu führen, um endlich einmal einen Überblick darüber zu gewinnen, wie viel Geld sie pro Monat für die Kinder und die Lebenshaltungskosten ausgibt. Auch Michael macht eine Aufstellung, wie viel er zum gemeinsamen Leben beisteuert, wobei er die Hypothekenzahlungen für das Haus außen vor lässt, da es auf seinen Namen läuft. Als sie die Ausgaben nach einem halben Jahr vergleichen, wird deutlich, dass Anna trotz ihres niedrigeren Gehalts den weit größeren Ausgabeposten schultert – was bis dahin keinem der beiden bewusst war – und dass sich auch an diesem »Kräfteverhältnis« etwas ändern muss.

Finanzplanung individuell und variabel

Sie kommen überein, dass Michael von nun an zum Monatsersten die Hälfte der Summe, die Anna im Schnitt für Kinder und Haushalt aufwendet und die sie mithilfe des Haushaltsbuchs ermittelt hat, auf Annas Konto überweist. Außerdem wird er die späteren finanziellen Einbußen seiner Frau abfedern. Denn dadurch, dass Anna wegen der beiden Kinder nur in Teilzeit arbeitet, verdient sie ja nicht nur jetzt weniger, sondern wird auch später weniger Rente beziehen. Für diesen »Versorgungsausgleich« kommen eine klassische Rentenversicherung oder ein selbst gebastelter Sparplan infrage. Michael ist etwas unschlüssig, für welche Variante er sich entscheiden soll. Für Menschen wie Anna, die mit dem Thema Finanzen nichts am Hut haben, wäre eigentlich eine Rentenversicherung die passende Lösung, da sich das Versicherungsunternehmen um alles kümmert: Wenn Anna das Rentenalter erreicht hat, bekommt sie eine monatliche Rente ausbezahlt, ohne sich mit irgendwelchen Berechnungen befassen zu müssen. Dieses Rundum-sorglos-Paket lassen sich die Versicherungsgesellschaften natürlich vergüten.

Rentenversicherungen gibt es wie schon erwähnt mittlerweile auch fondsgebunden. Eine solche Kombination aus kapitalbildender Versicherung mit lebenslanger Rentenzahlung auf Fondsbasis bietet ebenfalls attraktive Steuervorteile, beinhaltet jedoch das Risiko von Kursverlusten, und man erhält keine Rentengarantie. Rein finanzplanerisch gesehen kann ein jeder ein solches Konstrukt selbst aufsetzen, indem er das Kapital in einen Fonds – am besten natürlich einen ETF – investiert und bei Beginn der Rente einen Entnahmeplan erstellt. Allerdings muss er dann auch die nicht ganz einfache Kalkulation selbst übernehmen, das heißt, Michael müsste berechnen, wie viel er über die Jahre monatlich investieren muss, um für Anna eine Zusatzrente von zum Beispiel 1000 Euro ab ihrem fünfundsechzigsten Lebensjahr zu erhalten. Das wäre ein sehr großzügiger Ausgleich. Michael könnte als Anhaltspunkt auch die Entgeltpunkte für die Rente nehmen, die Anna dadurch verloren gehen, dass sie Teilzeit statt Vollzeit arbeitet. Bei der Berechnung der Summe könnte eine Beratungsstelle der Deutschen Rentenversicherung helfen. Eine andere, sehr einfache Möglichkeit wäre, dass er die Steuer, die er sich aufgrund des Ehegattensplittings spart, in Annas Altersvorsorge investiert.

Die »sichere Entnahmerate«

Der US-amerikanische Finanzberater William Bengen erwähnte die »Save Withdrawal Rate« (er selbst nannte die SAVEMAX) bereits im Oktober 1994 in der Fachzeitschrift »Journal of Financial Planning« unter dem Titel »Determining Withdrawal Rates Using Historical Data« als Erster. Statt – wie seine Kollegen – mit der Durchschnittsrendite zu rechnen, wollte er herausfinden, wie viel Geld ein Rentner in der Vergangenheit wirklich aus einem Aktienportfolio hätte entnehmen können. Dabei wollte er das Risiko ungünstiger Rendite-Reihenfolgen korrekt berücksichtigen. Bengen führte seine Untersuchungen mit den Daten aus dem »Ibbotson Stocks, Bonds, Bills, and Inflation (SBBI) Yearbook«. Das ist eine umfangreiche Chronik historischer US-Aktien- und Anleihenrenditen, die bis ins Jahr 1926 zurückreicht und heute noch jährlich aktualisiert wird. Bengens »Safe Withdrawal Rate« war so gewählt, dass sie selbst den besonders unglücklichen historischen Worst Case abdeckte. Nur wer im Jahr 1966 in Rente gegangen wäre, hätte nach exakt 30 Jahren den letzten Dollar aus seinem Portfolio entnommen. Während also Bengen von seiner »Safe

Withdrawal Rate« forderte, dass kein einziger der getesteten 30-Jahres-Zeiträume zum Bankrott führen durfte, ließen die Trinity-Forscher bei ihrer Studie 1997 die Möglichkeit des Scheiterns zu.[10] Wie bereits Bengen vor ihnen, griffen die drei Forscher, Philip Cooley, Carl Hubbard und Daniel Walzwieder, zum SBBI Yearbook (Ausgabe 1996). Die drei Herren waren Professoren an der Fakultät für Finanzen der Trinity University in San Antonio (Texas). Die Trinity-Study, unter der sie Bekanntheit erlangte, erweiterte also Bengens Idee um das Konzept der Erfolgswahrscheinlichkeiten und kam zu dem Ergebnis, dass die Wahrscheinlichkeit, dass das Vermögen bei einer jährlichen Entnahme von 4% ausreicht und umso höher ist, je höher der Aktienanteil im Portfolio ist. Somit kommen beide Untersuchungen sowohl zu dem Ergebnis, dass rund 4% als eine »sichere Entnahmerate« bezeichnet werden kann, sowie zu der Erkenntnis, möglichst hohe Aktienanteile im Portfolio zu halten, um dieses Ziel zu erreichen. William Bengen schreibt, dass es angebracht sei, dem Kunden zu empfehlen, einen Aktienanteil so nahe wie möglich an 75% und in keinem Fall weniger als 50% zu berücksichtigen.

Es wurde zwar verschiedentlich Kritik an dieser Safe Withdrawal Rate geäußert, doch namhafte amerikanische Volkswirtschaftler haben in den letzten Jahren Studien veröffentlicht, in denen sie zu ähnlichen Ergebnissen wie William Bengen sowie die Autoren der Trinity-Studie kommen. Insofern kann die »Vier-Prozent-Regel« als eine verlässliche und sehr hilfreiche Orientierungshilfe eingestuft werden.

Zum Glück findet man Rentensparplan- und auch Entnahmeplanrechner im Internet. Die sind zwar zumeist arg beschränkt, was die Eingabemaske angeht, vermitteln aber zumindest einen guten Anhaltspunkt. Man kann zum Beispiel sein derzeitiges Vermögen sowie die durchschnittliche Rendite eingeben und wie viel Euro man monatlich entnehmen möchte; dann sagt einem das Programm, wie lange das Geld reichen wird. Oder man gibt das Vermögen, die Rendite und die Entnahmedauer an und erfährt, wie viel Euro man pro Monat »abzapfen« kann. Wer einen Computer oder ein Tablet der Firma Apple hat, kann die verschiedenen Varianten viel leichter durchspielen. Im Tabellenkalkulationsprogramm gibt es nämlich eine Standardvorlage für Entnahmepläne, und die bietet weit mehr Eingabemöglichkeiten. Man kann dort zusätzlich eingeben, wie viel man bis zur Rente noch sparen kann, wann man mit der Entnahme anfangen möchte und so weiter. Hat man die Kurve vor sich und ist mit dem Ergebnis nicht so recht glücklich, kann man die einzelnen Parameter ganz einfach verschieben, zum Beispiel die monatliche Entnahme um 100 Euro verringern, um zu sehen, um wie viele Monate mehr das Vermögen dann reicht.

Michael könnte sich statt für einen Sparplan auch dafür entscheiden, eine entsprechend große Summe als Einmalbetrag zu investieren. Finanziell wäre er dazu in der Lage. Dann müsste er allerdings einen Gutteil seines Bar- und Aktienvermögens »opfern«: 65 000 Euro bei einer angenommenen Bruttorendite (vor Inflation, vor Kosten) von sieben Prozent. Und das will er auf keinen Fall, denn sein Bar- und Aktienvermögen soll sich möglichst verdoppeln – dazu gleich mehr – und so später die Ferienwohnung finanzieren. Ebenso ist eine Mischung aus beidem möglich: kleinerer Einmalbetrag plus monatliche Raten.

Nach reiflichem Abwägen entscheidet sich Michael für einen Sparplan ohne anfängliche Einmaleinzahlung. Er kalkuliert mit einer Rendite von durchschnittlich fünf Prozent pro Jahr. Auf die zu erwartende Lebensdauer von derzeit 84 Jahren bei Frauen in Annas Alter schlägt er einen »Sicherheitsfaktor« von sechs Jahren – auf runde 90 Jahre – auf. Außerdem will er das gesamte Kapital am Ende der Ansparphase in eine Anlage mit geringerem Risiko als bei einer reinen Aktienstrategie umwandeln. Unter diesen Voraussetzungen muss er monatlich 500 Euro sparen, damit Anna ab ihrem fünfundsechzigsten Lebensjahr eine »Privatrente« von 1000 Euro pro Monat beziehen kann. Günstiger im wahrsten Sinn des Wortes wäre es, für die Entnahmephase eine Anlageform zu wählen, die zwar ein wenig Risiko beinhaltet, aber im Gegenzug auch Rendite abwirft. Dann könnte Thomas die Sparrate reduzieren – oder Anna eine höhere »Zusatzrente« bekommen.

Der große Vorteil, wenn man einen Rentenplan selbst aufstellt, ist, dass man auf die gesamte Bandbreite der Investitionsmöglichkeiten zurückgreifen kann, während die Auswahl deutlich kleiner wird, wenn man sich an eine Versicherungs- oder Fondsgesellschaft wendet. Auch das ist ein Preis, den man zahlen muss, wenn man sich nicht selbst um seine Finanzen kümmern will.

Es gibt sogar noch eine vierte Option: den Weg über eine betriebliche Altersvorsorge (siehe Fallbeispiel 1). Michael könnte Anna den Nettosparbeitrag großzügig über die Haushaltskasse ausgleichen und gegebenenfalls noch ein paar Euro dazulegen, da Anna die Betriebsrente später versteuern muss. Ob diese Möglichkeit eine gute Alternative ist, hängt unter anderem davon ab, ob Anna in einen kostengünstigen Kollektivvertrag einsteigen kann – ein Vertrag, bei dem der Arbeitgeber Sonderkonditionen für seine Mitarbeiter ausgehandelt hat –, was über das Krankenhaus jedoch machbar sein sollte, und ob sich diese Option hinsichtlich der Ersparnis auf die Steuer und die Sozialabgaben überhaupt rechnet, was wiederum von Annas Steuerklasse abhängt. Diese jedoch könnte sie gegebenenfalls wechseln. Bei der Option betriebliche Altersvorsorge gibt es wieder, wie bei Stefanie, die Wahl zwischen klassischer und fondsgebundener Rentenversicherung. Damit wären es schon fünf Möglichkeiten, Anna eine Zusatzrente zukommen zu lassen.

Die Frage, welche Variante in diesem Fall die bessere ist – was gerade auch steuerliche Aspekte beinhaltet –, ist für einen Laien kaum zu beantworten, weshalb ich in einem solchen, eher komplizierten Fall empfehlen würde, die Dienste eines Finanzplaners in Anspruch zu nehmen.

Für Anna ist das ganze Finanzvokabular ohnehin ein Buch mit sieben Siegeln, und sie will sich auch nicht groß mit der Frage beschäftigen, in welcher Form Michael für ihre Zusatzrente spart. Sie stellt nur eine Bedingung: Falls es auf eine Aktienlösung in welcher Form auch immer hinausläuft, legt sie großen Wert darauf, dass die Investition in Verbindung mit Nachhaltigkeit steht.

Nachhaltiges Investieren

von Adriana Richter, Finanzökonomin und selbstständige Finanzberaterin mit Schwerpunkt Nachhaltigkeit und Soziale Investments

Das Bewusstsein für Nachhaltigkeit hat auch die Investmentbranche erreicht. Seit die ersten Fonds aufgelegt wurden, die sich *Sustainability* als Investmentansatz auf ihre Fahnen geschrieben haben, hält der Trend ungebrochen an: Ende Dezember 2017 betrug das in nachhaltige Fonds investierte Volumen in Deutschland, Österreich und der Schweiz bereits knapp 281 Milliarden Euro, so der *Marktbericht Nachhaltige Geldanlagen 2018 – Deutschland, Österreich und die Schweiz*[11] vom Forum Nachhaltige Geldanlagen. Der Anlagemarkt für das weiter gefasste, da einem weniger strengen Nachhaltigkeitsansatz unterworfene »verantwortliche Investieren« brachte es sogar auf 2703 Milliarden Euro. Nachhaltige Geldanlagen unterscheiden sich von verantwortlichem Investieren grob gesagt dadurch, dass die ESG-Kriterien – dazu gleich mehr – auch auf Produktebene und nicht nur auf institutioneller Ebene festgehalten sind.

Etwa 1600 nachhaltige Fonds kann man in Europa kaufen. Ich konzentriere mich hier auf Aktienfonds in dem Bewusstsein, dass es weit mehr Investmentmöglichkeiten im Bereich Nachhaltigkeit gibt, wie Grüne Staatsanleihen *(Green Bonds)*, Grüne Immobilienfonds (Stichwort *Green Building)* oder Mikrofinanz-Institutionen als Teil des sogenannten *Impact Investing* (»wirkungsorientiertes Investieren«). Ein recht ausführliches Glossar und weitere Informationen hat die IHK Nürnberg und Mittelfranken unter www.nachhaltigkeit.info zusammengetragen.

Der nachfolgende kurze Wegweiser soll Ihnen helfen, sich im Dickicht der vielen Anlagemöglichkeiten in diesem Bereich zurechtzufinden und keinem Etikettenschwindel auf den Leim zu gehen. Denn welches Unternehmen in den Augen eines Fondsmanagers nachhaltig (genug) ist, damit er Anteile daran erwirbt, ist höchst unterschiedlich. Für die einen ist es schon ausreichend, wenn keine Pornografie, keine Streubomben- und Atomkrafterzeuger in ihrem Portfolio stecken, andere verfolgen einen ethisch-religiösen Ansatz und vermeiden zum Beispiel Hersteller von Abtreibungsprodukten, und wieder andere haben einen vorwiegend ökologischen Fokus und selektieren zum Beispiel Ölproduzenten und Automobilhersteller aus.

Zunächst ein paar grundlegende Begriffsbestimmungen, denn wie in der gesamten Branche wimmelt es nur so von Fachjargon und Abkürzungen:

- SRI: *Socially Responsible Investment* oder auch *Sustainable and Responsible Investment* ist ein Oberbegriff für verantwortungsvolles Investieren und umfasst alle Ansätze im Bereich Nachhaltigkeitsinvestment.
- ESG steht für *Environment* (Umwelt), *Social* (Soziales) und *Governance* (Unternehmensführung). Dies sind die drei gängigsten Kriterien, nach denen nachhaltig orientierte Fonds ihre Portfolios steuern. Unternehmen mit über 500 Mitarbeitern sind verpflichtet, Berichte zu ihrem ESG-Verhalten zu veröffentlichen. Diese Informationen werden in Datenbanken gesammelt und stellen die Grundlage für eine entsprechende Filterung durch die Investmentgesellschaften dar. Manchmal wird auch von ESG-KPI gesprochen. KPI steht für *Key Performance Indicators,* Leistungsindikatoren, die es Investoren und generell der Finanzbranche ermöglichen sollen, ein Unternehmen besser zu beurteilen. Wirklich verbindliche und homogene ESG-Kriterien gibt es jedoch (noch) nicht. Aber die Rufe nach einer immer einheitlicheren Regulierung der Berichtspflichten werden lauter, und etliche Institutionen, die Nachhaltigkeit an den Finanzmärkten befördern wollen, treiben den Prozess hin zu mehr Transparenz und Ein-

heitlichkeit in Europa voran, wie zum Beispiel der europäische Dachverband des Forums Nachhaltige Geldanlagen (FNG), das European Sustainable and Responsible Investment Forum, kurz Eurosif, durch den Transparenz-Kodex 4.0.[12]

• FNG-Siegel: Teil der Errungenschaften des Eurosif ist es, Siegel einzuführen, die dem Verbraucher helfen, Finanzprodukte hinsichtlich Nachhaltigkeitskriterien beurteilen zu können. Für Deutschland, Österreich und die Schweiz ist es das FNG-Siegel. Dieses Siegel gibt es je nach Strenge der Kriterien, die erfüllt werden, in vier Stufen. Als Mindestanforderung jedoch muss in den Unternehmen beispielsweise die Beachtung von Menschen- und Arbeitsrechten gewährleistet sein, auf Staatenebene sind unter anderem Korruption und Demokratie Beurteilungskriterien. Weiterführende Informationen finden Sie unter fng-siegel.org/de/siegelkriterien.html.

• ESG- und SRI-ETF: Wie zu fast allen Themen gibt es auch für Nachhaltigkeit Börsenindizes, die ESG- oder SRI-Kriterien anwenden, und entsprechende Fonds, die diese Indizes abbilden. Allein der Finanzdienstleister MSCI bietet Fondsmanagern über 900 (!) Indizes im Bereich Nachhaltigkeit. Dennoch ist der Markt der aktiv gemanagten einschlägigen Fonds in Deutschland noch deutlich größer als jener der ETFs in diesem Bereich.[13] Daher ist ein Investment in einen ETF auf einen etablierten Index am meisten zu empfehlen. Zu den bekanntesten zählen:

– der MSCI World ESG Leaders Index – das Pendant zum »allgemeinen« MSCI World Index – mit einer Abdeckung von 50 Prozent der Marktkapitalisierung und

– der Dow Jones Sustainability Index (DJSI). Er steht für eine Indexfamilie, deren größtes Mitglied der DJSI World ist, der die zehn Prozent der 2500 größten Unternehmen weltweit mit der besten ESG-Bilanz umfasst.

Viele weitere Informationen und eine große Auswahl an nachhaltigen ETFs finden Sie auf der Website www.justetf.com.

Beim Investieren in ETFs mit Nachhaltigkeitsfokus muss man beachten, dass bei Portfolios mit vielen Titeln das Profil zwangsläufig nicht mehr so scharf ist. Und umso konzentrierter ein ETF ist, desto mehr wird er hinsichtlich seiner Performance vom Markt abweichen, so Ali Masarwah von Morningstar.[14]

Man unterscheidet grundsätzlich zwei Wege, nachhaltige Investments zu selektieren. Laut der *European SRI Study 2016* vom Eurosif ist der bei Weitem am häufigsten gegangene Weg, sich an Ausschlusskriterien zu orientieren. Dabei werden bestimmte Branchen von vornherein komplett vom Anlageuniversum des Fonds ausgeschlossen. Meist sind das die sogenannten Sündenbranchen Pornografie, Glücksspiel, Alkohol, Kernkraft, Ölsände und Fracking, Waffenhersteller sowie Unternehmen, die die Prinzipien des *United Nations Global Compact,* der weltweit bedeutendsten Initiative für sozial und ökologisch verantwortungsvolle Unternehmensführung, verletzen, also Arbeits- und/oder Menschenrechte missachten oder Korruption und Umweltverschmutzung Vorschub leisten – also ganz ähnlich wie beim FNG-Siegel. Der *Best-in-Class-Ansatz* hingegen wählt, wie der Name sagt, die »Klassenbesten« aus, sprich diejenigen Unternehmen, die hinsichtlich der Erfüllung von Nachhaltigkeitskriterien besser abschneiden als die Konkurrenz, die also sozusagen die weniger »Bösen« unter den »Sündern« sind. Es werden teilweise auch beide Ansätze kombiniert. Die beiden oben genannten Indizes verfolgen den *Best-in-Class-Ansatz.*

Wie bei allen Investmentfonds ist die Spanne bei den Kosten groß. Am günstigsten sind auch hier ETFs mit ca. 0,3 Prozent Kosten pro Jahr. Aktiv gemanagte Fonds liegen meist deutlich über einem Prozent pro Jahr. Will man in einem bestimmten Bereich nachhaltig investieren, wie beispielsweise Wasser oder Elektromobilität, kommt man um ein aktiv gemanagtes Produkt jedoch kaum herum.

Es ist nicht nachgewiesen, dass man nachhaltiges Investieren zwangsweise mit einer geringeren Rendite bezahlen muss. Ganz im Gegenteil. »Wer als Anleger […] ESG-Bewertungen von Firmen ignoriert, läuft Gefahr, viel Geld zu verlieren«, so die *Frankfurter Allgemeine Zeitung* in dem Artikel »Alles nachhaltig oder was?« vom 11. August 2017, und verweist auf zwei prominente Beispiele aus der jüngsten Vergangenheit. »Der brasilianische Ölkonzern Petrobras hatte schon vor seinem großen Korruptionsskandal 2014 und dem daraus folgenden starken Wertverlust teilweise alarmierende ESG-Kennziffern. Auch für [...] VW waren längst vergleichsweise schwache Nachhaltigkeitswerte gemessen worden, bevor im Herbst 2015 die Abgasmanipulationen und deren Vertuschung bekannt wurden.«

Ein zusätzlicher Nachhaltigkeitsfilter kann also sogar Risiken senken, denn nachhaltig arbeitende Unternehmen werden seltener in Skandale hineingezogen, die an der Börse mit starken Kursabschlägen bestraft werden. Besonders bei Schwellenländern, in denen Umweltschutz, Verbot von Kinderarbeit, Arbeitsrecht und dergleichen oft noch in den Anfängen stecken, ist dieser Effekt ausgeprägt. »Es kommt«, so Claus Hecher, Leiter ETF & Indexlösungen im deutschsprachigen Raum bei BNP Paribas Asset Management, in der *Börsen-Zeitung* vom 17. Februar 2018, »vielmehr auf die Region, die Zeitspanne und die Indexregeln an, ob ein SRI-Index den Standardindex schlägt oder nicht. Zumindest lässt sich für den Index mit der längsten Historie von Livedaten, den MSCI KLD 400 Social Index, feststellen, dass er im Zeitraum 31.5.1994 bis 30.11.2017 mit 10,04 Prozent Jahresrendite eine leicht höhere Performance als der MSCI USA Index mit 9,99 Prozent p.a. aufweist. Für den analogen Vergleich der Emerging-Markets-Aktienindizes liegt eine Datenhistorie bis 31.5.2011 vor. Mit 4,75 Prozent Jahresrendite schneidet der SRI-Index gegenüber dem Standardindex für diese Region (2,18 Prozent) sogar deutlich besser ab.«[15]

In einem Fall wie bei Michael und Anna, wo ein Mann seine Frau finanziell dafür entschädigt, dass sie der Kinder wegen einen geringen Verdienst hat und später eine magere Rente erhält, sollte natürlich sichergestellt sein, dass diese Regelung im Fall einer

Scheidung nicht rückgängig gemacht werden kann und das Geld beziehungsweise die Rente tatsächlich der Frau zur Verfügung steht. Schon wegen der Frage, welche Form dieser »Zusatzrente« die beste ist, aber auch, weil es in diesem Fallbeispiel weiteren Finanzplanungsbedarf gibt, weil die beiden, vor allem Michael, noch andere finanzielle Ziele haben – eine Ferienwohnung, gegebenenfalls die Kinder während des Studiums finanziell unterstützen zu können, eine Fotosafari –, wäre es sinnvoll, dass die zwei einen Finanzberater zu Rate ziehen. Ein guter Berater (siehe Kapitel »Was macht eine gute Finanzberatung und -planung aus?«) wird aufgrund seines Fachwissens, seiner Erfahrung und nicht zuletzt dank computergestützter Szenarien sehr viel einfacher und passgenauer die richtige Strategie für die beiden finden. Sie haben mit der Aufstellung ihres Cashflows und der Vermögensbilanz sowie der Formulierung ihrer Ziele bereits wertvolle Vorarbeit geleistet, sodass sich das Honorar für einen Experten in Grenzen halten würde.

In jedem Fall sollte Michael sein Depot auf kosteneffiziente Fonds umstellen und auf das langfristige Ziel Ferienwohnung ausrichten. Bei einem Depotstand von 100 000 Euro ist es kein sonderlich ehrgeiziges Vorhaben, das Ziel von 200 000 Euro »termingerecht« in 15 Jahren zu erreichen, denn normalerweise verdoppelt sich ein Depot mit im Schnitt sieben Prozent Rendite pro Jahr innerhalb von zehn Jahren, wenn man die jährliche Rendite reinvestiert – und die leidigen Steuern erst einmal außen vor lässt.

Man kann für eine Berechnung samt Steuerabzug einen Zinsrechner im Internet nutzen, zum Beispiel www.zinsen-berechnen.de/zinsrechner.php. Michael würde dann Folgendes eingeben:

- Anfangskapital: 100 000,00 Euro
- Laufzeit: 15 Jahre
- Endkapital: 200 000,00 Euro
- Zinseszins: Ja, Zinsansammlung
- Unterjährige Verzinsung: linear

Bei der Frage »Was berechnen?« klickt Michael »Zinssatz berechnen« an.

In das Kästchen vor »Steuersatz« würde er ein Häkchen setzen, dann werden automatisch 26,375 Prozent (Abgeltungsteuer von 25 Prozent plus 5,5 Prozent Solidaritätszuschlag auf die Abgeltungsteuer) »aktiviert« und der jährliche Sparerfreibetrag: 801,00 Euro.

Als Ergebnis erscheint ein Zinssatz von 6,212 Prozent.

Um Ihnen einmal zu zeigen, wie dabei gerechnet wird, hier eine Tabelle mit der Guthabenentwicklung im Detail:

Jahr	Jahrangelegtes Kapital zu Jahresbeginn	Zinsen	Steuerabzug	Zinsen gesamt nach Steuerabzug	Kapital inkl. Zinsen am Jahresende
1	100 000,00	6212,00	–1427,15	4784,85	104 784,85
2	104 784,85	6509,23	–1505,55	9788,54	109 788,54
3	109 788,54	6820,06	–1587,53	15 021,07	115 021,07
4	115 021,07	7145,11	–1673,26	20 492,92	120 492,92
5	120 492,92	7485,02	–1762,91	26 215,03	126 215,03
6	126 215,03	7840,48	–1856,66	32 198,85	132 198,85
7	132 198,85	8212,19	–1954,70	38 456,34	138 456,34
8	138 456,34	8600,91	–2057,23	45 000,02	145 000,02
9	145 000,02	9007,40	–2164,44	51 842,98	151 842,98
10	151 842,98	9432,49	–2276,55	58 998,92	158 998,92
11	158 998,92	9877,01	–2393,80	66 482,13	166 482,13
12	166 482,13	10 341,87	–2516,40	74 307,60	174 307,60
13	174 307,60	10 827,99	–2644,62	82 490,96	182 490,96
14	182 490,96	11 336,34	–2778,70	91 048,61	191 048,61
15	191 048,61	11 867,94	–2918,91	99 997,64	199 997,64
Gesamt	100 000,00	131 516,04	–31 518,40	99 997,64	199 997,64

Für die Kinder beziehungsweise deren finanzielle Unterstützung während des Studiums bietet sich ebenfalls ein Sparplan an:

- Anfangskapital: null Euro
- Sparintervall: monatlich
- Zinssatz: fünf Prozent pro Jahr (sieben Prozent Zinsen beziehungsweise Rendite abzüglich zwei Prozent Inflationsrate)
- Zinsperiode: jährlich
- Zinseszins: Ja, Zinsansammlung
- Ansparzeit: zwölf Jahre; dann ist das erste der beiden Kinder im »Studentenalter«
- Endkapital: 50 000 Euro

Als Sparrate würde der Rechner 255 Euro »ausspucken«. Die Einzahlungen würden sich auf insgesamt 36 700 Euro belaufen, und die Zinsen würden mit 13 300 Euro zu Buche schlagen.

Die Sparrate müsste Michael allerdings noch verdoppeln, weil er ja für jedes der beiden Kinder 50 000 ansammeln will. Auf jeden Fall sollte er für jedes der Kinder einen eigenen Sparvertrag abschließen und diesen auch jeweils auf den Namen des Kindes laufen lassen. Pro Jahr steht nämlich jedem Kind nicht nur der Sparerpauschbetrag von 801 Euro zur Verfügung, sondern es kann außerdem den Steuergrundfreibetrag ausschöpfen, der 2019 bei 9128 Euro liegt und in der Regel Jahr um Jahr ansteigt. Insgesamt könnte also ein jedes der beiden Kinder allein im Jahr 2019 9929 Euro an Dividenden oder Zinsen absolut steuerfrei kassieren.

Mit dieser Finanzplanung kann die gesamte Familie entspannt in die Zukunft schauen – allen voran Anna, für die sich das Blatt nun komplett gewendet hat. Aus dem finanziellen Blickwinkel gesehen ist sie, drastisch formuliert, von einem unbezahlten Kinder- und Hausmädchen zur Partnerin geworden.

10
Phönix aus der Asche – Finanzplanung, wenn die Schulden drücken

Bei den beiden bisherigen Fallbeispielen gab es zwar Handlungsbedarf in Sachen Finanzen und Finanzplanung, doch weder Stefanie noch Anna – und schon gar nicht Michael – waren in Gefahr, in eine Schuldenfalle zu geraten. Anders ist das bei Menschen, die ständig über ihre Verhältnisse leben oder die durch ein unerwartetes Ereignis wie eine kostspielige Scheidung finanziell unter Druck geraten. Das Wichtigste ist dann, so schnell wie möglich Gegenmaßnahmen zu ergreifen, denn je tiefer man ins Minus rutscht, umso schwieriger und langwieriger ist es, wieder auf die Beine zu kommen. Das Problem ist nur, dass ein solcher Prozess oft schleichend verläuft, so wie bei Klaus.

Klaus ist 45, Rechtsanwalt, Inhaber einer Kanzlei mit zwei angestellten Juristen und kann sich dank seines guten Rufs die Rosinen aus dem Kuchen picken. Er lebt am Stadtrand von Darmstadt in einem Haus mit großzügigem Garten, hat eine siebenjährige Tochter, Laura, und einen fünfjährigen Sohn, Lars, die ihn beide vergöttern und mit denen er so viel Zeit wie möglich verbringt. Die Finanzen sind geregelt, und Klaus ist mit sich im Reinen.

Das war vor zweieinhalb Jahren noch ganz anders. Da stand Klaus privat vor dem Scherbenhaufen seiner Ehe und finanziell vor dem Ruin.

Bis zu seiner Scheidung hatte Klaus zwar hart gearbeitet – zuerst, um seine Kanzlei ins Laufen zu bringen, dann, um die lukrativen Klienten zu halten –, doch was die Finanzen betraf, hatte er sorglos in den Tag hineingelebt. Er hatte sich nie groß Gedanken über seine finanzielle Lage gemacht, denn es war immer genügend Geld da - selbst dann, als seine nunmehrige Ex-Frau Karin nach der Geburt des zweiten Kindes nur noch halbtags arbeitete.

Sparen oder Altersvorsorge waren »nicht sein Ding«, wie er es selbst formuliert. Als er nach seinem Studium mit 27 Jahren das obligatorische zweijährige Rechtsreferendariat antrat, erhielt er netto knapp 800 Euro Referendargehalt. Allerdings lebte er damals mietfrei in der Einliegerwohnung seiner Eltern und genoss, was Kochen, Wäschewaschen und dergleichen anging, das Rund-um-sorglos-Paket eines Kindes. Anders formuliert: Er hatte fast 800 Euro »Taschengeld«. Mit der ersten Festanstellung in einer mittelgroßen Kanzlei machte er dann gleich einen Gehaltssprung auf 3800 Euro brutto. Von da an ging es steil bergauf, und so, wie das Geld hereinkam, gab es Klaus auch wieder aus, für edle Anzüge der Designer Ermenegildo Zegna oder Tom Ford, schnittige Autos, Urlaube in der Karibik oder teure Restaurants. Und er zog in eine großzügige Vierzimmerwohnung in zentraler Lage. Sein Statusgedanke war, harmlos formuliert, ziemlich ausgeprägt, und es war ihm wichtig, zu zeigen, was er hatte.

Dass Klaus überhaupt etwas »zur Seite« legte, war das Verdienst anderer Leute: Als er nach dem Studium seine erste Anstellung antrat, schloss er einen Bausparvertrag ab, weil das auch schon seine Eltern gemacht hatten; die Gelegenheit nutzte sein Bankberater, um Klaus gleich noch einen Fondssparplan mit einer monatlichen Sparrate von 100 Euro zu »verkaufen«. Und natürlich flossen die unumgänglichen Rentenbeiträge in das Versorgungswerk der Rechtsanwälte. Nur weil ihn ein wohlmeinender älterer Kollege penetrant immer wieder auf die trotzdem mangelnde Absicherung und die drohende Armut im Alter hinwies und damit dieser endlich Ruhe gab, schloss Klaus irgendwann noch eine private Rentenversicherung ab. Dass er außerdem 20000 Euro in einen Aktienfonds investierte, war ebenfalls nicht seine Idee, sondern dem »heißen Tipp« eines Bekannten geschuldet. Das – im Verhältnis zu seinem Einkommen – wenige Geld, das bei all dem aufwendigen Lebensstil übrig blieb, verschob Klaus auf ein Tagesgeldkonto, obwohl es da nur mickrige Zinsen abwarf. Mit Finanzplanung und zielorientiertem Sparen hatte das alles absolut nichts zu tun.

Mit 36 Jahren machte sich Klaus selbstständig. Bald darauf lernte er Karin kennen, und ein Jahr später heirateten die beiden.

Karin hatte als einfache Büroangestellte mit einem Jahresgehalt von 25 000 Euro keine großen Sprünge machen können, solange sie Single war, hatte sich aber schnell an Klaus' freizügigen Umgang mit Geld angepasst. Sie hatte wie ihr Mann so gut wie kein Finanzwissen und sich nie Gedanken übers Sparen oder über Vermögensaufbau gemacht. Die beiden behielten nach der Hochzeit jeweils ihr eigenes Konto, legten aber zusätzlich ein Familienkonto an, auf das jeder je nach seiner wirtschaftlichen Stärke einzahlte und von dem die Lebenshaltungskosten bestritten wurden. Um dieses Familienkonto kümmerte sich Karin, aber nur insofern, als sie darauf achtete, dass es nicht ins Minus rutschte. Als das erste Kind unterwegs war, kauften die beiden ein Haus, das zwar renovierungsbedürftig war, aber mit seiner ruhigen Lage am Stadtrand und einem großen eingewachsenen Garten punktete. Klaus' Bausparvertrag war damals gerade zuteilungsreif. Seine Anteile am Aktienfonds ließ er unangetastet, löste aber den Fondssparplan auf und stockte das Eigenkapital damit auf 50 000 Euro auf. Karin steuerte ebenfalls 50 000 Euro bei, die sie kurz zuvor geerbt hatte. Außerdem nahmen sie ein Hypothekendarlehen in Höhe von 400 000 Euro auf. Die monatliche Rate für Zins und Tilgung von 1500 Euro übernahm Klaus. Da seine Mietwohnung dieselbe Summe an Kaltmiete verschlungen hatte, machte es für ihn unter dem Strich keinen Unterschied. Außerdem warf die Kanzlei immer mehr Ertrag ab; inzwischen hatte er sogar zwei Rechtsanwälte angestellt. Beruflich und – wie er glaubte – auch privat lief es wie am Schnürchen.

Trotz Hauskauf, Mehrausgaben durch Tochter Laura und der weiterhin sorglosen Geldpolitik hatte Klaus nach einiger Zeit wieder ein hübsches Polster auf dem Tagesgeldkonto.

Aktiva | Passiva

	IST	Struktur %		IST	Struktur %
Girokonten	**5000 €**	**0,74 %**	**Netto-Eigenkapital**	**255000 €**	**40,80 %**
Liquide Anlagen	**52000 €**	**8,32 %**	**Fremdkapital**	**370000 €**	**59,20 %**
Tages- und Festgeld	30000 €	4,80 %	Kurzfr. Fremdkapital	0 €	0,00 %
Aktien und Aktienfonds	22000 €	3,52 %	Langfr. Fremdkapital	370000 €	59,20 %
Anleihen und Rentenfonds	0 €	0,00 %			
Mischfonds	0 €	0,00 %			
Offene Immobilienfonds	0 €	0,00 %			
Zertifikate und Derivate	0 €	0,00 %			
Rohstoffe und Edelmetalle	0 €	0,00 %			
Sonstige liquide Anlagen	0 €	0,00 %			
Illiquide Anlagen	**568000 €**	**90,88 %**			
Bewegliche Vermögensgegenstände	0 €	0,00 %			
Immobilien	550000 €	88,00 %			
Kapitalbildende Versicherungen	18000 €	2,88 %			
Alternative Investments	0 €	0,00 %			
Sonstige illiquide Anlagen	0 €	0,00 %			
Firmenbeteiligungen	0 €	0,00 %			
Bilanzsumme	**625000 €**	**100 %**	**Bilanzsumme**	**625000 €**	**100 %**

Ursprüngliche Vermögensbilanz von Klaus – ohne Quantifizierung des Werts seiner Kanzlei

Der Anfang vom Abstieg

Doch dann versetzte ihm das Schicksal einen ersten Dämpfer. Im Skiurlaub stürzte Klaus unglücklich und zog sich einen komplizierten Knöchelbruch zu. Damit nicht genug, sprangen zwei zahlungskräftige Klienten ab, die besonders gern prozessierten und damit die Kasse der Kanzlei immer kräftig hatten klingeln lassen, als Klaus sie während seines längeren Krankenhausaufenthalts und der anschließenden Anschlussheilbehandlung nicht mehr persönlich betreuen konnte und sie daher an einen seiner Angestellten übergeben wollte.

Es kam noch schlimmer. Von ihm unbemerkt, hatte seine Ehe bereits vor seinem Unfall erste Risse bekommen, da Klaus immer mehr Zeit und Energie in seine Kanzlei investierte und das Management des Privatlebens – alles rund um die mittlerweile zwei Kinder, den Haushalt, die Renovierung des Hauses, Freunde und Verwandte – auf Karins Rücken ablud. Und dies ungeachtet der Tatsache, dass Karin selbst berufstätig war. Zwar arbeitete sie seit der Geburt von Lars nur noch halbtags, doch das wollte sie auf keinen Fall aufgeben, um sich einen Rest an Eigenständigkeit zu erhalten. Wenn Karin ihren Unmut darüber kundtat, dass alles an ihr »hängen blieb«, tat Klaus das als Nörgelei ab, denn schließlich, so wandte er gern ein, schuftete er auch für sie und die Kinder. Ob Karin vielleicht recht haben könnte, darüber machte er sich keine Gedanken. Daher traf es ihn aus heiterem Himmel, als Karin, wie er glaubte, »von heute auf morgen« die Scheidung verlangte und mitsamt den Kindern auszog.

Erst mit der Zeit gestand er sich ein, dass er sich viel zu sehr auf seinen Beruf konzentriert und Karin und die Kinder vernachlässigt hatte. Dennoch fand er Karins Forderungen unverschämt. Sie wollte die 50 000 Euro zurückhaben, die sie zum Kauf des Hauses beigetragen hatte; das konnte er noch verstehen. Und das hätte er auch schultern können. Außerdem wollte Karin jedoch einen Zugewinnausgleich von 100 000 Euro, da das Haus in der Zwischenzeit durch die steigenden Immobilienpreise deutlich an Wert gewonnen hatte und da sie – so ihre Argumentation – beim Aufbau der Kanzlei mitgeholfen habe, indem sie ihm zu Hause den Rücken frei gehalten hatte. Obendrein forderte sie das alleinige Sorgerecht für Lars und Laura sowie nicht nur den völlig legitimen Unterhalt für die beiden, sondern auch einen in Höhe von 1000 Euro für sich selbst und dass er ihr eine Mietwohnung bezahle – und das, obwohl sie bei dem »Neuen« lebte.

Es folgte ein erbitterter Scheidungskrieg, der sich über viele Monate hinzog. Nicht nur, dass Klaus sich in dieser Zeit wie eine Melkkuh für Karin und seinen Scheidungsanwalt fühlte, die ständigen Auseinandersetzungen und Kämpfe kosteten ihn derart viel Zeit und Kraft, dass er seine Arbeit vernachlässigte, sodass seine Kanzlei zu allem Überfluss immer weniger Einnahmen erzielte. Dazu kam, dass ihn das Gezerre um Geld, vor allem aber um die Kinder psychisch mehr belastete, als er es für möglich gehalten hätte.

Schritt für Schritt aus dem Schuldental

Klaus erkannte, dass er seine Finanzen in den Griff bekommen musste, sonst würde er über kurz oder lang vor dem finanziellen Ruin stehen. Allerdings hatte er keine Ahnung, wie er das bewerkstelligen sollte. Egal wie er es drehte und wendete, es wollte kein Licht am Ende des Tunnels aufscheinen. Schließlich vertraute er sich dem älteren Kollegen an, der ihn damals zum Abschluss einer privaten Rentenversicherung gedrängt hatte. Der riet ihm, sich an einen Finanzplaner zu wenden, und empfahl ihm Birgit.

Birgit erfasste zunächst akribisch Klaus' Vermögenswerte, seine Schulden, seine Einnahmen und Ausgaben, worauf Klaus zum ersten Mal bewusst wurde, dass er Monat für Monat 1500 Euro mehr ausgab, als er Einnahmen hatte. Dass sein Girokonto mittlerweile fast ständig im Minus war und satte Dispozinsen verschlang, hatte er geflissentlich ignoriert.

Klaus' Vermögensbilanz gegen Ende des Scheidungskriegs:

Aktiva	IST	Struktur %	Passiva	IST	Struktur %
Girokonten	**–5000 €**	**–0,85 %**	**Netto-Eigenkapital**	**230 000 €**	**38,98 %**
Liquide Anlagen	**27 000 €**	**4,58 %**	**Fremdkapital**	**360 000 €**	**61,02 %**
Tages- und Festgeld	5000 €	0,85 %	Kurzfr. Fremdkapital	0 €	0,00 %
Aktien und Aktienfonds	22 000 €	3,73 %	Langfr. Fremdkapital	360 000 €	61,02 %
Anleihen und Rentenfonds	0 €	0,00 %			
Mischfonds	0 €	0,00 %			
Offene Immobilienfonds	0 €	0,00 %			
Zertifikate und Derivate	0 €	0,00 %			
Rohstoffe und Edelmetalle	0 €	0,00 %			
Sonstige liquide Anlagen	0 €	0,00 %			
Illiquide Anlagen	**568 000 €**	**96,27 %**			
Bewegliche Vermögensgegenstände	0 €	0,00 %			
Immobilien	550 000 €	93,22 %			
Kapitalbildende Versicherungen	18 000 €	3,05 %			
Alternative Investments	0 €	0,00 %			
Sonstige illiquide Anlagen	0 €	0,00 %			
Firmenbeteiligungen	0 €	0,00 %			
Bilanzsumme	**590 000 €**	**100 %**	**Bilanzsumme**	**590 000 €**	**100 %**

Vermögensbilanz von Klaus vor der Scheidung

Außerdem erstellte Birgit einen Finanzplan, der Klaus' größten Wunsch berücksichtigte, nämlich wenn irgend möglich das Haus zu retten, und im Wesentlichen die folgenden drei Hauptpunkte umfasste:

- die Tilgung des Darlehens vorübergehend aussetzen und gleichzeitig ein neues Darlehen aufnehmen,
- für Liquidität sorgen und
- die Einnahmen steigern.

Die erste Maßnahme hängt natürlich von den Umständen des Falls ab, die anderen beiden jedoch sind in jeder finanziellen Krise allgemeingültig.

Die Bank sträubte sich zunächst vehement dagegen, Klaus ein neues Darlehen über die geforderten 145 000 Euro zu gewähren und auch noch die Tilgung des alten auszusetzen, bei dem noch 360 000 Euro ausstanden – in Summe der Zeitwert des Hauses, den ein Gutachter ermittelt hatte. Nach zermürbenden Verhandlungen lenkte die Bank schließlich ein und bewilligte das neue Darlehen. Das verdankte Klaus zum einen der Tatsache, dass er seit Jahren ein guter Kunde der Bank war, zum anderen – und das war der ausschlaggebende Punkt – Birgits ausgefeiltem Finanzplan sowie ihrem Verhandlungsgeschick, denn sie hatte Klaus zu allen Gesprächen mit der Bank begleitet. Die Zusage der Bank war ein allererster Lichtblick, denn der drohende Verkauf des Hauses war damit abgewendet.

Durch die Aussetzung der Tilgung verringerten sich zwar die Ausgaben um monatlich 700 Euro, und mit dem neuen Darlehen konnte Klaus Karin die 50 000 zurückzahlen, die sie beim Kauf des Hauses eingebracht hatte, plus die 100 000 Euro, die sie als Zugewinnausgleich forderte. Doch Klaus brauchte viel mehr »Flüssiges«, nicht zuletzt, um die happigen Rechnungen seines Scheidungsanwalts begleichen und die Unterhaltszahlungen für seine Ex und die Kinder leisten zu können. Rigoros trennte er sich von allem, was sich zu Geld machen ließ: Er verkaufte seine Anteile am Aktienfonds, kündigte seine private Rentenversicherung und ließ sich den Rückkaufswert auszahlen und tauschte seinen erst zwei Jahre alten schnittigen BMW Z4 gegen einen gebrauchten, soliden Mittelklassewagen. Damit war sein Girokonto wieder gut im Plus, und es fielen keine Dispozinsen mehr an. Und damit das so blieb, musste Klaus die monatlichen Ausgaben reduzieren. Er kündigte die Mitgliedschaft im Fitnessstudio, das er ohnehin kaum je von innen gesehen hatte, und aß nun öfter in seiner heimeligen Wohnküche zu Abend, statt mehrmals die Woche ins Restaurant zu gehen, wie er es seit der Trennung getan hatte. Als Geld noch keine Rolle spielte, war für die Kinder das Beste gerade gut genug, doch auch hier waren jetzt Einschnitte nötig. Nach etlichen hitzigen Diskussionen konnte er Karin überzeugen, dass

Lars in einem städtischen Kindergarten untergebracht wurde, der mit 300 Euro Gebühren pro Monat zu Buche schlug, während die private Einrichtung, die Karin ausgesucht hatte, monatlich 1000 Euro verschlang. Und dass, bei aller Weltoffenheit, Laura keinen privaten Englischlehrer brauchte, sondern dass erst einmal das Schulenglisch reichen musste.

Den dritten Punkt in Birgits Finanzplan – die Einnahmen zu steigern – empfand Klaus nach all dem Vorangegangenen schon gar nicht mehr als große Herausforderung. Denn jetzt, da er mit Birgits Hilfe seine Finanzen in den Griff bekam, gewann er neue Energie und Kraft, konnte sich wieder besser auf seine Arbeit konzentrieren und abtrünnige Klienten zurück- sowie neue hinzugewinnen. Allmählich kam seine Kanzlei wieder in Schwung. Außerdem entschloss sich Klaus, den großen Hobbykeller zu vermieten, da er ihn sowieso nicht nutzte. Jetzt erwies es sich als Segen, dass bei der Renovierung des Hauses der kleine Abstellraum neben dem Hobbykeller mit Toilette und Waschbecken ausgestattet und ein separater Zugang angelegt worden war. Für einen jungen Physiotherapeuten, der sich gerade erst selbstständig machte, war der vergleichsweise günstige Hobbykeller ideal, um dort seine Praxis einzurichten. Für Klaus hatte diese Lösung den Vorteil, dass er am Abend, an den Wochenenden und Feiertagen seine Ruhe hatte.

Ende gut, alles gut

Während Sie vermutlich keine zehn Minuten brauchten, um Klaus' Geschichte bis hierher zu lesen, waren es für Klaus zwei harte Jahre, bis er wieder festen Boden unter den Füßen hatte. In dieser Zeit kam er nicht nur aus den roten Zahlen, sondern es wurde ihm auch bewusst, wie wichtig Finanzplanung ist und dass Finanzplanung auch Lebensplanung ist. Zum ersten Mal machte

Aktiva			Passiva		
	IST	Struktur %		IST	Struktur %
Girokonten	**5000 €**	**0,89 %**	**Netto-Eigenkapital**	**55 000 €**	**9,82 %**
Liquide Anlagen	**5000 €**	**0,89 %**	**Fremdkapital**	**505 000 €**	**90,18 %**
Tages- und Festgeld	5000 €	0,89 %	Kurzfr. Fremdkapital	0 €	0,00 %
Aktien und Aktienfonds	0 €	0,00 %	Langfr. Fremdkapital	505 000 €	90,18 %
Anleihen und Rentenfonds	0 €	0,00 %			
Mischfonds	0 €	0,00 %			
Offene Immobilienfonds	0 €	0,00 %			
Zertifikate und Derivate	0 €	0,00 %			
Rohstoffe und Edelmetalle	0 €	0,00 %			
Sonstige liquide Anlagen	0 €	0,00 %			
Illiquide Anlagen	**550 000 €**	**98,21 %**			
Bewegliche Vermögens-gegenstände	0 €	0,00 %			
Immobilien	550 000 €	98,21 %			
Kapitalbildende Versicherungen	0 €	0,00 %			
Alternative Investments	0 €	0,00 %			
Sonstige illiquide Anlagen	0 €	0,00 %			
Firmenbeteiligungen	0 €	0,00 %			
Bilanzsumme	**560 000 €**	**100 %**	**Bilanzsumme**	**560 000 €**	**100 %**

Vermögensbilanz von Klaus nach der Scheidung

er sich Gedanken über seine Lebensziele. Sein wichtigstes Ziel war, mehr Zeit für seine Kinder zu haben, das zweitwichtigste, das Haus abzubezahlen, und schließlich, als drittes, Vorsorge fürs Alter zu treffen.

Wann immer Lars und Laura am Wochenende oder in den Ferien bei ihm sind, stellt er die Arbeit zurück. Wichtige Korrespondenz oder das Verfassen von Schriftstücken erledigt er abends, wenn die Kinder im Bett sind. Sobald er wieder eine Notreserve und Rücklagen für die Steuer auf dem Tagesgeldkonto hatte, nahm Klaus die Tilgung der Darlehen in Angriff – und er blieb sparsam, um Sondertilgungen leisten zu können.

Schon bald machten sich die Anstrengungen in seiner Vermögensbilanz bemerkbar. Ein halbes Jahr später – der Zeitpunkt, zu dem diese Geschichte begann – sieht sie wie folgt aus:

Aktiva	IST	Struktur %	Passiva	IST	Struktur %
Girokonten	**5000 €**	**0,82 %**	**Netto-Eigenkapital**	**125 000 €**	**20,49 %**
Liquide Anlagen	**30 000 €**	**4,92 %**	**Fremdkapital**	**485 000 €**	**79,51 %**
Tages- und Festgeld	30 000 €	4,92 %	Kurzfr. Fremdkapital	0 €	0,00 %
Aktien und Aktienfonds	0 €	0,00 %	Langfr. Fremdkapital	485 000 €	79,51 %
Anleihen und Rentenfonds	0 €	0,00 %			
Mischfonds	0 €	0,00 %			
Offene Immobilienfonds	0 €	0,00 %			
Zertifikate und Derivate	0 €	0,00 %			
Rohstoffe und Edelmetalle	0 €	0,00 %			
Sonstige liquide Anlagen	0 €	0,00 %			
Illiquide Anlagen	**575 000 €**	**94,26 %**			
Bewegliche Vermögensgegenstände	0 €	0,00 %			
Immobilien	575 000 €	94,26 %			
Kapitalbildende Versicherungen	0 €	0,00 %			
Alternative Investments	0 €	0,00 %			
Sonstige illiquide Anlagen	0 €	0,00 %			
Firmenbeteiligungen	0 €	0,00 %			
Bilanzsumme	**610 000 €**	**100 %**	**Bilanzsumme**	**610 000 €**	**100 %**

Vermögensbilanz von Klaus nach der Konsolidierung

Nun kann sich Klaus an die Planung seiner Altersvorsorge machen. Zusätzlich zur Rente aus dem Versorgungswerk möchte er sich eine Rücklage aufbauen, aus der er monatlich 2000 Euro abziehen kann. Diesmal will er jedoch auf Birgits Empfehlung hin nicht wieder eine private Rentenversicherung abschließen, sondern sich einen Fondssparplan auf einen breit gestreuten ETF, den MSCI World, zulegen. Außerdem möchte er, wenn er das Rentenalter erreicht hat, auf Nummer sicher gehen und das bis dahin angesparte Geld in eine risikoärmere Anlageform umschichten. Eine für ihn ungewöhnlich konservative Herangehensweise.

Birgit hilft ihm bei den nötigen Berechnungen. Die Ansparphase kalkulieren sie mit 20 Jahren, die Entnahmephase mit 25 Jahren (vom fünfundsechzigsten bis zum neunzigsten Lebensjahr), während derer das Kapitel im Durchschnitt zwei Prozent Zinsen abwirft. Da die Zinsen vermutlich nicht ewig auf dem derzeit niedrigen Niveau bleiben werden, ist diese Annahme »vorsichtig realistisch«. Das bedeutet, dass Klaus zu Beginn der Entnahmephase einen Kapitalstock von (aufgerundet) 610 000 Euro braucht. Birgit entwirft zwei Szenarien für die Ansparphase: Kalkuliert man pessimistisch mit vier Prozent durchschnittlicher Rendite, müsste Klaus monatlich 1836 Euro investieren. Nimmt man als Basis sechs Prozent, womit man beim MSCI World auf der sicheren Seite ist – soweit dies in der Börsenwelt überhaupt möglich ist –, denn er erzielte seit 1970 im Durchschnitt eine Rendite von knapp sieben Prozent jährlich, müsste Klaus pro Monat 1529 Euro anlegen.

Zunächst lässt Klaus' Budget nur eine Sparrate von 500 Euro pro Monat zu. Mit dem Zielwert von 610 000 Euro hat er aber seine magische Zahl stets vor Augen und möchte die Sparrate so bald als möglich steigern.

Insgesamt hat Klaus zwar 6000 Euro für Birgits Beratung ausgegeben – bei einem Stundensatz von 150 Euro, was weniger ist, als er als Anwalt berechnet –, doch davon hat sich jeder Euro für ihn gelohnt.

11
Zeit zu ernten – Finanzplanung für den späteren Lebensabschnitt

Als ich klein war, glaubte ich, Geld sei das Wichtigste im Leben.
Heute, da ich alt bin, weiß ich: Es stimmt.
Oscar Wilde

Rechtzeitig vor, spätestens aber mit Rentenbeginn müssen die Weichen neu gestellt werden für die Zeit, in der entweder in Form der Rente oder Pension weniger Geld hereinkommt, wie bei Angestellten und Beamten, oder womöglich gar keines mehr, wie es bei vielen Selbstständigen der Fall ist.

Im vierten Fallbeispiel haben wir Thomas, einen selbstständigen Schreinermeister, und seine Frau Eva, gelernte Buchhalterin. Die beiden sind 63 Jahre alt und haben zwei Kinder, die aber längst erwachsen sind und auf eigenen Beinen stehen. Als Thomas bald nach seiner Betriebsgründung immer mehr Aufträge erhielt, kündigte Eva ihre Anstellung in einer Steuerkanzlei und arbeitet seither bei ihrem Mann als Bürokraft und Buchhalterin. In vielen Fällen lassen sich Ehefrauen, die in der Firma des Mannes mitarbeiten, auf einen 450-Euro-Job ein – »Schatz«, argumentiert da so mancher Gatte gern, »das spart uns eine Menge Steuern, und es wandert doch eh alles in einen Topf« –, oder sie stellen ihre Arbeitskraft gar völlig gratis zur Verfügung. Ich bin immer wieder fassungslos, wie häufig es selbst in unserer Zeit noch vorkommt, dass Frauen für umsonst oder für einen Hungerlohn Tag für Tag die Büroarbeiten im Betrieb, in der Kanzlei oder der Praxis ihres Mannes erledigen oder in sonst einer Form mitarbeiten. Und das oft über Jahrzehnte. Im Fall einer Scheidung steht die Frau dann vor dem Nichts: kein Job, keine eigenen Ersparnisse, keine Rentenansprüche.

Für Thomas und Eva stand eine solche Billiglösung nicht zur Diskussion, weshalb Eva bei ihrem Mann fest angestellt ist. Sie bezieht ein Monatsgehalt von 2500 Euro; Weihnachts- oder Urlaubsgeld erhält sie nicht, arbeitet allerdings auch nur etwa 25 bis 30 Stunden die Woche, je nach Arbeitsanfall. Thomas' Einnahmen sind naturgemäß deutlich höher. Zwar schwankt der Geldfluss je nach Auftragslage und Auslastung der Schreinerei, doch übers Jahr bleiben nach Abzug sämtlicher Firmenkosten – Umsatz-, Gewerbesteuer, das Gehalt für Eva und so weiter – unter dem Strich als Äquivalent eines Bruttogehalts für Thomas etwa 60 000 Euro übrig.

Die beiden leben in einem schuldenfreien Eigenheim in Görlitz und haben sich im Lauf ihres Lebens ein Vermögen von rund einer Million Euro angespart, da ihnen klar war, dass sie im Alter hauptsächlich von ihren Reserven werden leben müssen. Pfff, mag sich mancher Leser nun denken, eine Million! Und das kurz vor der Rente. Wozu braucht man da noch Finanzplanung? Zugegeben, eine Million klingt nach richtig viel Geld. Doch wenn man mal zusammenrechnet, was ein ehemaliger gut verdienender Angestellter als Rentner oder Pensionär im Lauf von 20 Jahren Ruhestand kassiert, ist man ganz schnell bei 800 000 Euro. Und er muss im Unterschied zu einem einstigen Selbstständigen kein »Langlebigkeitsrisiko« tragen, das übernimmt die Renten- oder Pensionskasse.

Ich habe es beim Thema Riester- und Rürup-Rente schon angesprochen: Dafür müssen Rentner seit Einführung des Alterseinkünftegesetzes (2005) je nach Rentnerjahrgang – damit ist nicht das Geburtsjahr des Rentners, sondern das Jahr des Rentenbeginns gemeint – einen immer größeren Teil ihrer Einkünfte versteuern: Die Rentnerjahrgänge bis 2005 kommen noch recht glimpflich davon. Sie erhalten einen Rentenfreibetrag von 50 Prozent, müssen also nur 50 Prozent versteuern. Beim Rentnerjahrgang 2019 ist der Freibetrag bereits auf 22 Prozent geschmolzen und müssen demnach schon 78 Prozent versteuert werden.

Zurück zu Thomas und Eva. Eva wird, wenn sie mit 66 ihr Renteneintrittsalter erreicht hat, eine gesetzliche Rente von monatlich 980 Euro beziehen. Thomas hat, auch nachdem er sich selbstständig gemacht hatte, weiterhin in die gesetzliche Rentenversicherung eingezahlt, allerdings nur immer den Mindestbetrag, weshalb er lediglich 500 Euro bekommen wird. Die Werkstatt und das Lager der Schreinerei sind nur gepachtet, und die Maschinen sind zwar gut, aber alt. Das heißt, wenn Thomas die Pforten schließt, wird er aus dem Betrieb verhältnismäßig wenig Erlös erzielen. Trotzdem klingt alles zusammengenommen nach einem recht üppigen Finanzpolster, doch wird es tatsächlich reichen, um einen angenehmen und vor allem sicheren Ruhestand zu finanzieren?

Ein Fehler wäre, damit zu rechnen, dass man weniger Geld braucht, je älter man wird. Viele sagen sich: »Wenn ich mal alt bin, werde ich ohnehin nicht mehr so fit sein und die meiste Zeit zu Hause verbringen; dann wird es billig.« Natürlich spart es Geld, wenn man nicht mehr verreisen kann – oder es vielleicht einfach nicht mehr will –, wenn man weniger häufig ins Restaurant, ins Kino oder wohin auch immer geht. Dem stehen in der Regel aber höhere Ausgaben zum Beispiel für Medikamente entgegen oder für andere Dinge, an die man oft überhaupt nicht denkt, etwa für die Fußpflege, wenn man nicht mehr beweglich genug ist, um das selbst zu erledigen. Als Einzelposten mögen das Kleinigkeiten sein, die sich in der Summe aber ganz schön läppern. Von den immensen Kosten, wenn das Zuhause behindertengerecht umgebaut werden muss oder wenn man ein Pflegefall wird, gar nicht erst gesprochen. Zumindest was das Haus betrifft, haben Thomas und Eva vorgesorgt. Schon vor Jahren kauften sie sich ein ebenerdiges Haus, das darauf aus- und eingerichtet ist, dort den Lebensabend zu verbringen.

Bevor die beiden zu kalkulieren beginnen, ob und wie lange ihr Vermögen reicht, ob sie Spielräume haben oder ob eher ein Engpass droht – und, wenn ja, in welcher Größe –, müssen sie sich darüber klar werden, welche Ziele sie haben.

Das wichtigste Ziel der beiden ist, ihren Lebensunterhalt aus dem Vermögen decken zu können. Außerdem möchten sie sich ein Wohnmobil anschaffen, um wann immer ihnen danach ist zu einem Wanderurlaub aufbrechen zu können, denn Wandern ist das große Hobby der beiden. Ende August 2018 sind sie extra nach Düsseldorf gefahren und haben dort einen ganzen Tag auf der weltgrößten Messe für Reisemobile und Caravans, der Caravan Salon, verbracht. Und kamen aus dem Staunen nicht mehr heraus. Manches Luxusmodell kann, was Komfort und Ausstattung angeht, locker mit einem Nobelhotel mithalten: Platz ohne Ende, edelste Ausstattung in Leder und handgefertigtem Edelholzfurnier, auf Wunsch mit Geschirrspülmaschine, Waschmaschine, Trockner, Espressoautomat und so weiter. Und auch die Preise sind auf Nobelhotelniveau. Eine halbe Million blättert man da schon für ein Modell mit Grundausstattung hin. Auf der Straße haben diese Luxuskutschen noch einen weiteren gewaltigen Nachteil: Das riesige Ungetüm um enge Kehren auf Bergstraßen zu lavieren ist eine enorme Herausforderung und eine Stadtrundfahrt durch die engen Gassen eines historischen Städtchens ein Ding der Unmöglichkeit – selbst mit eingeklappten Seitenspiegeln. Doch dafür gibt es eine einfache Lösung: Bei Tagesausflügen bleibt das Wohnmobil einfach auf dem Campingplatz stehen, und man holt den Pkw aus der »Garage«. In den Wohnmobilen der Extraklasse ist tatsächlich ein Stellplatz für einen Zweitwagen integriert, der in der »kleinen« Variante nur für einen Fiat 500 oder einen Smart reicht, in der größeren aber durchaus für einen Porsche 911 oder einen Mercedes SLC. Schnell wird Thomas und Eva klar: Das Gefährt ihrer Träume würde den finanziellen Rahmen sprengen, das kann man drehen und wenden, wie man will. Ihr

»Womo« sollte aber komfortabel sein, nicht zu eng, damit man sich nicht ständig gegenseitig auf die Füße tritt. Als sie die Messe verlassen, ist den beiden klar, dass sie für ein Gefährt ihrer Wahl um die 80 000 Euro investieren werden müssen.

Ein drittes wichtiges Ziel ist, dass eine eventuell nötige Pflegekraft oder, im schlimmsten Fall, die Unterbringung in einem Pflegeheim aus dem eigenen Vermögen gezahlt werden können muss. Die beiden möchten auf jeden Fall vermeiden, den Kindern finanziell zur Last zu fallen. Dafür bietet sich der Abschluss einer privaten Pflegezusatzversicherung an. Die Tarife sind allerdings nicht ganz billig, vor allem nicht bei einem Einstiegsalter von über 60 Jahren. Wenngleich etwas teurer, empfiehlt sich ein Pflegetagegeldtarif. Je nach Pflegegrad erhält der Versicherte einen bestimmten Prozentsatz des vereinbarten Tages- oder Monatsgelds. Wofür er das Pflegetagegeld verwendet, bleibt ihm überlassen: Er kann davon die Unterbringung in einem Pflegeheim bezahlen oder Angehörige entschädigen, die ihn zu Hause pflegen, oder es auch für »Essen auf Rädern« verwenden. Das Pflegetagegeld erlaubt also eine hohe Flexibilität. Anders ist es bei einem Pflegekostentarif, der üblicherweise die Leistungen der gesetzlichen Pflegeversicherung verdoppelt. Zwar greift die Versicherung inzwischen auch bei ambulanter Pflege, allerdings gibt es dafür weniger Geld als für stationäre Pflege.

Natürlich könnte man auch hier auf einen eigenen Sparplan setzen, doch das Thema Pflege enthält zu viele Unwägbarkeiten: Tritt überhaupt der Pflegefall ein? Wenn ja, wann? Wie lange wird die Pflege nötig sein, nur vorübergehend oder auf Dauer? Was wird Pflege mal kosten? Kein Mensch kann abschätzen, ob man dafür 50 000, 100 000 oder 200 000 einkalkulieren muss. Das klingt nach viel Geld, doch bei längerer Pflege schmilzt es dahin wie Schnee in der Sonne: Trotz Pflegeversicherung muss man schon heute bei Unterbringung in einem Pflegeheim eine satte Zuzahlung von monatlich im Schnitt 1750 Euro aufbringen.

»Tendenz: steigend. Denn im Mai 2017 lag der Wert noch bei unter 1700 Euro«, so der Verband der Privaten Krankenversicherung (PKV) im März 2018, der für seine Studie die PKV-Pflegedatenbank auswertete, in der die »Daten von rund 11 400 vollstationären Pflegeeinrichtungen in Deutschland erfasst [sind], was einer nahezu vollständigen Abdeckung entspricht«.[16] Das heißt, mit 50 000 Euro kann gerade mal gut zwei Jahre lang die Versorgungslücke zur gesetzlichen Pflegeversicherung geschlossen werden. Und im Pflegeheim zu leben heißt ja nicht unbedingt, dass man sonst keine Ausgaben mehr hat. Nicht jeder ist so krank, dass er vollständig bettlägerig ist, oder so dement, dass er an nichts mehr Interesse hat. Also braucht man Kleidung, will sich vielleicht Bücher kaufen …

Thomas vergleicht Kosten und Leistungen der verschiedenen Anbieter und schließt für sich und Eva eine Versicherung über 40 Euro Pflegetagegeld ab. Das klingt auf den ersten Blick nach recht wenig, wenn man in die höchste Pflegestufe geraten sollte. Tatsächlich aber würden dann sowohl bei vollstationärer Pflege in einem Pflegeheim als auch bei Pflege zu Hause 150 Prozent des Tagesgeldes gezahlt, also 60 Euro, im Monat mithin 1800 Euro. Da die gesetzliche Pflegeversicherung einen Grundstock leisten würde und Thomas und Eva darüber hinaus Erträge aus ihrem Vermögen haben werden, sind sie damit gut abgesichert. An Beiträgen werden für diese Versicherung für jeden der beiden 100 Euro im Monat fällig.

Nachdem Thomas und Eva ihre Ziele formuliert haben, müssen die beiden als Erstes nun ermitteln, wie hoch der Geldbedarf insgesamt sein wird – und damit auch, wie groß die Lücke zur gesetzlichen Rente sein wird und aus dem bestehenden Vermögen aufgefüllt werden muss.

Allein für Thomas' private Kranken- und Pflegeversicherung werden Monat für Monat 480 Euro fällig – bei einem Selbstbehalt von 1300 Euro pro Jahr –, und auch Eva muss ja ihren Beitrag in

Höhe von knapp 107 Euro zu ihrer gesetzlichen Kranken- und Pflegeversicherung leisten. Vom einheitlichen Beitragssatz – derzeit 14,6 Prozent – zur Krankenkasse entfallen 7,3 Prozent (71,54 Euro) auf Eva, die andere Hälfte, die während des Berufslebens der Arbeitgeber leistet, wird in der Rente der Rentenversicherungsträger übernehmen. Ebenso ist es seit Januar 2019 beim Zusatzbeitrag, der je nach Krankenkasse zwischen 0,6 und 1,6 Prozent ausmachen kann – Evas Krankenkasse erhebt derzeit ein Prozent. Den Beitrag zur Pflegekasse von 3,05 Prozent wird Eva allein aufbringen müssen.

Dazu kommen die Beiträge zur Pflegetagegeldversicherung von insgesamt 200 Euro, die üblichen Ausgaben für das Haus – Heizung, Strom, Wasser … – und natürlich für den Haushalt wie Lebensmittel, Putzmittel und Telefon, für Kleidung und Persönliches wie Kosmetikartikel, Bücher, Zeitschriften und so weiter, und so fort. Als sich Thomas damals selbstständig machte und einige teure Maschinen und sonstiges Werkzeug anschaffen musste, war das Geld ziemlich knapp, weshalb Eva ein Haushaltsbuch führte, um die Ausgaben im Griff zu haben. Diese Gewohnheit hat sie beibehalten. Zwar wurde sie mit den Eintragungen ein klein wenig nachlässig, als die beiden nicht mehr jeden Pfennig zweimal umdrehen mussten, und vermerkte nicht mehr jeden Klein- und Kleinstbetrag, doch im Großen und Ganzen gibt das Haushaltsbuch einen guten Überblick über die Ausgaben. Die beiden wissen daher, dass sie im Moment etwa 4200 Euro ausgeben, wobei Urlaube mit eingerechnet sind.

Sind die großen Posten wie zum Beispiel das Wohnmobil aus dem Vermögen herausgerechnet, müssen die beiden kalkulieren, ob diesem Topf Monat für Monat 2700 Euro (4200 Euro abzüglich der gesetzlichen Rente, die sie dann beziehen) entnommen werden können, wenn Thomas wie geplant in drei Jahren zusammen mit Eva in den Ruhestand geht. Die große Frage ist dabei, für wie viele Monate beziehungsweise Jahre aus diesem Topf geschöpft werden muss. Anders formuliert: Wie lange werden die beiden leben? Das weiß natürlich kein Mensch. Hier kann man nur die Statistik bemühen und die durchschnittliche Lebenserwartung als Anhaltspunkt nehmen. Die liegt bei einem Mann von heute etwa 60 Jahren bei 81 Jahren, bei einer gleichaltrigen Frau bei 86 Jahren. Das hat Thomas im Internet recherchiert.[17] Thomas und Eva wollen aber zur Sicherheit mit einem Puffer von fünf weiteren Lebensjahren rechnen. Erst dann können sie sich daranmachen, an den Stellschrauben zu drehen. Wenn es zu sehr »zwickt«, könnte Thomas sich entscheiden, ein, zwei Jahre länger zu arbeiten als geplant. Fit genug ist er.

Und sie müssen entscheiden, ob sie das bestehende Vermögen eventuell in eine andere Anlageform umwandeln. Wie es bei den meisten Menschen dieser Generation üblich ist, hat sich Thomas darum gekümmert, wie das Ersparte angelegt wird. Ein Teil des Geldes liegt auf einem Tagesgeldkonto, der größte Anteil ist jedoch in Aktien investiert. Thomas hat kein sehr ausgeprägtes Finanzwissen. Die Investments hat er alle zusammen mit seinem Bankberater von der Sparkasse herausgesucht und das meiste Geld in aktiv gemanagte Mischfonds gesteckt, wobei er für Eva ein eigenes Depot angelegt hat. Thomas verfolgte eine eher moderate Risikostrategie und überprüfte einmal im Quartal, ob die Fonds sich zu seiner Zufriedenheit entwickelten oder ob er etwas verändern sollte. Um sich diese Arbeit zu erleichtern, hat er eine Excel-Liste angefertigt, in der die Bestände der Depots und der Tagesgeldkonten – auch da läuft eines auf Evas Namen – gelistet sind.

Da Thomas peinlichst darauf achtete, dass alles gerecht verteilt war, genügt hier eine Übersicht über die gemeinsame Vermögensbilanz:

Aktiva | Passiva

Aktiva	IST	Struktur %	Passiva	IST	Struktur %
Girokonten	**10542 €**	**0,82 %**	**Netto-Eigenkapital**	**1288453 €**	**99,99 %**
Liquide Anlagen	**1028011 €**	**79,78 %**	**Fremdkapital**	**100 €**	**0,01 %**
Tages- und Festgeld	100316 €	7,79 %	Kurzfr. Fremdkapital	50 €	0,00 %
Aktien und Aktienfonds	214103 €	16,62 %	Langfr. Fremdkapital	50 €	0,00 %
Anleihen und Rentenfonds	30322 €	2,35 %			
Mischfonds	605729 €	47,01 %			
Offene Immobilienfonds	61086 €	4,74 %			
Zertifikate und Derivate	16455 €	1,28 %			
Rohstoffe und Edelmetalle	0 €	0,00 %			
Sonstige liquide Anlagen	0 €	0,00 %			
Illiquide Anlagen	**250000 €**	**19,40 %**			
Bewegliche Vermögensgegenstände	0 €	0,00 %			
Immobilien	250000 €	19,40 %			
Kapitalbildende Versicherungen	0 €	0,00 %			
Alternative Investments	0 €	0,00 %			
Sonstige illiquide Anlagen	0 €	0,00 %			
Firmenbeteiligungen	0 €	0,00 %			
Bilanzsumme	**1288553 €**	**100 %**	**Bilanzsumme**	**1288553 €**	**100 %**

Vermögensbilanz von Thomas und Eva

Die Früchte genießen – Ruhestandsplanung

Thomas und Eva gehen also davon aus, dass ihnen ab Rentenbeginn monatlich 2700 Euro »fehlen« werden. Diese 2700 Euro müssen sie aus ihrem liquiden Vermögen in Höhe von einer Million Euro abschöpfen, das sie allerdings ja auch zu ebendiesem Zweck, zur finanziellen Sicherung des Ruhestands, angespart haben.

Da Thomas und Eva erst in drei Jahren in den Ruhestand gehen möchten und sie ihre Ausgaben bis dahin noch aus den Einnahmen decken können, kann das heutige Vermögen noch in vollem Umfang angelegt werden und drei Jahre weiterwachsen, bis dann die Auszahlphase beginnt. Bei der Kalkulation berücksichtigen die beiden zwar die weitere Wertentwicklung des bereits angesparten Vermögens – sie gehen von zwei Prozent Wachstum aus und runden das Ergebnis auf 1 060 000 Euro ab, um eine einigermaßen glatte Ausgangssumme zu erhalten –, lassen jedoch die Sparbeiträge der nächsten drei Jahre außen vor. Die sehen sie als Sahnehäubchen obendrauf.

Die beiden beschäftigen sich – zumindest gedanklich – schon einige Zeit mit der finanziellen Absicherung ihres Ruhestands. Vor allem Thomas, der ohnehin an allgemeinen Wirtschaftsthemen interessiert ist, hat sich über verschiedene Möglichkeiten und deren Vor- und Nachteile informiert und auch darüber, was es alles zu bedenken gilt.

Die Inflation

Ein heikler Punkt in der Ruhestandsplanung ist die Berücksichtigung der Geldentwertung. Man kann die Inflation auf drei verschiedenen Wegen berücksichtigen:

1. individuell nach Einnahme- und Ausgabeposition (zum Beispiel private Krankenversicherung x Prozent, Lebenshaltung y Prozent),
2. pauschal für alle Positionen (x Prozent),
3. Abzug vom Wertzuwachs des Vermögens (Wertzuwachs wird zum Beispiel mit sieben Prozent, Inflation mit zwei Prozent kalkuliert; das ergibt einen »realen« Wertzuwachs von fünf Prozent).

Dem Vorteil einer relativ präzisen Planung, die bei jedem einzelnen Posten die individuelle Teuerungsrate berücksichtigt, steht der Nachteil einer höheren Komplexität gegenüber. Und trotz aller angestrebten Präzision wird es immer bei einer »ungefähren Genauigkeit« bleiben, da logischerweise nur Annahmen zugrunde liegen. Bei einer so langfristigen Planung wie bei Thomas und Eva bietet es sich an, die Inflation mit dem historischen Durchschnitt zu berücksichtigen. Der lag in den letzten 30 Jahren bei etwa zwei Prozent, und das soll, so lautet das erklärte Ziel der EZB, auch so bleiben. Zwei Prozent sollten auch auf alle Positionen – Einnahmen, Ausgaben, Wertentwicklung etc. – als Abzinsungsfaktor berücksichtigt werden. Mit dem Abzinsungsfaktor lassen sich zukünftige Zahlungen auf einen bestimmten Zeitpunkt abzinsen, um zum Beispiel den Gegenwartswert zu ermitteln.

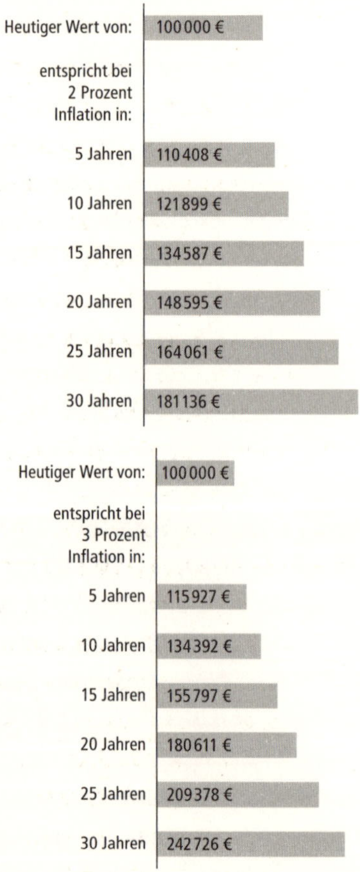

Inflationärer Effekt auf das benötigte Einkommen

Bei der Zins- und auch bei der Etappenstrategie, die ich gleich noch erklären werde, könnte man die durchschnittliche Inflationsrate von den angenommenen Renditegrößen abziehen und so mit einer »Rendite nach Inflation« kalkulieren, sprich mit einer Realrendite. Anders sieht es bei der Versicherungsstrategie (auch dazu später mehr) aus, denn hierbei kalkuliert die Versicherungsgesellschaft die Rendite in die monatliche Rente mit ein. Um die Strategien besser vergleichen zu können und Sie nicht mit allzu komplizierten Berechnungen zu belasten, werde ich auch in diesem Kapitel darauf verzichten, die Inflation einzubeziehen. Das ist durchaus legitim, da ich Ihnen ja die Grundbausteine vorstellen und keine bis auf zwei Stellen hinter dem Komma genauen Berechnungsbeispiele liefern will: Sollten Sie sich für die Umsetzung einer der hier vorgestellten Strategien an einen Finanzberater wenden, wäre es aber durchaus ein Qualitätskriterium, ob er die Inflation berücksichtigt.

Die Lebenserwartung – oder das Langlebigkeitsrisiko

Die Menschen in Deutschland werden immer älter. Fortschritte in der Medizin und ein allgemein besseres Gesundheitswesen, ausreichende und abwechslungsreichere Ernährung, bessere und gesündere Wohnverhältnisse, bessere Arbeitsbedingungen und höhere Sicherheitsstandards haben die Lebenserwartung nach und nach ansteigen lassen. Laut der sogenannten Sterbetafel 2014/2016, auf die auch Thomas bei seiner Recherche gestoßen ist, kann ein sechzigjähriger Mann, wie bereits erwähnt, damit rechnen, dass er noch etwa 21 Jahre lebt (das nennt man »fernere Lebenserwartung«). Vor 150 Jahren wären es lediglich 12 und vor 50 Jahren auch noch nur gut 15 weitere Lebensjahre gewesen. Bei sechzigjährigen Frauen liegt die fernere Lebenserwartung bei 25 weiteren Lebensjahren – vor 150 Jahren waren es weniger als 13 Jahre. Und das Ende der Fahnenstange ist noch nicht erreicht. Laut Statistischem Bundesamt wird sich die Lebenserwartung künftig weiter erhöhen: In 40 Jahren haben dann sechzigjährige Männer durchschnittlich 26,6 und Frauen 30,1 weitere Lebensjahre vor sich. Schon heute sind 25 Prozent aller verstorbenen Frauen über 90 Jahre alt geworden.

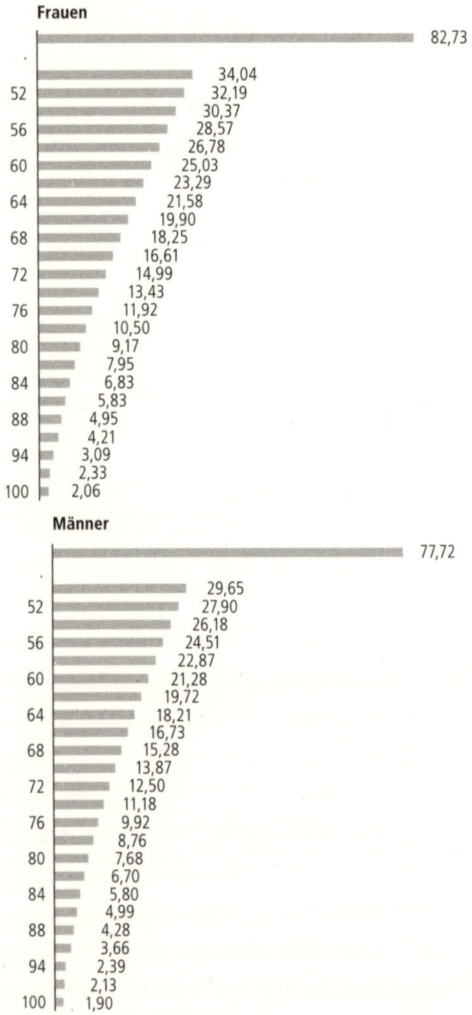

Übersicht zur aktuellen Lebenserwartung in Deutschland

Sieht man die zunehmend höhere Lebenserwartung unter dem Aspekt der Ruhestandsplanung, muss man leider feststellen, dass sie ein wirtschaftliches Risiko ist, denn mit der Aussicht auf ein immer höheres Alter steigt auch die Gefahr, dass man sein Geld »überlebt«. Es gibt sogar einen Namen dafür: »Langlebigkeitsrisiko«. Daher ist es ratsam, auf Basis der Sterbetafel und der »Restlebenserwartung«, die sie ausweist, ein Sicherheitspolster bei der Ruhestandsplanung zu berücksichtigen. Im Allgemeinen rechnet man, wie Thomas schon herausgefunden hat, mit plus fünf Jahren. Die beiden sollten daher mit einer Lebenserwartung in Höhe von 86 Jahren für Thomas und mit 91 Jahren für Eva kalkulieren.

Beginn der Rentenzahlung

Der Beginn des Ruhestands ist ein »Umkehrpunkt«: An diesem Punkt enden die Einnahmen aus Arbeit und damit die Einzahlungen in die »Ruhestandskasse« und beginnen die Rentenzahlungen beziehungsweise Entnahmen aus dem Vermögen. Die finanziellen Auswirkungen eines um ein oder mehrere Jahre verschobenen Umkehrpunkts sind größer, als man auf den ersten Blick vermuten würde. Wird der Rentenbeginn um ein Jahr nach hinten verschoben,

- kann das Vermögen ein weiteres Jahr in vollständiger Höhe angelegt werden und sich somit weiter vermehren,
- fließen weiterhin Einnahmen aus der Erwerbstätigkeit und kann die Vermögensbasis verbreitert werden,
- kann, so makaber das klingt, mit einer um ein Jahr »verkürzten« restlichen Lebenserwartung kalkuliert werden.

Den genau gegenteiligen Effekt hat es naturgemäß, wenn man eher in Rente geht. Dazu kommt noch, dass man bei der gesetzlichen Rente einen Abschlag in Kauf nehmen muss, wenn man sich vor Erreichen der maßgeblichen Altersgrenze aus dem Arbeitsleben verabschiedet. Dieser Rentenabschlag beträgt 0,3 Prozent pro

Monat. Klingt auf den ersten Blick harmlos – 0,3. Das merkt man doch gar nicht. Doch aufgepasst: »0,3 Prozent pro Monat« heißt nicht, dass Monat für Monat nur jeweils 0,3 Prozent abgezogen werden. Es bedeutet: Für jeden einzelnen Monat, den man vorzeitig in Rente geht, werden diese 0,3 Prozent fällig. Wer sich also ein Jahr vor der regulären Altersgrenze aus dem Berufsleben zurückzieht, muss bereits auf 3,6 Prozent seiner Rente verzichten. Und das nicht nur, bis er seine Altersgrenze erreicht, sondern bis ans Ende seines Lebens. Zur Erinnerung: Ein Depot mit kosteneffizienten risikoarmen Indexfonds erzielt eine durchschnittliche Rendite von sieben Prozent pro Jahr. Ein Jahr eher in Rente zu gehen frisst demnach 50 Prozent dieser Rendite. Sich vor dem gesetzlichen Rentenalter aus dem Arbeitsleben zu verabschieden hat also erhebliche finanzielle Auswirkungen. Ein kleiner Trost für diejenigen, die trotzdem eher in Rente gehen möchten: Nach oben ist der Rentenabschlag auf 18 Prozent begrenzt.

Die Renditeerwartung

Ein ähnlich heikles Thema wie die Inflation ist die Frage, mit welchen Renditen man bei der Vermögensentwicklung kalkulieren sollte. Legt man die historischen Renditen über längere Zeiträume von zum Beispiel zehn Jahren zugrunde, kommt man auf Werte, die bei so manchem erst einmal heftigen Zweifel an der Seriosität der Zahlen auslösen: im Schnitt sieben Prozent etwa am Aktienmarkt. Das kann doch nicht wahr sein, werden sich jetzt viele denken, weil sie sich sogleich an die heftigen Turbulenzen an der Börse erinnern, die im Jahr 2000 durch die Dotcom-Krise ausgelöst wurden, oder an die Finanzkrise ab 2007. Tatsächlich wurden in jenen Jahren nur einige wenige Anleger mit einer erfreulichen Rendite für ihre Risikobereitschaft entschädigt. Solche Einbrüche oder Rückschläge kann es an der Börse immer wieder mal geben, doch unter dem Strich bietet der Aktienmarkt auf lange Sicht und bei richtiger Strategie – unter anderem kein Stock-Picking, kein Market-Timing – eine solide Rendite von durchschnittlich eben sieben Prozent.

Damals litt auch der sogenannte Rentenmarkt – der Markt für festverzinsliche Wertpapiere oder Anleihen – an einem starken Rückgang der Zinsen. Ein Effekt, der bis heute nachwirkt. So erbringen zehnjährige deutsche Staatsanleihen, auch Bundesanleihen oder neudeutsch *Bonds* genannt, derzeit nur 0,36 Prozent (Stand November 2018). In guten Zeiten lag die Rendite bei neun Prozent, und man sprach gern von »Zinsen ohne Risiko«. Heutzutage ist es jedoch genau umgekehrt: Staatsanleihen bedeuten »Risiko ohne Zinsen«. Die höchsten Zinsen für zehnjährige Staatsanleihen in Europa bietet zurzeit Griechenland: 4,6 Prozent (Stand November 2018). Doch das ist beileibe nicht das, was ich unter einem vernünftigen Investment verstehe.

Wie den Aktien- und den Rentenmarkt könnte man nun auch Tages- oder Festgelder, Immobilien oder kapitalmarktnahe Anlagen unter die Lupe nehmen und für jede dieser Anlageklassen die historischen Entwicklungen in unterschiedlichen Zeiträumen aufzeigen, deren spezifische Merkmale beleuchten und diskutieren, ob die durchschnittlichen historischen Renditen bei der Kalkulation angewendet werden sollten oder nicht. Das würde hier jedoch zu weit führen. Diese Diskussion können Sie aber gern zum Beispiel mit einem Finanzberater führen, mit dem Sie gegebenenfalls eine der hier vorgestellten Strategien umsetzen.

Ich nehme im Folgenden die historische Durchschnittsrendite des Aktien- und des Rentenmarktes über jeweils zehn Jahre und addiere, sofern verfügbar und aus heutiger Sicht plausibel, die jeweils aktuelle Rendite, teile das Ergebnis durch zwei, um einen Mittelwert zwischen Aktien- und Rentenmarkt zu erhalten, und nehme das als Basis.

Die Kosten der Vermögensanlage

Die Kosten, die mit den Finanzinstrumenten, mit der Vermittlung und der Beratung verbunden sind, habe ich in den Grundlagen teils recht detailliert beschrieben. Hier, in der Kalkulation, werde ich sie allerdings nicht berücksichtigen, da ich Ihnen ja »nur« die Grundbausteine für Ihren Vermögensaufbau liefern will und die Kosten zudem je nach Geldinstitut oder Versicherung stark variieren können.

Steuern

Auf die verschiedenen Anlagearten werden unterschiedliche Steuern fällig. Auf Zinsen, Dividenden und Wertzuwächse wird die Abgeltungsteuer von 25 Prozent erhoben, plus 5,5 Prozent Solidaritätszuschlag auf die Abgeltungsteuer und gegebenenfalls Kirchensteuer, die in Baden-Württemberg und Bayern acht, in den restlichen Bundesländern neun Prozent beträgt. Leistungen aus Versicherungen sind – mit Ausnahme der staatlich geförderten Riester- und Rürup-Rente, die dem individuellen Steuersatz unterliegen – mit dem Ertragsanteil zu versteuern, dessen Höhe vom Lebensalter zu Beginn der Altersrente abhängt. Aus denselben Gründen wie die Kosten der Vermögensanlage lasse ich auch die Steuern der Höhe nach in der Kalkulation unberücksichtigt. Allerdings werde ich die Vor- und Nachteile verschiedener Anlagestrategien bezüglich der Steuer zumindest skizzieren.

Grundsätzlich stehen zur Abschöpfung des Vermögens drei Strategien zur Auswahl, die allerdings mit höchst unterschiedlichen Renditen aufwarten:

- die *Zinsstrategie,*
- die *Versicherungsstrategie,*
- die *Etappenstrategie.*

Die Zinsstrategie

Die Zinsstrategie ist recht simpel und genauso einfach erklärt. Dabei wird das Vermögen auf »sicherheitsorientierte« Anlageformen aufgeteilt, was der Risikoklasse 2 der MiFID (siehe Kapitel 1) entspricht. Es wird beispielsweise in Festgeld, Tagesgeld, festverzinslichen Wertpapieren und Immobilien, unter Umständen offenen Immobilienfonds, angelegt. Nur der erwirtschaftete Ertrag, also die Zinsen, wird zur Finanzierung des Ruhestands verwendet, der Vermögensstock an sich wird nicht angetastet. Sollte der Vermögensstock so groß sein, dass die Zinsen auf einen Teil davon ausreichen, um den Ruhestand zu finanzieren, kann der überschüssige Betrag in renditeträchtigeren Anlageklassen, zum Beispiel Aktien, angelegt werden.

Vorteile der Zinsstrategie:

- hohe Sicherheit aufgrund geringer Kursschwankung,
- das Vermögen ist zum großen Teil jederzeit verfügbar,
- Vermögensstock bleibt erhalten.

Nachteile der Zinsstrategie:

- ein hoher Kapitaleinsatz ist unabdingbar,
- der Ertrag unterliegt – bis auf den Sparerpauschbetrag von 801 Euro (bei gemeinsam Veranlagten sind es 1602 Euro) – der Abgeltungsteuer,
- das Potenzial für Vermögenswachstum wird nicht ausgeschöpft.

Würden Thomas und Eva ihre 1 060 000 Euro nach der Zinsstrategie investieren, ergäben sich je nach Zinssatz folgende jährlichen Erträge (vor Steuern):

Durchschnittsverzinsung	Jahresertrag
1 %	10 600 Euro
2 %	21 200 Euro
3 %	31 800 Euro
4 %	42 400 Euro

Festgeld, Tagesgeld und festverzinsliche Wertpapiere bringen derzeit jedoch nicht einmal ein Prozent und werden wohl nicht so bald die Zweiprozenthürde nehmen. Die Rendite offener Immobilienfonds liegt auch nur etwas über zwei Prozent und wird ebenfalls nicht plötzlich nach oben schnellen. Unter dem Strich wird also eine Zinsstrategie – selbst eine mit höchst gemischten Anlageformen – in absehbarer Zeit keine nennenswerten Erträge bringen.

Thomas und Eva brauchen nicht lange, um sich auszurechnen, dass bei den derzeitigen Zinsen die Erträge der Zinsstrategie nicht einmal die Inflation ausgleichen können. Sie müssten also über die Zinsen hinaus auch den Vermögensstock angreifen und würden im Fall, dass einer der beiden oder beide zum Pflegefall werden, letztlich womöglich mit leeren Händen dastehen. Das ist nicht das, was ihnen vorschwebt, und sie legen diese Alternative umgehend zu den Akten.

Die Versicherungsstrategie

Bei der Versicherungsstrategie setzt man auf eine private sogenannte Leibrente, um den Einkommensbedarf im Alter sicherzustellen. Thomas und Eva könnten zwei Leibrenten mit Hinterbliebenenversorgung abschließen, in die sie jeweils eine Einmaleinlage einzahlen. Die beiden überlegen, für jeden von ihnen eine Einmaleinzahlung von 530 000 Euro zu leisten. Außerdem wollen sie eine sogenannte Rentengarantiezeit von 20 Jahren einbauen, was bei vielen Verträgen gegen Aufpreis möglich ist, und zwar über die maximal mögliche Garantiezeit, die von Versicherungsgesellschaft zu Versicherungsgesellschaft verschieden ist. Die Rentengarantiezeit ist eine Art Hinterbliebenenversicherung: Stirbt der Versicherte innerhalb dieser Garantiezeit, zum Beispiel vier Jahre nach Beginn der Rentenzahlungen, bekommen seine Angehörigen für den Rest der Garantiezeit weiterhin Geld von der Versicherung.

Auf dieser Basis ergibt sich für jeden von ihnen eine garantierte lebenslange Rente von 1460 Euro pro Monat. Durch die Überschussbeteiligung können es 2100 Euro werden.

Rentenleistungen aus privaten Rentenversicherungen unterliegen, sofern sie keine Riester- oder Rürup-Renten sind, nur mit dem Ertragsanteil der Besteuerung, da ja die Beiträge an sich – ob Monatsraten oder eine Einmaleinzahlung – aus bereits versteuertem Einkommen geleistet wurden.

Allerdings werden die Rentenzahlungen nicht nur aus diesen ehemaligen Beiträgen, sondern auch aus einem Zinsanteil bestritten, eben dem Ertragsanteil. Auf diesen Ertragsanteil wird der persönliche Steuersatz fällig. Um es noch ein bisschen schwieriger zu machen: Für den Ertragsanteil wird nicht ein wie auch immer berechneter Zinsanteil zugrunde gelegt, vielmehr richtet er sich nach dem Lebensalter des Versicherten bei Rentenbeginn. Bei Thomas und Eva, die ihre private Rente ab dem sechsundsechzigsten Lebensjahr beziehen wollen, liegt der Ertragsanteil bei 18 Prozent.

Geht man von einer Durchschnittssteuerbelastung von 20 Prozent aus, würde die Steuer auf die garantierte Monatsrente wie folgt berechnet: 1460 Euro × 18 Prozent = 260 Euro steuerpflichtiger Anteil × 20 Prozent = 53 Euro (alle Zahlen sind gerundet). Mit Überschussbeteiligung wäre die Steuer naturgemäß höher: 2100 × 18 Prozent = 378 Euro steuerpflichtiger Anteil × 20 Prozent = 75 Euro.

Vorteile der Versicherungsstrategie:

- hohe Sicherheit, insbesondere bei den »garantierten Werten«,
- lebenslang garantiertes Einkommen, da die Versicherung das »Langlebigkeitsrisiko« übernimmt,
- Hinterbliebenenabsicherung im Rahmen der Rentengarantiezeit möglich,
- einfach zu handhaben,
- durch Besteuerung nur des Ertragsanteils geringe Steuerbelastung.

Nachteile der Versicherungsstrategie:

- vollständiger Verbrauch des investierten Kapitals, um das Einkommen sicherzustellen,
- niedrige Rendite, nicht zuletzt deshalb, weil die Versicherungen vorsichtshalber mit einer hohen Lebenserwartung des Versicherten kalkulieren, um das »Langlebigkeitsrisiko« zu minimieren,
- ohne Rentengarantiezeit, die sich die Versicherungen aber wie gesagt extra honorieren lassen, landet bei einem frühen Tod des Versicherten das eingezahlte Kapitel in den Kassen der Versicherung, und der Ehepartner oder sonstige Erben gehen leer aus.

Thomas und Eva könnten mit der Versicherungsstrategie zwar ihren monatlichen Kapitalbedarf finanzieren, aber die beiden haben ja noch andere finanzielle Ziele: das Wohnmobil und eine Absicherung für den Fall, dass einer der beiden oder womöglich gar beide zum Pflegefall werden. Daher ist auch die Versicherungsstrategie nicht die optimale Lösung – Sicherheit hin, Sicherheit her.

Die Etappenstrategie

Meine bevorzugte Variante ist eine eigene »Vermögensbewirtschaftung« mithilfe der Etappenstrategie. Dabei legt man, wie es der Name schon vermuten lässt, das Vermögen in verschiedenen Zeitspannen an und teilt es zugleich in einen *Verbrauchs-* und in einen *Wachstumsteil.*

Das Ganze funktioniert so: Die Summe, die man – basierend auf einem soliden Ausgabenbudget (Liquiditätsplanung) – für die nächsten zwei Jahre voraussichtlich braucht, legt man aufs renditearme, aber risikolose Tages- oder Festgeldkonto. Die Summe für die Jahre drei bis neun kann man stark sicherheitsorientiert am Kapitalmarkt anlegen, zum Beispiel in erstklassigen Rentenpapieren mit gestaffelten Verfallsterminen oder auch in Aktienfonds; damit die Rendite nicht allzu sehr schwankt, sollte der Aktienanteil allerdings nicht mehr als 30 Prozent ausmachen. Mit diesem Verbrauchsteil stellt man für die nächsten zehn Jahre die notwendigen Entnahmen sicher, die sowohl aus Erträgen (Zinsen, Dividenden) als auch aus Anteilsverkäufen stammen können. Tages- und Festgeld sind im Moment zwar, was Zinsen angeht, ziemliche Spaßbremsen, aber Dividenden können sich zu einer hübschen Summe addieren. Rein finanztechnisch gesehen ist der Verbrauchsteil also eine selbst gebastelte Rente auf Zeit, denn er wird über die Laufzeit der ersten beiden Etappen, also über die ersten zehn Jahre hinweg, verzehrt.

Für das verbleibende Vermögen, das erst in zehn Jahren gebraucht wird, also den Wachstumsteil, kann man, um eine bessere Rendite zu erzielen, eine riskantere Anlagestrategie wählen, da zwischenzeitliche Rückschläge ausgesessen werden können. Eine weitverbreitete Faustformel für die Aktienquote lautet: 100 minus Lebensalter. Das bedeutet, ein Sechzigjähriger sollte mit maximal 40 Prozent, ein Siebzigjähriger mit höchstens 30 Prozent seines Vermögens in Aktien investieren. Dies gilt jedoch hauptsächlich dann, wenn das Vermögenskonzept hinsichtlich Umfang und Zeit eher »auf Kante genäht«, also äußerst knapp kalkuliert ist, da man sich dann weniger Schwankungen »leisten« kann. Zudem ist eine pauschale Annahme, die nur drei Parameter – in diesem Fall

Alter, Aktien- und Rentenanteil – berücksichtigt, naturgemäß nicht individuell. In der Etappenstrategie kann die Aktienquote für die letzten Jahre sogar höher sein, da man einen längeren Anlagehorizont hat. Und je länger die beiden ersten Etappen sind, wodurch die dritte automatisch in weiterer Ferne liegt, umso riskanter und renditeträchtiger, also aktienlastiger, kann die Investition der dritten Etappe sein. Der Clou an dieser Strategie ist nämlich, dass man von hinten nach vorn rouliert: Wenn die ersten zwei Jahre – oder wie viele Jahre auch immer man für die erste Etappe gewählt hat – vorüber sind, wird Vermögen aus der zweiten oder gegebenenfalls dritten Etappe nach vorn gezogen, und das Spiel beginnt von Neuem.

Die hier als Beispiel genannten Etappenzeiträume kann ein jeder je nach Risikobereitschaft beziehungsweise Sicherheitsbedürfnis variieren, was diese Strategie darüber hinaus so interessant macht. Und nicht nur die Länge der Zeiträume, auch die Höhe des Verbrauchs- und des Wachstumsteils kann individuell angepasst werden. Wer zum Beispiel seinen Fokus auf die Höhe der monatlichen Entnahmen richtet, kann einen höheren Verbrauchsanteil anstreben. Wenn hingegen der Kapitalerhalt im Vordergrund steht, dann entscheidet man sich für einen höheren Wachstumsteil. Und noch in einem weiteren, ganz wesentlichen Punkt bietet die Etappenstrategie eine hohe Flexibilität: Der Anleger kann die Entnahmen von Monat zu Monat variieren, da er völlig unabhängig von irgendwelchen Ausschüttungsterminen oder Überweisungen einer Rentenversicherung ist, ob gesetzlich oder privat, und sie so seinen Lebenshaltungskosten anpassen. Und die schwanken bei Ruheständlern in der Regel stärker als bei Berufstätigen, sei es – im wünschenswerten Fall –, dass man bei unverhofft schönem Wetter die Freiheit hat, einen spontanen Kurzurlaub zu machen, oder sei es, dass man sich ein höhenverstellbares Seniorenbett anschaffen will, weil es allmählich doch sehr mühsam wird, sich vom recht bodennahen Bett hochzuhieven.

Weitere Vorteile der Etappenstrategie:
- Vermögensstock bleibt erhalten,
- die Steuerbelastung des Wachstumsteils kann optimiert werden,
- flexible Gestaltung während der gesamten »Laufzeit«,
- vergleichsweise geringer Kapitaleinsatz erforderlich,
- verbleibendes Vermögen geht auf die Erben über, falls der Anleger vor Ablauf der kalkulierten Lebenszeit stirbt, während es bei einer Rentenversicherung ohne Hinterbliebenenabsicherung im Topf der Versicherungsgesellschaft landet.

Nachteile der Etappenstrategie:
- die Planung ist anspruchsvoll,
- ein relativ hohes Finanzwissen ist erforderlich, weshalb es sinnvoll sein kann, bei der Umsetzung die Hilfe eines Finanzberaters in Anspruch zu nehmen,
- die Anlagen müssen aktiv überwacht werden,
- der Ertrag unterliegt der Abgeltungsteuer.

Wie rechnet sich das Ganze? Die Rendite des Wachstumsteils gleicht den »Schwund« des Verbrauchsteils – zumindest teilweise – aus. Sind Wachstums- und Verbrauchsteil gleich groß, müsste Ersterer 7,2 Prozent Rendite bringen. Dann würde er sich nach zehn Jahren verdoppeln und könnte den Verbrauchsteil wieder vollständig auffüllen. Wie bereits mehrmals erwähnt: Mit einer Investition am Aktienmarkt ist eine Rendite in dieser Größenordnung durchaus realistisch.

Realistisch ist aber nicht gleichbedeutend mit real, daher habe ich auf Basis der Grunddaten von Thomas und Eva drei Szenarien mit unterschiedlichen Renditen im Verbrauchs- und im Wachstumsteil entworfen, die zeigen, wie sich die Rendite auf die Höhe der monatlichen Entnahmen auswirkt. Ich nenne sie den »Normalfall«, den »besten« und den »schlechtesten Fall«. Das fiktive

Ziel ist dabei, dass der Wachstumsanteil sich am Ende der zehnjährigen Anlageperiode verdoppelt und somit die Höhe des ursprünglichen Gesamtkapitals – 1 060 000 Euro – erreicht hat. Denn so kann das Spiel mit genau denselben Eckdaten nach zehn Jahren wieder von vorn beginnen.

Thomas und Eva könnten aber auch überlegen, ob sie die Etappenstrategie bereits jetzt beginnen und den Zeitraum der ersten beiden Etappen von 10 auf 13 Jahre verlängern, was die Strategie noch widerstandsfähiger machen würde.

Bei einem Anfangskapital von 1 060 000 Euro in drei Jahren kämen folgende »Fälle« in Betracht (die Renditen sind Durchschnittsrenditen über den jeweiligen Anlagezeitraum, hier ausnahmsweise nach Abgeltungsteuer und Gebühren, aber vor Inflation berechnet; die Ausgangssummen in drei Jahren sind gerundet):

Normalfall:

- Rendite des Verbrauchsteils: drei Prozent pro Jahr
- Rendite des Wachstumsteils: sechs Prozent pro Jahr
- Anteil des Verbrauchsteils an Gesamtstrategie: 44 Prozent = 470 000 Euro
- Anteil des Wachstumsteils an Gesamtstrategie: 56 Prozent = 590 000 Euro
- Monatliche Entnahme aus Verbrauchsteil bei Rentenbeginn: 4518 Euro

Bester Fall:

- Rendite des Verbrauchsteils: drei Prozent pro Jahr
- Rendite des Wachstumsteils: acht Prozent pro Jahr
- Anteil des Verbrauchsteils an Gesamtstrategie: 54 Prozent = 575 000 Euro
- Anteil des Wachstumsteils an Gesamtstrategie: 46 Prozent = 485 000 Euro

- Monatliche Entnahme aus Verbrauchsteil bei Rentenbeginn: 5527 Euro

Schlechtester Fall:

- Rendite des Verbrauchsteils: zwei Prozent pro Jahr
- Rendite des Wachstumsteils: vier Prozent pro Jahr
- Anteil des Verbrauchsteils an Gesamtstrategie: 32 Prozent = 340 000 Euro
- Anteil des Wachstumsteils an Gesamtstrategie: 68 Prozent = 720 000 Euro
- Monatliche Entnahme aus Verbrauchsteil bei Rentenbeginn: 3120 Euro

Wenn sich Thomas und Eva für die Etappenstrategie entscheiden, können sie sich ruhigen Gewissens ihren Traum von einem Wohnmobil erfüllen, denn selbst im »schlechtesten Fall« läge der Entnahmebetrag noch über den benötigten 2700 Euro.

Fazit

Die Ausgangslage und die Anforderung sind für alle drei Anlagestrategien dieselben: auf der einen Seite das anfangs zur Verfügung stehende Vermögen und auf der anderen Seite die Höhe der monatlichen »Zusatzrente« von 2700 Euro, die Monat für Monat zur Verfügung stehen soll. Die Unterschiede liegen in der Anlageart, in den jeweils damit verbundenen Renditen sowie Risiken, in der Verfügbarkeit des Vermögens und darin, wie viel Kontrolle die Anlageformen erfordern. Und natürlich sind vor allem auch die erzielbaren Ergebnisse höchst unterschiedlich.

Zur Veranschaulichung, wie viel Geld man aus seinem Vermögen entnehmen kann, damit das Geld bis zum Lebensende reichen wird, habe ich eine Tabelle angelegt und zur besseren Verständlichkeit das Vermögen mit 100 000 Euro berechnet.

Zusammenfassung Ruhestandsplanung
Anlagebetrag 100 000 €
Ziel: Monatsrente in EUR

Modell	Variante bzw. Zins	Monatsrente	Anmerkung
Zinsmodell	1 %	**83 €**	Kapitalerhalt
	2 %	**166 €**	Kapitalerhalt
Zinsmodell	1 %	**376 €**	Kapitalverzehr nach 25 Jahren
	2 %	**422 €**	Kapitalverzehr nach 25 Jahren
Zinsmodell	1 %	**321 €**	Kapitalverzehr nach 30 Jahren
	2 %	**368 €**	Kapitalverzehr nach 30 Jahren
Versicherungs-	garantierte Rente	**276 €**	Leibrente (= lebenslange Zahlung*)
strategie	Rente mit Überschuss	**396 €**	Leibrente (s. o., höhere Überschüsse ungewiss)
	Normalfall		
	- Rendite Verbrauchsteil 3 %		
Etappenstrategie	- Rendite Wachstumsteil 6 %	**426 €**	Kapitalerhalt
	Bester Fall		
	- Rendite Verbrauchsteil 3 %		
Etappenstrategie	- Rendite Wachstumsteil 8 %	**521 €**	Kapitalerhalt
	Schlechtester Fall		
	- Rendite Verbrauchsteil 2 %		
Etappenstrategie	- Rendite Wachstumsteil 4 %	**295 €**	Kapitalerhalt
			»Sichere Entnahmerate«, Rahmendaten:
			- Entnahme über 4 % p. a.
Trinity-Studie	»Safe Withdrawal Rate«	**333 €**	- Zeitraum 30 Jahre

*als einzige Zahl nach Kosten gerechnet

Im Ergebnis zeigt die Aufstellung, dass es sich lohnt, eine komplexere Anlagestrategie bei der Ruhestandsplanung zu verfolgen. So können bei angenommenen zwei Prozent Zinsen (und wo kriegt man die heute schon) pro Monat nur 166 Euro entnommen werden, ohne die 100 000 Euro aufzubrauchen. Im Normalfall der Etappenstrategie sind es 426 Euro. Die Trinity-Studie kommt mit ihren historischen Daten zu einer Entnahmerate von 333 Euro. Zwar durfte im Rahmen der Studie der Kapitalstock aufgezehrt werden, die Ergebnisse der Studie zeigten aber, dass das im Regelfall gar nicht nötig war und das Vermögen bei Entnahme von vier Prozent erhalten blieb. Schön zu sehen ist, dass diese Untersuchung zu ähnlichen Ergebnissen führt wie die Etappenstrategie und die Belastbarkeit meiner Annahmen stützt.

Über das Ende hinaus denken

Früher war es gang und gäbe, und auch heute noch gibt es Leute, die ihr Geld zusammenhalten – und manchmal sogar auf vieles verzichten –, um den Kindern etwas vererben zu können. Thomas und Eva sind sich hingegen einig, dass sie das Vermögen, das sie sich in 40 Jahren Arbeit erwirtschaftet haben, zur eigenen Absicherung und für einen schönen Lebensabend verwenden wollen. Manche mögen das für egoistisch halten, die beiden finden jedoch – und da stimme ich ihnen voll zu –, wenn man hart für sein Erspartes gearbeitet und seinen Kindern eine gute Ausbildung hat zukommen lassen, hat man jedes Recht, die Früchte seiner Arbeit selbst zu genießen. Und da die beiden bei ihrem Entnahmeplan einen Puffer über die durchschnittliche Lebenserwartung hinaus eingebaut und das Risiko des Pflegefalls durch eine zusätzliche private Pflegetagegeldversicherung abgesichert haben, wird für die Kinder trotz allem etwas übrig bleiben. Außerdem ist da ja noch ein abbezahltes Eigenheim.

Wenn man gewillt ist, sein Vermögen selbst durchzubringen, sollte man meiner Meinung nach die Nachkommen ganz klar informieren, dass sie voraussichtlich kein Erbe zu erwarten haben. Da man sein Ableben ja nicht so kalkulieren kann, dass es genau mit dem Ende des Geldes zusammenfällt, und da es ohnehin ratsam ist, einen Puffer einzubauen, sollte man sich zudem Gedanken darüber machen, was nach dem eigenen Tod mit dem dann übrigen Hab und Gut geschehen soll. Allerdings ist es aus vielerlei Gründen ratsam, damit nicht bis ins Alter zu warten. Lesen Sie dazu das folgende Kapitel.

Teil III
Die Vermögensnachfolge

Sie kennen jemanden erst dann richtig,
wenn Sie mal zusammen mit ihm geerbt haben.
Aussage eines Professors
der Rechtswissenschaften

12
Die gesetzliche Erbfolge

Wenn jemand stirbt, tritt im Grundsatz die gesetzliche Erbfolge in Kraft, die – und das ist ihr großer Vorteil – im Bürgerlichen Gesetzbuch klar und eindeutig geregelt ist.

Man spricht hier von der Fußstapfentheorie, das heißt: Der Erbe tritt in die Fußstapfen des Erblassers. Ist jemand ledig oder geschieden, erben nach den Buchstaben des Gesetzes die Kinder zu gleichen Teilen. Sind keine Kinder vorhanden, erben die Eltern. Sind weder Kinder noch Eltern vorhanden, erben die Verwandten (zum Beispiel Geschwister).

Schwieriger wird es, wenn jemand verheiratet ist. Die meisten Menschen glauben, dass dann alles der Ehegatte bekommt, vor allem, wenn ein Ehevertrag geschlossen wurde oder bei Gütergemeinschaft – die quasi eine Form des Ehevertrags ist. Dem ist aber beileibe nicht so. Sind Kinder vorhanden, erben der Ehegatte *und* die Kinder. Zu welchen Teilen, hängt davon ab, ob es einen Ehevertrag gibt. Wenn keine Kinder vorhanden sind, erben der Ehegatte und die Eltern des Verstorbenen. Falls diese nicht mehr leben, erben ihren Anteil die Geschwister des Verstorbenen.

Das heißt, die gesetzliche Erbfolge führt – und das ist ihr großer Nachteil – in nahezu allen Fällen zu einer Erbengemeinschaft: bestehend aus dem hinterbliebenen Ehegatten und entweder den Kindern oder den Schwiegereltern oder Schwager und/oder Schwägerin. In den seltensten Fällen ist eine solche Erbengemeinschaft gewollt – weder vom Erblasser noch von den Erben. Eine höchst ungünstige Konstellation ist eine Erbengemeinschaft aus dem Ehegatten und erwachsenen, liierten Kindern – egal ob verheiratet oder nicht. Nicht so sehr, weil die Kinder gegen den eigenen Elternteil »schießen«, sondern weil ihre Partner sie dazu drängen, nichts zu verschenken und auf ihrem Recht zu bestehen.

Übrigens: Bei Erbschaftsstreitigkeiten geht es meistens gar nicht so sehr ums Geld, sondern um das Hochzeitsgeschirr der Eltern, einen bestimmten Ring der Mutter oder irgendetwas anderes, das möglicherweise gar keinen materiellen, aber einen emotionalen Wert hat, weil ein jedes der Kinder oder der anderen Erbberechtigten besondere Erinnerungen damit verbindet und es daher für sich beansprucht.

Das ist ein Punkt, den man unter Umständen mit seinen Kindern ganz offen besprechen sollte. Denn vielleicht denkt man nur, dass der Sohn gern ein bestimmtes Stück bekommen würde, und in einem Gespräch stellt sich dann heraus, dass die Tochter viel mehr daran hängt. Solange sich die beiden einig sind, könnten sie solche Fragen auch später unter sich klären. Aber es schadet ja nicht, das vorab zu tun.

Man muss sich auch klarmachen, dass nach dem Tod nicht nur das liquide Vermögen aufgeteilt wird, sondern dass alles – jedes Gemälde, jedes Schmuckstück, jedes Buch, jeder Kaffeelöffel – durch die Anzahl der Erben geteilt werden muss, wenn sich die Erben nicht einigen können, wer was bekommt. Denn grundsätzlich gehört *jedem* Erben ein Anteil an *jedem einzelnen* Gegenstand des Nachlasses. Erzielen die Erben keine Einigung, muss der Gegenstand verkauft und der Erlös geteilt werden. Schon das spricht dafür, seinen Letzten Willen schriftlich festzuhalten, und zwar präzise und unmissverständlich – bis ins letzte Detail. Zum einen weiß man dann, dass jeder der Erben das bekommt, was man ihm zukommen lassen möchte. Zum anderen hilft eine klare Regelung, Streit unter den Erben zu vermeiden.

Bei minderjährigen Erben gibt es ein anderes Problem, denn dann ist in vielen Fällen das Familiengericht involviert. Grundsätzlich kann der hinterbliebene Ehegatte als »Verwalter« zwar frei über das Erbteil der Kinder verfügen, doch in bestimmten Fällen, wie bestimmten Bank- oder Grundstücksgeschäften, braucht er die Genehmigung des Familiengerichts.

Die gesetzliche Erbfolge ist häufig auch steuerlich ungünstig, da Freibeträge »verschenkt« werden. Und ein Erbe kann eine Erbschaft nur ganz oder gar nicht ausschlagen. Er kann also nicht sagen: »Ich nehme das Erbe nur bis zur Höhe meines Freibetrags an. Den Rest schlage ich aus.« Wer ein so großes Vermögen hat, dass er es beim besten Willen nicht selbst durchbringen kann – oder das auch gar nicht will –, und daher weiß, dass er ein beträchtliches Erbe hinterlassen wird, der sollte rechtzeitig Maßnahmen treffen, um den Erben möglichst viel Erbschaftsteuer zu ersparen. Dazu später mehr.

13
Das Testament

Das alles spricht dafür, ein Testament zu machen. Und dennoch: Nach einer Umfrage, die EMNID vor einigen Jahren durchführte, haben nur knapp 30 Prozent der Deutschen ein Testament. Davon wiederum sollen rund 80 Prozent entweder anfechtbar oder der Form nach unwirksam sein. Das betrifft in aller Regel sogenannte Küchentestamente, also Testamente, die mal eben am Küchentisch verfasst werden. Laut Deutschem Forum für Erbrecht, einem gemeinnützigen Verein, haben sogar nur vier Prozent ihren Nachlass einwandfrei geregelt.[1]

Streitanfällig ist ein Testament unter anderem wegen unklarer Formulierungen, wenn beispielsweise Begriffe wie Vermächtnis (= einzelner Gegenstand geht auf jemanden über) und Erbschaft (= gesamtes Vermögen geht über) verwechselt werden, oder wegen Formfehlern, sei es, dass die Unterschrift fehlt oder dass lediglich ein am Computer geschriebenes und ausgedrucktes Testament vorliegt.

Manche Testamente führen zu Folgen, die so nicht gewollt waren. Berühmtestes Beispiel dafür ist das Berliner Testament. Beim Berliner Testament setzen sich Ehegatten mit Kindern zunächst als gegenseitige Erben ein. Erst wenn der länger Lebende stirbt, erben die Kinder zu gleichen Teilen. Hierbei wird oft die sogenannte Bindungswirkung verkannt, die darin besteht, dass der länger lebende Ehegatte das Testament nicht mehr abändern darf – es sei denn, ihm wurde eine entsprechende »Abänderungsbefugnis« eingeräumt; dann kann er auf Wunsch andere oder weitere Erben einsetzen.

Bedeutsam ist die Bindungswirkung in Fällen, in denen der

länger lebende Ehegatte sein Vermögen – ob zur Gänze oder nur einen Teil davon – nun jemand anderem hinterlassen möchte. Dafür kann es mehrere Gründe geben. Die häufigsten sind, dass er sich mit den Kindern zerstritten hat, dass er einen neuen Partner hat, dem er ebenfalls einen Teil seines Vermögens zukommen lassen möchte. Oder dass er lieber die Nachbarin oder Enkelin als Erbe sähe, die sich liebevoll um ihn kümmert, seit er alt und gebrechlich ist, während sich die Kinder keinen Deut um ihn scheren. Er kann diesem Menschen streng genommen nicht einmal ein Schmuckstück aus seinem persönlichen Besitz vermachen. Ein Ausweg liegt darin, mit diesem Menschen einen Pflegevertrag zu schließen, in dem festgelegt ist, wie viel Geld für die geleistete Hilfe gezahlt wird. Aber auch da gibt es Grenzen. Ist die Summe zu hoch, kann sie als Schenkung gewertet werden – und müsste an den Erben herausgeben werden.

Durch die Bindungswirkung des Berliner Testaments sind die Erbberechtigten demnach umfassend geschützt, was durchaus gewollt ist, aber dem länger lebenden Ehegatten in vielerlei Hinsicht die Hände gebunden. Ein Berliner Testament schützt im Übrigen auch nicht davor, dass ein Kind nach dem Tod des zuerst versterbenden Elternteils seinen Pflichtteil (dazu später mehr) einfordert.

Das Erbrecht ist eines der kompliziertesten Teilgebiete des Rechts. Es ist sozusagen die Krönung des Zivilrechts. Daher sollte man sich unbedingt beraten lassen, wenn es um die Vermögensnachfolge und das Verfassen eines Testaments geht. Man behandelt sich ja auch nicht selbst, wenn man ernsthaft krank ist, sondern geht zum Arzt, sprich zu einem Profi. Im Fall der Vermögensnachfolge wäre das ein Rechtsanwalt, ein Notar, ein Finanz- und Nachfolgeplaner oder eventuell auch ein Steuerberater. Es sollte auf jeden Fall jemand sein, dem man vertraut.

Nicht nur Küchentestamente müssen in jedem Fall handschriftlich ge- und unterschrieben sein, um Rechtsgültigkeit zu erlangen. Ebenso ist es, wenn man sich durch einen Anwalt beraten lässt; auch dann muss das Testament von Hand geschrieben werden. Das kann sehr aufwendig und mühsam sein, denn wenn ein größeres beziehungsweise ein vielfach strukturiertes Vermögen vorhanden ist, möglicherweise gar ein Unternehmen, werden es schnell einmal 20 und mehr Seiten, bis jedes Detail erfasst ist.

Die vernünftigste Lösung ist daher, sich gleich an einen Notar zu wenden. Bei ihm erhält man alles aus einer Hand: Er berät nicht nur, sondern verfasst auch das Schriftstück – in diesem Fall genügt ein maschinengeschriebenes –, beurkundet es und veranlasst die Registrierung beim Zentralen Testamentsregister der Bundesnotarkammer. Und dies alles zu *einem* Preis, einem Preis, der zudem durch eine feste Gebührenordnung festgelegt ist und sich an der Höhe des Vermögens orientiert. Geht man zuerst zum Anwalt, um sich beraten zu lassen, dann zu einem Notar, der das Testament beurkundet, zahlt man doppelt.

Ein weiterer Vorteil eines notariellen Testaments ist, dass der Erbe in der Regel keinen Erbschein mehr benötigt, der ihn als wahren Erben legitimiert und die Erbfolge bezeugt. Ein Erbschein muss zum Beispiel beim Grundbuchamt vorgelegt werden, wenn der Erbe den Grundbesitz auf sich umschreiben lassen möchte. Auch eine Bank wird in der Regel einen Erbschein sehen wollen, bevor sie einem Erben ererbtes Geld auszahlt, und sich nicht mit der Vorlage eines »Küchentestaments« zufriedengeben. Einen Erbschein muss man auch vorlegen, wenn man beispielsweise ein ererbtes Auto auf sich umschreiben lassen oder verkaufen will. Der Clou: Ein notarielles Testament kostet weit weniger Gebühren als ein Erbschein, spart also auch hier wieder Geld. Bei einem Vermögen von 500 000 Euro kostet ein notarielles Einzeltestament um die 1000 Euro, der Erbschein knapp 2000. Bis zu einer Testamentseröffnung vergeht überdies normalerweise weniger Zeit, als es braucht, bis ein Erbschein ausgestellt ist.

Das Nachlassgericht sammelt, sobald es von einem Todesfall

erfährt – in der Regel durch das Standesamt – erst einmal alle Testamente ein: Die im Zentralen Testamentsregister hinterlegten und auch solche, die privat aufbewahrt wurden, denn jeder, der ein Testament findet, ist laut Bürgerlichem Gesetzbuch verpflichtet, es möglichst umgehend dem Nachlassgericht zu übergeben. Ist der wahre Erbe ermittelt, schickt ihm das Nachlassgericht das Testament zu, auf dem seine Erbfolge beruht. Das zuletzt verfasste, ob notariell beglaubigt oder nicht, ist letztlich das gültige – sofern es keine Formfehler enthält und der Erblasser beim Verfassen noch testierfähig, also wachen Geistes war. Bei einem amtlich verwahrten Testament dauert es bis zur Eröffnung etwa einen Monat, sofern keine besonderen Umstände hinzukommen. Müssen die Erben erst ermittelt werden, womöglich gar im Ausland, kann es auch länger dauern. Auf den Erbschein wartet man in der Regel deutlich länger. Das liegt nicht zuletzt daran, dass man erst einmal einen Antrag stellen und eine Versicherung an Eides statt abgeben muss. Eine Möglichkeit, einem Erben schnellen Zugriff auf das liquide Vermögen zu ermöglichen, ist eine Vorsorgevollmacht (dazu später mehr) über den Tod hinaus. Dann kann der Bevollmächtigte auch nach dem Tod des Erblassers auf dessen Konten zugreifen, auch wenn er sich noch nicht als Erbe legitimiert hat.

14
Der Pflichtteil

Eine Frage, über die ebenfalls viel Unklarheit herrscht, ist der sogenannte Pflichtteil. Er ist ein reiner Geldanspruch, ein Zahlungsanspruch, den *testamentarisch nicht berücksichtigte* nächste Angehörige gegenüber dem oder den Erben haben. Er steht nur dem Ehegatten und den Kindern zu – auch nicht ehelichen, was ein häufiger Anlass für Erbstreitigkeiten ist. Sind weder Ehegatte noch Kinder vorhanden, geht der Pflichtteilanspruch auf die eigenen Eltern über. Geschwister und andere Verwandte haben entgegen häufiger Auffassung keinen Anspruch auf einen Pflichtteil.

Der Pflichtteil ist eine in der Regel »unentziehbare vermögensmäßige Beteiligung am Nachlass«. Die wenigen Ausnahmen von der Regel betreffen sehr krasse Fälle, etwa wenn ein Kind dem Erblasser nach dem Leben trachtete oder von einem deutschen Gericht zu mindestens einem Jahr Freiheitsstrafe ohne Bewährung verurteilt wurde.

Die große Problematik beim Pflichtteil ist, dass er, wie oben erwähnt, ein *Geldanspruch gegen den Erben* ist und diesen in arge finanzielle Bedrängnis bringen kann. Der Pflichtteil ist nicht so gering, wie oft geglaubt wird: Er macht die Hälfte des gesetzlichen Erbteils aus. Hat ein Erblasser nur ein Kind, keine näheren Angehörigen und ist nicht verheiratet, ist sein Kind Alleinerbe. Der gesetzliche Erbteil beträgt somit 100 Prozent und der Pflichtteil 50 Prozent. Einem Kind, dessen Vater in zweiter Ehe lebte, als er starb, der keine weiteren Nachkommen hatte und der seine Ehefrau testamentarisch als Alleinerbin einsetzte, steht ein Pflichtteil in Höhe von 25 Prozent zu. Beharrt dieses Kind auf seinem Pflichtteil, muss ihm die Stiefmutter also ein Viertel der gesamten

Hinterlassenschaft in bar auszahlen. Besteht das Erbe hauptsächlich aus Kunstgegenständen, Immobilien oder anderem illiquidem Vermögen, wird die Stiefmutter diese Werte – oder zumindest Teile davon – veräußern müssen, um den Pflichtteil auszahlen zu können. Oftmals kann in solchen Fällen wegen Zeitdruck nicht der adäquate Preis erzielt werden, denn der Pflichtteil ist *sofort* zu zahlen. Oder der Preis liegt weit unter dem emotionalen Wert, den die Erbstücke für den Erben haben. Der Pflichtteil kann daher zu extremen Verwerfungen führen, sind Unternehmen mit im Spiel, sogar zu deren Zerschlagung. Er kann zudem große Unsicherheit auslösen, da er bis zu drei Jahre nach dem Tod des Erblassers geltend gemacht werden kann.

Der Erblasser kann seinen Erben nur dadurch von der Zahlung des Pflichtteils befreien, indem er noch zu seinen Lebzeiten mit dem Pflichtteilberechtigten einen Pflichtteilverzicht vereinbart. Das erfordert allerdings, dass die beiden sich zusammensetzen und eine Einigung über einen Ausgleich erzielen, zum Beispiel in Form einer sofortigen Barabfindung. Ein solcher Pflichtteilverzicht muss unbedingt notariell beglaubigt werden, sonst ist er im Streitfall wertlos.

Ein Fehler, der in diesem Zusammenhang ebenfalls häufig gemacht wird, betrifft die sogenannte Pflichtteilsanrechnung: Wenn Eltern einem Kind etwas schenken, zum Beispiel Geld für den Bau oder Kauf eines Hauses, und möchten, dass dies später auf den Pflichtteil angerechnet wird, müssen sie das dem Kind *spätestens zum Zeitpunkt der Zuwendung* mitteilen. Das heißt, wenn sie das Geld überweisen, muss auf dem Überweisungsträger ein entsprechender Vermerk stehen, etwa: »in Anrechnung auf deinen Pflichtteil«. Wird das Geld ohne einen solchen Hinweis überwiesen, und die Eltern sagen ihrem Kind einen Tag später: »Ach, übrigens, das Geld, das gestern auf deinem Konto eingegangen ist, musst du dir auf deinen Pflichtteil anrechnen lassen«, ist es zu spät.

Sein Vermögen zu verschenken, um einen Pflichtteilberechtigten leer ausgehen zu lassen, funktioniert nur, wenn man rechtzeitig handelt. Die Schenkung muss zehn Jahre vor dem Tod erfolgt sein, und man darf sich keine Rechte, zum Beispiel Nießbrauch, an dem verschenkten Gegenstand vorbehalten. Man muss also komplett auf den Gegenstand selbst und auf dessen Nutzung verzichten.

Um den Pflichtteil drehen sich übrigens die meisten Streitfälle im Erbrecht. Schon allein deswegen wäre es sinnvoll, die Vermögensnachfolge rechtzeitig zu planen.

15
Die Vermögensnachfolge planen

Neben der Erbfolge – ob gesetzlicher oder testamentarisch bestimmter –, bei der die Übertragung des Vermögens erst nach dem Tod des Erblassers erfolgt, sollte man auch an die sogenannte vorweggenommene Erbfolge beziehungsweise »Vermögensüberlassung« denken, sprich an Schenkungen – im Fachjargon gern als Vermögensübertragung »mit warmer Hand« bezeichnet.

Eine vorweggenommene Erbfolge hat zwei große Vorteile. Der eine ist, dass man die Verteilung des Vermögens im Einvernehmen mit den Familienmitgliedern klären und so Streit vermeiden kann. Unter Umständen bietet es sich an, eine Schenkung mit einem Pflichtteilverzicht zu vereinbaren, beispielsweise wenn die eine Tochter vorab Geld geschenkt bekommt, um sich eine Wohnung kaufen zu können, und ihre Schwester dafür später das Familienheim erbt. Oder wenn man dem einzigen Kind einen Teil des Erbes vorab schenkt, um sich die Entscheidungsfreiheit zu erhalten, wer den »Rest« erhalten soll – vielleicht die Nachbarin, die sich im Alter um einen kümmert.

Der andere Vorteil ist, dass man steuerliche Freibeträge mehrmals ausnutzen kann, nämlich alle zehn Jahre. Die Freibeträge sind – mit Ausnahme einer Schenkung von Kindern an Eltern – dieselben wie bei einer Erbschaft:

- Ehegatten und Partner einer eingetragenen Lebenspartnerschaft untereinander: 500 000 Euro;
- jeder Elternteil an Kinder: 400 000 Euro;
- Kinder an Eltern: 20 000 Euro bei Schenkung, 100 000 Euro bei Erbschaft,

- Partner einer nicht ehelichen Lebensgemeinschaft: 20 000 Euro. Außerdem unterliegt ein darüber hinausgehender Betrag der ungünstigen Steuerklasse III, was bedeutet, dass 30 oder mehr Prozent Erbschaft- beziehungsweise Schenkungsteuer fällig werden;
- ein Familienwohnheim kann steuerfrei auf den Ehegatten übertragen werden – egal wie viel es wert ist und ohne den Freibetrag zu mindern. Allerdings muss der Ehegatte dazu nach einer Erbschaft mindestens zehn Jahre darin wohnen bleiben. Bei einer Schenkung gibt es seltsamerweise keine zeitliche Grenze. Der Beschenkte sollte aber zur Sicherheit noch längere Zeit in der Immobilie wohnen und dann dokumentieren können, dass er die Absicht zum Auszug erst nach der Schenkung getroffen hat.

Das bedeutet: Wenn man die Vermögensnachfolge frühzeitig plant, kann man zum Beispiel im Alter von 50, 60 und 70 Jahren Vermögen in Höhe des jeweiligen Freibetrags überlassen, ohne dass für den Beschenkten Steuer anfällt. Wichtig zu wissen: Bei Immobilien zählt nicht der sogenannte Einheitswert, sondern der Verkehrswert, also der Preis, zu dem man sie verkaufen könnte.

Eine Vermögensüberlassung heißt im Übrigen nicht automatisch, dass man auf den wirtschaftlichen Nutzen des verschenkten Gegenstands verzichten muss. Es gibt nämlich die Möglichkeit, etwas unter Nießbrauchsvorbehalt zu verschenken. Das heißt, man behält sich die Nutzung des Gegenstands – üblicherweise eine Immobilie, doch grundsätzlich kann es jede Sache sein, sogar ein GmbH-Anteil – und die »Fruchtziehung« (das heißt im Juristendeutsch tatsächlich so) zurück. Das kann bedeuten, dass man in dem Haus, das man auf diese Weise verschenkt hat, wohnen bleibt oder dass die Einnahmen – gewissermaßen die »Früchte« – aus einer Mietwohnung weiterhin in die eigene Tasche fließen. Der Bilanz- oder Vermögenswert geht also an den Beschenkten, der Cashflow (die Ein- und Ausgaben) bleibt beim Schenker. Allerdings beraubt man sich mit dem Nießbrauch eines Stücks Freiheit: Wenn man das Haus später verkaufen oder belasten möchte, weil man sich von dem Geld einen Alterswohnsitz am Schliersee oder auf Mallorca zulegen möchte, sind einem die Hände gebunden – es sei denn, der neue Eigentümer gibt seine Einwilligung.

Nießbrauch ist trotzdem recht häufig, eben weil er steuerliche Vorteile bringt. Angenommen, eine Immobilie ist 600 000 Euro wert. Wird sie an die Tochter verschenkt, müsste diese die 200 000 Euro versteuern, die über ihrem Freibetrag von 400 000 Euro liegen. Wenn man sich aber ein Nießbrauchsrecht vorbehält, wird dessen Wert vom Verkehrswert der Immobilie abgezogen, und zwar in Höhe der Jahresmiete, die für ein vergleichbares Objekt fällig wäre. Dieser Betrag wird mit einem Faktor multipliziert, der bei einem sechzigjährigen Mann etwa 13 und bei einer sechzigjährigen Frau um die 14 beträgt (also etwas weniger als zwei Drittel der statistischen Lebenserwartung). Ist der Nießbrauchsberechtigte zum Zeitpunkt der Schenkung 60 Jahre alt und spart sich im Jahr 12 000 Euro Miete, liegt der Nießbrauchswert demnach bei etwa 160 000 Euro. Somit sind für den Beschenkten insgesamt 560 000 Euro steuerfrei. Genauso würde gerechnet, wenn der Vater seiner Tochter eine Wohnung im Nießbrauch überließe, die er vermietet hat, denn die Miete, also die »Früchte«, würde er kassieren, nicht die Tochter. Nebenbei: In solchen Fällen gehen laufende Instandhaltungen üblicherweise auf Kosten des Nießbrauchberechtigten, aber auch das kann individuell geregelt werden.

Dass der Nießbrauchberechtigte die Immobilie oder was auch immer nun nur noch mit Zustimmung des Eigentümers, also des Beschenkten, verkaufen oder beleihen kann, ist nur einer von zwei großen Nachteilen. Der zweite spielt in der Praxis leider häufiger eine Rolle, als man meinen möchte: Undankbarkeit. Wo es nichts mehr zu erben gibt, schwindet oft die Bereitschaft des Beschenkten, sich um den »Erblasser« zu kümmern.

Neben all diesen Dingen gibt es noch ein paar Punkte, über die sich nachzudenken lohnt, zum Beispiel eine *Betreuungsverfügung*. Ohne Vorsorgevollmacht vertreten sich Ehegatten im Ernstfall nicht gegenseitig. Das bedeutet, wenn einer der beiden so schwer erkrankt, dass er seine Angelegenheiten nicht mehr selbst regeln kann, kann der andere nicht für ihn die Bankgeschäfte tätigen oder den Schriftverkehr mit Versicherungen, Ämtern etc. führen. Vielmehr wird vom Betreuungsgericht ein Betreuer bestellt. Das kann ein »Berufsbetreuer«, der Ehegatte oder ein Dritter sein. Achtung: Auch für einen Ehegatten, der zum Betreuer bestellt wird, gelten dieselben Regeln wie für einen »fremden« Betreuer: Er muss dem Gericht eine jährliche Abrechnung über Einnahmen und Ausgaben vorweisen, er muss die Betreuerbestellung jährlich erneuern lassen – gegen eine Gebühr, die sich nach dem Vermögen des Betreuten richtet –, und er unterliegt der »Genehmigungserfordernis«, das heißt, er muss die Erlaubnis des Gerichts einholen, wenn er beispielsweise die Immobilie des Betreuten verkaufen will. Eine Betreuung kann umfassend sein oder auch nur die gesundheitlichen, die finanziellen oder die rechtlichen Angelegenheiten betreffen. Mit einer Betreuungsverfügung können Sie vorab bestimmen, wen das Gericht gegebenenfalls als Betreuer einsetzen soll.

Vermeiden lässt sich eine gerichtlich bestellte Betreuung durch eine *Vorsorgevollmacht*. Diese kann ebenfalls entweder alle Bereiche umfassen oder auf bestimmte Angelegenheiten begrenzt werden. Aber Achtung: Ein Bevollmächtigter kann je nach Umfang der Vorsorgevollmacht über Ihren Aufenthaltsort entscheiden – Zuhause oder Pflegeheim –, über medizinische Maßnahmen, über Ihr gesamtes Vermögen; jemand mit einer Vorsorgevollmacht in finanziellen Fragen könnte theoretisch Ihr gesamtes Hab und Gut verscherbeln. Dass er sich damit unter Umständen strafbar macht, steht auf einem anderen Blatt. Bevollmächtigen Sie daher nur jemanden, dem Sie absolut vertrauen und von dem Sie ganz genau wissen, dass er nur in Ihrem Sinn handeln würde.

Sie können auch mehreren Personen eine Vorsorgevollmacht geben. Das ist etwa dann sinnvoll, wenn Ihr bevorzugter Bevollmächtigter öfter längere Zeit im Ausland ist. Stellen Sie die Vollmachten aber immer getrennt aus, denn wenn Sie mehrere Personen »aneinanderketten«, müssen diese in jedem Fall gemeinsam entscheiden. Und wenn sie sich nicht einigen können oder einer von ihnen verhindert ist, droht wieder ein Betreuer.

Bedenken Sie schließlich auch das Alter der eingesetzten Personen. Wenn man keine Kinder hat und einen guten Freund einsetzt, ist der im Risikofall vielleicht selbst nicht mehr in der Lage, die Vollmacht auszuführen. Daher sollten Sie auf jeden Fall eine Ersatzperson benennen.

Formulare und Mustertexte gibt es – wie für alle hier genannten Dokumente – im Internet, darunter allerdings etliche, die nichts taugen. Und da eine Vorsorgevollmacht unter Umständen weitreichende Folgen hat, empfehle ich den Gang zum Notar. Bei einem Notar erhalten Sie eine umfassende Beratung, und außerdem wird die Vollmacht beglaubigt oder beurkundet – und ohne notariell beglaubigte oder beurkundete Vollmacht ist keine Änderung im Handelsregister oder im Grundbuchamt möglich. Die dabei anfallenden Gebühren orientieren sich an der Gebührenstaffel der Notare.[2]

Eine Vorsorgevollmacht sollte jeder haben, egal welchen Alters, denn auch ein junger Mensch ist nicht dagegen gefeit, von heute auf morgen durch einen Unfall ein Pflegefall zu werden. Eine Vorsorgevollmacht ist unabhängig davon sinnvoll, weil der Bevollmächtigte auch ganz banale Dinge erledigen kann, beispielsweise das Auto abmelden, während man auf einer längeren Auslandsreise ist oder wenn man selbst keine Zeit hat, sich in die lange Warteschlange in der Kfz-Zulassungsstelle einzureihen.

Mit einer *Patientenverfügung* können Sie schriftlich festlegen, welche medizinischen Maßnahmen im Fall des Falles durchgeführt werden dürfen beziehungsweise sollen und welche nicht, und zwar bis ins Detail. So können Sie etwa grundsätzlich einer Wiederbelebung zustimmen, aber zugleich festlegen, dass sie unterbleiben oder abgebrochen werden soll, wenn bleibende Schäden zu erwarten sind.

Vorsorgevollmacht und Patientenverfügung können im Übrigen kombiniert werden.

Aus praktischen Gründen sollte man sich in Ehen und anderen Partnerschaften zusätzlich eine *Bankvollmacht* erteilen, sofern man kein Gemeinschaftskonto hat. Auch dies natürlich wiederum nur, wenn man sich uneingeschränkt vertraut.

Legen Sie einen *Notfallordner* an, in dem sie Passwörter und Zugangsdaten für Konten und das Internet sowie etwaige Vollmachten sammeln.

Überprüfen Sie regelmäßig Ihr Testament und die Vollmachten – und passen Sie sie gegebenenfalls an.

16
Ansätze zur Vermögensnachfolge bei den vier Fallbeispielen

Fallbeispiel 1 – Stefanie, jung, Single, keine Kinder, kaum Vermögen

Da Stefanie Single ist und kein nennenswertes Vermögen, vor allem keine Immobilie hat, braucht sie sich eigentlich noch keine Gedanken über ein Testament zu machen, da die gesetzliche Erbfolge völlig ausreichend ist: Im Fall des Falles erben ihre Eltern; sollten beide Elternteile vor ihr sterben, erben die Geschwister, sofern vorhanden, sonst weitere Angehörige. Sollte Stefanie allerdings einen bestimmten Gegenstand oder ihr bisschen Geld jemand anderem, einer Freundin oder einer Tante, zukommen lassen wollen, ist ein Testament ratsam.

Was sie allerdings unbedingt machen sollte, ist eine Vorsorgevollmacht. Das gilt, ich habe es bereits erwähnt, für jeden Menschen, ob jung oder alt. Für einen jungen Menschen ist sie vielleicht sogar noch ratsamer, denn wenn jemand im Alter von 30 Jahren zum Pflegefall wird, steht er unter Umständen 40 und mehr Jahre unter gerichtlicher Betreuung. Und da ein junger Mensch in der Regel wenig Vermögen hat, ist eine notariell beglaubigte oder beurkundetete Vorsorgevollmacht auch nicht teuer.

Hat Stefanie bestimmte Vorstellungen und Wünsche, was die medizinische Behandlung angeht, insbesondere lebensverlängernde Maßnahmen, sollte sie zudem eine Patientenverfügung verfassen – eventuell in Kombination mit der Vorsorgevollmacht.

Fallbeispiel 2 – Anna und Michael, verheiratet, Kinder, gut situiert

Anna und Michael sollten unbedingt ein Testament machen – und zwar, aus den oben genannten Gründen, eines mit »Abänderungsbefugnis« – oder bei einem Notar einen Erbvertrag schließen, in dem sie sich gegenseitig als Erben einsetzen, um die gesetzliche Erbfolge und somit eine Erbengemeinschaft aus überlebendem Elternteil und den beiden minderjährigen Kindern zu verhindern. Sonst könnte Anna beispielsweise das Haus nicht einfach verkaufen oder belasten, selbst wenn ihr das Wasser bis zum Hals stünde, sondern müsste erst die Genehmigung des Familiengerichts einholen. Und das kann dauern.

Das Familienwohnheim ginge im Fall der gesetzlichen Erbfolge steuerfrei auf den länger lebenden Ehegatten und die Kinder über, und selbst Anna könnte die Resthypothek, die noch auf dem Haus lastet, ohne Schwierigkeit abbezahlen, da genügend liquides Vermögen vorhanden ist. In Fällen, in denen auf dem Eigenheim noch eine hohe Schuldenlast liegt, wäre es sinnvoll, es durch eine Risikolebensversicherung abzusichern.

Damit der länger lebende Ehegatte eine Abänderungsbefugnis nicht dazu nutzt, das gesamte Vermögen beispielsweise der neuen großen Liebe zu vererben, kann man eine Klausel einbauen, die den Stand des Vermögens zum Zeitpunkt des Todes des zuerst Versterbenden »einfriert«. Damit wird geregelt, dass das *gemeinsame* Vermögen auf die Kinder übergeht. Mit demjenigen Vermögen aber, das der länger lebende Ehegatte später erwirbt, im Lotto gewinnt oder von jemand anderem erbt, kann er verfahren, wie er möchte.

Außerdem sollten Anna und Michael – ich wiederhole mich hier bewusst, weil es ein so immens wichtiger Punkt ist – eine Vorsorgevollmacht erteilen, gegebenenfalls mit Patientenverfügung. Und sie sollten notariell hinterlegen oder im Testament festlegen, wer im Fall, dass ihnen *beiden* etwas zustößt, Vormund der beiden Söhne werden soll – andernfalls wird vom Gericht einer bestellt. Solche Verfügungen sollten natürlich mit dem Betreffenden abgestimmt werden.

Fallbeispiel 3 – Klaus, geschieden, Single, Kinder, Gutverdiener mit Schulden

Man könnte denken, bei Klaus sei die Sache, was das Vererben betrifft, ganz einfach. Da Karin als geschiedene Ehefrau nicht mehr erbberechtigt ist, erben nach gesetzlicher Erbfolge die zwei Kinder. Das ist zwar richtig, aber nicht konsequent zu Ende gedacht: Stirbt Klaus, solange seine Kinder minderjährig sind, hat die Ex die Vermögenssorge inne, was ihr zumindest teilweise Zugriff auf das Erbe der Kinder ermöglicht. Und stirbt dann eines der beiden Kinder oder sterben gar beide vor der Mutter und haben weder Klaus noch die Kinder eine anderslautende Verfügung getroffen (erst ab 16 Jahren kann man ein Testament machen), geht logischerweise auch das Vermögen von Klaus auf die (verhasste) Ex-Frau über. Selbst wenn die Kinder alt genug wären, um selbst ein Testament zu machen, und die Mutter enterben würden, stünde ihr unter Umständen immer noch der Pflichtteil zu.

Wenn Klaus sicherstellen will, dass Karin auf keinen Fall auch nur einen Cent bekommt, lautet die Lösung »Geschiedenentestament«: Klaus kann darin festlegen, dass seine Kinder nur »Vorerben« sind, und bestimmen, wer nach ihrem Tod sein Vermögen erben soll. Bildlich gesprochen: Das Erbe macht bei einem Vorerben nur halt, bevor es nach dessen Tod entweder zunächst zum nächsten Vorerben oder gleich zum »Nacherben« weiterfährt. Ein unter solchem Vorbehalt geerbtes Vermögen darf zwar verjubelt, aber weder eigenmächtig vererbt noch verschenkt werden. Man kann ein Geschiedenentestament auch zeitlich begrenzen, indem man den Kindern die freie Verfügung über das Erbe ab einem bestimmten Alter überlässt. Klaus kann außerdem einen Vermögensverwalter – einen »Pfleger« – einsetzen, der sich gegebenenfalls um die finanziellen Angelegenheiten der Kinder kümmert, und Karin auf diese Weise den Zugriff auf das ererbte Vermögen verwehren.

Die rechtliche Gestaltung eines Geschiedenentestaments ist eine höchst komplizierte Sache, weshalb sich Klaus unbedingt beraten lassen sollte. Und natürlich sollte er auch jemandem eine Vorsorgevollmacht ausstellen.

Übrigens: Solange das Trennungsjahr nicht vorüber ist und kein Scheidungsantrag gestellt wurde, ist ein Ehepartner noch erbberechtigt.

Fallbeispiel 4 – Eva und Thomas, verheiratet, erwachsene Kinder, vermögend

Auch hier ist ein Testament sinnvoll, damit es nicht zu einer Erbengemeinschaft aus länger lebendem Ehegatten und den Kindern kommt – zumal hier auch noch Schwiegerkinder mit im Boot säßen, und das führt, ich habe es bereits erwähnt, in den allermeisten Fällen zu Streitereien. Da kommt nicht selten die »Überlegung« einer Schwiegertochter oder eines Schwiegersohns ins Spiel, warum eigentlich die Schwiegermutter oder der Schwiegervater nun allein in dem großen Haus wohnt, und das auch noch mietfrei.

Da das vorhandene Vermögen zur Hälfte Thomas und zur Hälfte Eva gehört, können sie sich gegenseitig als Alleinerbe einsetzen, ohne dass dann einer der beiden mit Erbschaftsteuer belastet wird. Denn eine Million geteilt durch zwei macht 500 000

Euro, und das ist genau der Freibetrag für Ehegatten. Es käme also ein Berliner Testament infrage, eventuell mit Abänderungsbefugnis.

Anders sähe es aus, wenn das Vermögen »auf dem Papier« nur einem der beiden gehören würde, nehmen wir mal an, das wäre Thomas. Dann sollte Thomas festlegen, wem er was vermacht, um die Freibeträge optimal zu nutzen. Nach seinem Tod könnte Eva somit neben dem Familienwohnheim, das sie ja steuerfrei erhält und das nicht auf den Freibetrag angerechnet wird, die Hälfte des sonstigen Vermögens, also 500 000 Euro bekommen. Das entspricht genau dem Freibetrag. Wäre sie Alleinerbin, müsste sie die zweite halbe Million versteuern. Das übrige Vermögen wird geteilt, sodass jedes der beiden Kinder ein Vermächtnis von je 250 000 Euro bekommt, womit sie unter dem Freibetrag von 400 000 Euro bleiben. Stirbt Eva, sollen die Kinder ihre Erben sein.

Wenn nicht längst geschehen, sollten sich die beiden gegenseitig eine Vorsorgevollmacht ausstellen und darüber hinaus einen weiteren Bevollmächtigten benennen.

Thomas und Eva könnten auch darüber nachdenken, ob sie das Familienwohnheim bereits jetzt auf die Kinder übertragen, sich aber das Nießbrauchsrecht vorbehalten. Diese Entscheidung sollte jedoch wegen der etlichen Für und Wider, die ein Nießbrauch mit sich bringt, nie allein aus steuerlichen Gründen getroffen werden.

Obwohl ich es auf den letzten Seiten sicher oft genug gesagt habe, möchte ich zum Abschluss ein weiteres Mal empfehlen, dass Sie wegen der vielen rechtlichen Feinheiten und der hohen Fehleranfälligkeit ein Testament und eine Vorsorgevollmacht nicht selbst verfassen, sondern sich von einem Anwalt oder gleich einem Notar beraten lassen.

Schlussbemerkung

Wenn ich mir zum Schluss meines Buches eines wünschen darf, dann ist es, dass Sie, liebe Leserin, lieber Leser, sich jetzt mit drei Blättern Papier hinsetzen: eines für Ihre Einnahmen und Ausgaben, eines für die Aufstellung über Ihr Vermögen und eines, auf dem Sie einen Zeitstrahl aufzeichnen, auf dem Sie markieren, wann Sie welches Ihrer Ziele erreichen wollen. Diese drei Blätter sind es, die Ihnen helfen werden, finanziell erfolgreich zu sein. Egal ob Sie damit dann zu einem Berater gehen oder sich selbst eine Strategie zurechtlegen, das Ergebnis wird viel besser sein, wenn Sie sich im Vorfeld diese Gedanken konkret gemacht und vor allem auch niedergeschrieben haben. Eine große Bitte habe ich dabei an Sie: Schieben Sie diese Aufgabe nicht auf die lange Bank! Die genannten Aufstellungen zu machen ist nicht schwer, »nur« eine Fleißarbeit. Eine, die Sie aber zu einem mündigen Kunden bei der Bank beziehungsweise zu einem aufgeklärten Investor macht. Und die Mühe lohnt sich in vielerlei Hinsicht, denn Sie brauchen diese drei Blätter für jede Entscheidung in Geldangelegenheiten; sei es eine Finanzierung, Investments oder bei der Regelung des eigenen Nachlasses.

Ich gebe Ihnen zudem mein Wort, dass Sie nun, nach der Lektüre dieses Buches, eine um Längen bessere Beratung bekommen werden, da Sie, anhand der drei Blätter, jetzt wissen, wo Sie stehen und wo Sie hinwollen – und Sie haben ein viel besseres Gefühl dafür, wie eine gute Finanzberatung aussieht und was sie von einem absatzgetriebenen Produktverkauf unterscheidet. Sie haben sich mit diesem Buch die Kompetenz erworben, die beste Beratung für sich bekommen zu können. Denn Sie können erkennen, ob die Person, die Ihnen gegenübersitzt, auf Ihre individuellen Wünsche eingeht beziehungsweise eingehen kann.

Mir war es ein Anliegen, eine Orientierungshilfe bei der Geldanlage, dem Immobilienerwerb und der Vermögensnachfolge zu geben. Mit den zehn Geboten für kluge Investmententscheidungen, der Checkliste »Immobilien« und den konkreten Empfehlungen im Bereich Erbschaft hoffe ich, Ihnen eine griffige Richtschnur im Dickicht dieser Themengebiete geboten zu haben.

Vielleicht haben Sie sich beim Lesen gewundert, dass das Thema Geldanlage in Aktien einen verhältnismäßig kleinen Raum in diesem Buch einnimmt. Es wäre für mich ein Leichtes gewesen, 200 und mehr Seiten mit Tipps und Tricks zur Geldanlage an der Börse zu füllen. Schließlich hat der Kapitalmarkt jahrelang auch meinen beruflichen Alltag dominiert, zum Beispiel als Händler bei der Sparkasse. Aber ich habe im Lauf meines Berufslebens und besonders im Rahmen meiner Masterarbeit herausgefunden, dass die Quelle für den finanziellen Erfolg eben nicht im richtigen Aktientipp oder dem richtigen Einstiegszeitpunkt liegt. Der Schlüssel zu wirtschaftlichem Erfolg liegt vielmehr, wie auf den vergangenen Seiten dargelegt, in der finanziellen Allgemeinbildung und darin, einen Finanzplan zu haben, diesen stringent umzusetzen und in der Erfolgskontrolle desselbigen. Daher habe ich mich auf die Vermittlung dieser essenziellen Punkte konzentriert und überlasse die Beschäftigung mit Nebensächlichkeiten dem alltäglichen Getöse der Medien und selbst ernannten Börsengurus.

Ich war mit Leib und Seele Berater. Dennoch bin ich mir bewusst, dass man einiges als Anleger inzwischen auch selbst leisten kann. Ein Depot eröffnen und mit zeitgemäßen und passenden Investmentvehikeln bestücken ist dank der Möglichkeiten des Internets nicht mehr nur Bankern und Finanzberatern vorbehalten. Ich bin jedoch der Überzeugung, dass, umso komplexer das Vermögen oder die Ziele sind, man um eine Beratung durch einen Profi nicht herumkommt. An dieser Stelle möchte ich eine Lanze brechen für all diejenigen Berater, die da draußen hervorragende Arbeit leisten. Denn es gibt sie, die Berater, die mit einem unkorrumpierbaren inneren Kompass ausgestattet sind und im besten Sinne des Kunden beraten. Ihnen gebührt meine Hochachtung, und ich wünsche Ihnen, liebe Leserin, lieber Leser, dass Sie sich, falls Sie sich für eine Beratung entscheiden, in die Hände eines solchen Beraters begeben – egal ob innerhalb oder außerhalb einer Bank.

Dank

Ein Werk ist nur so gut wie die Summe aller Beiträge und Anregungen, die darin eingeflossen sind. Daher möchte ich allen danken, die dieses Buch auf vielfältige Weise mitgestaltet und bereichert haben. Ganz besonderen Dank möchte ich an folgende Personen richten:

Meine Frau Adriana, die mein Sparringspartner für das Buch war, mir den Rücken frei gehalten hat und viel auf mich verzichten musste.

Jürgen Tesch, meinen »Entdecker«, ohne dessen Enthusiasmus und festen Glauben, dass es dieses Buch einfach geben muss, ich das Projekt nicht in Angriff genommen hätte.

Sabine Wünsch dafür, dass sie immer den richtigen Ton trifft.

Dr. Josef Zintl für seine geistige Brillanz und uneigennützige Unterstützung.

Heiko Bonn für seinen lebendigen und praxisnahen Beitrag.

Gerd Kommer für seine beeindruckende empirische Expertise.

Mike Uhl für seine geistige Unabhängigkeit und Unbeirrbarkeit.

Iris Hoschützky dafür, dass sie Finanzplanung lebt und atmet.

Christoph Kanzler für das Zurverfügungstellen so wertvoller Informationen.

Margit Ketterle und Jürgen Bolz von der Verlagsgruppe Droemer Knaur, die mich hervorragend betreut haben.

Glossar der wichtigsten Finanzbegriffe

Aktienindex (oder nur *Index*) Kennzahl für die Kursentwicklung einer Gruppe von Aktien, zum Beispiel der DAX, oder auch des gesamten Aktienmarktes. Ein Index ist somit eine Art Stimmungsbarometer. Als Basis dient die durchschnittliche Entwicklung der im Index enthaltenen Aktiengesellschaften.

Anleihe auch festverzinsliches Wertpapier oder Rentenpapier genannt, ist eine Schuldverschreibung, mit der sich Staaten und Unternehmen Fremdkapital verschaffen. Es ist ein verbriefter Kredit, der an Börsen ge- und verkauft werden kann.

Asset Allocation Aufteilung eines Vermögens auf verschiedene Anlageklassen.

Baisse Kursrückgang, Phase fallender Börsenkurse. Das Gegenteil nennte man *Hausse.*

Benchmark Vergleichsmaßstab für die Bewertung eines Anlageerfolgs. Um beispielsweise den Erfolg eines Aktienfonds zu messen, wird üblicherweise der marktrelevante Aktienindex herangezogen.

Cashflow (»Geldfluss«) Gegenüberstellung von Einnahmen und Ausgaben innerhalb eines bestimmten Zeitraums, und was letztlich übrig bleibt.

Diversifikation (oder *Diversifizierung*) auch Risikostreuung genannt, meint im Allgemeinen die Verteilung des Vermögens auf unterschiedliche Anlagearten, bei Aktien im Besonderen auf verschiedene Unternehmen, Branchen, Länder etc., mit dem Ziel, Chancen zu erhöhen und Risiken zu mindern. Diversifikation ist somit ein Instrument des Risikomanagements.

Dotcom-Blase Die Etablierung von Internet, Handy und anderer digitaler Technologie führte zu einem Ansturm auf die Aktien von Technologieunternehmen, die zum Teil hoffnungslos überbewertet waren. Es bildete sich eine Spekulationsblase, die im Frühjahr 2000 platzte. *Dotcom* bezeichnet ein Unternehmen, das seine Geschäfte hauptsächlich über das Internet abwickelt, und geht auf die geläufige Endung ».com« von Internetadressen zurück.

Emerging Market Mit »aufstrebenden Märkten«, so die wörtliche Übersetzung, sind in der Regel die sogenannten Schwellenländer gemeint.

ESG Mit diesem Kürzel werden die drei gängigsten Kriterien für nachhaltige Investitionen bezeichnet. Es steht für *Environment* (Umwelt), *Social* (Soziales) und *Governance* (Unternehmensführung).

ETF (exchange-traded fund) Fonds, die einen Index nachbilden, zum Beispiel den DAX.

Family Office Verwaltung riesiger Privatvermögen durch Spezialisten.

Festverzinsliches Wertpapier siehe *Anleihe.*

Fonds auch *Investmentfonds;* ein Fonds ist quasi ein Topf, in den Anleger Geld einzahlen. Dieses Geld wird dann zum Beispiel in Aktien, Anleihen oder Immobilien investiert und von Fondsmanagern verwaltet. Wenn es gut läuft, können die Anleger schließlich mehr Geld aus dem Topf holen, als sie hineingetan haben.

Hausse Kursanstieg; Phase steigender Börsenkurse.

Hedgefonds spezielle Art von Fonds mit hochspekulativen Anlagestrategien und -techniken, die hohe Gewinnchancen, aber auch ein hohes Verlustrisiko bergen.

Index siehe *Aktienindex.*

Investmentfonds siehe *Fonds.*

Kick-backs Rückvergütungen von Investmentgesellschaften an die Vermittler und Vertriebe ihrer Produkte (Banken und Sparkassen, Versicherungen, Strukturvertriebe). Kick-backs sind somit nichts anderes als verdeckte Provisionen.

Klumpenrisiko Ist ein Großteil des Vermögens in nur *einer* statt in mehreren Anlageformen investiert, bildet dort auch das Risiko einen Klumpen. Ein Klumpenrisiko besteht auch bei Investments, die denselben oder sehr ähnlichen Risiken ausgesetzt sind.

Large Caps nennt man an der Börse große Unternehmen und ihre Aktien. Die Aktien werden auch als Standardwerte oder *Blue Chips* bezeichnet.

Market-Timing siehe *Timing-Strategie.*

MiFID (Markets in Financial Instruments Directive) Europäische Finanzmarktrichtlinie, die unter anderem darauf zielt, das Regelwerk im europäischen Finanzmarkt zu harmonisieren, die Anlageberatung zu verbessern und Kosten der Geldanlage transparenter zu machen.

MSCI World internationaler Aktienindex. Er gilt als einer der wichtigsten Aktienindizes weltweit.

Performance Fee erfolgsorientierte Managementgebühr.

Portfolio Gesamtbestand aller Anlageklassen.

Private Equity Eigenkapital, mit dem sich private oder institutionelle Anleger außerbörslich an einem Unternehmen beteiligen.

Rentenpapiere siehe *Anleihe.*

Research zu Deutsch »Forschung« oder »Recherche«; Research-Abteilungen der Banken erstellen volkswirtschaftliche Analysen, behalten die relevanten Entwicklungen auf den Finanzmärkten, in der Wirtschaft und der Gesellschaft im Auge und beurteilen deren Chancen und Risiken. Sie liefern Prognosen unter anderem zum Wachstum des Bruttoinlandsprodukts, zur Inflationsrate, zur Entwicklung der Zinsen, zu Branchen, Regionen und so weiter.

Riester-Rente private, vom Staat bezuschusste Altersvorsorge.

Risikostreuung siehe *Diversifikation.*

Rürup-Rente Alternative für all jene, die keinen Anspruch auf Förderung durch die → *Riester-Rente* haben.

Service Fee Monats- oder Jahrespauschale für Gebühren oder Honorare, die für Serviceleistungen erhoben werden.

Small Caps Börsenbegriff für kleinere Unternehmen und ihre Aktien, auch bekannt als Nebenwerte.

SRI Abkürzung für *Socially Responsible Investment* oder auch *Sustainable and Responsible Investment,* also für im Sinne der Nachhaltigkeit verantwortungsvolles Investieren.

Stock-Picking die gezielte Auswahl von Aktien, bei denen man hofft, dass sie sich besser entwickeln als der Markt.

TER (Total Expense Ratio) Die TER – oder Gesamtkostenquote – ist eine Kennzahl, die alle Kosten umfasst, die bei einem Investmentfonds jährlich zusätzlich zum Ausgabeaufschlag anfallen.

Timing-Strategie (häufig auch englisch *Market-Timing*) der Versuch, den perfekten Zeitpunkt zum Kauf oder Verkauf einer Aktie abzupassen.

Tracking hier: Soll-Ist-Vergleich, um zu prüfen, ob man mit der Anlagestrategie noch auf dem richtigen Weg ist.

Traden bezeichnet wertneutral das aktive Handeln an der Börse, meint aber zumeist vor allem *häufiges* Handeln in der Hoffnung, durch ständiges Kaufen und Verkaufen viele kleine Gewinne einzuheimsen, die sich zu einem großen Haufen summieren.

Volatilität bezeichnet den Schwankungsbereich ökonomischer Größen wie zum Beispiel des Öl- oder des Goldpreises, der Aktienkurse, der Zinssätze, der Wechselkurse oder auch ganzer Märkte.

Zinseszinseffekt Werden angefallene Zinsen wieder angelegt, bekommt man Zinsen auch auf die Zinsen, den sogenannten Zinseszins. Dadurch wächst das Vermögen trotz gleichbleibendem Zinssatz nicht gleichmäßig, sondern immer schneller. Und dieser Effekt heißt Zinseszinseffekt.

Nützliche Literatur, Websites etc.

Websites

Finanztip.de, ein Ratgeber zu unterschiedlichen Verbraucher- und Finanzthemen, bietet Informatives und Wissenswertes über so ziemlich alles, was irgendwie mit Finanzen zu tun hat, von Anlagen über Kredite und Versicherungen bis hin zu Recht und Steuern. Chefredakteur Hermann-Josef Tenhagen war 15 Jahre lang Chefredakteur des Verbrauchermagazins *Finanztest,* bevor er zu Finanztip.de wechselte.

justetf.com; alles rund um ETFs.

Morningstar.de und Morningstar.com.

Tagesgeld-info.de bietet einen Vergleich der besten Tages- und Festgeldkonten und unter anderem ein Lexikon mit Fachbegriffen rund ums Geld.

Bücher

Friess, Tom, und Huber, Michael: *Finanzcoach für den Ruhestand. Der persönliche Vermögensberater für Leute ab 50,* Frankfurt am Main, Erstauflage 1999. Ich habe dieses Buch vor zehn Jahren gelesen und seitdem, in Kombination mit meinem Studium an der EBS Business School, erfolgreich angewendet.

Kommer, Gerd: *Herleitung und Umsetzung eines passiven Investmentansatzes für Privatanleger in Deutschland. Langfristig anlegen auf wissenschaftlicher Basis,* Frankfurt a. M. 2012.

Kommer, Gerd: *Kaufen oder mieten? Wie Sie für sich die richtige Entscheidung treffen,* 2. Aufl., Frankfurt a. M. 2016.

Kommer, Gerd: *Souverän investieren mit Indexfonds und ETFs. Wie Privatanleger das Spiel gegen die Finanzbranche gewinnen,* 5., vollständig aktualisierte Auflage, Frankfurt a. M. 2018.

Richards, Carl: *The One-Page Financial Plan: A Simple Way to Be Smart About Your Money*, New York 2015.

Zeitschrift

Finanztest, Deutschlands größtes unabhängiges Finanz-Verbrauchermagazin mit Themen von A wie Autoversicherung bis Z wie Zinsen.

Anmerkungen

Teil I
Die Grundlagen

1 Siehe dazu den ausführlichen Artikel in *Die Welt* vom 21. September 2016: https://www.welt.de/finanzen/article158296022/Die-Deutschen-sparen-sich-um-ihr-Vermoegen.html (abgerufen am 1. Oktober 2018).

2 https://de.statista.com/themen/251/berufsunfaehigkeit/ (abgerufen am 22. September 2018).

3 https://www.handelsblatt.com/finanzen/geldpolitik/geldanlage-wegen-inflation-und-niedrigzins-deutsche-sparer-verlieren-dieses-jahr-28-milliarden-euro/21171724.html?ticket=ST-6014710-xYLbhsgX1v1diKKAER5Y-ap3 (abgerufen am 22. September 2018).

4 https://investmentsparen.net/geldanlage/anlagestrategie/risikoklassen (abgerufen am 1. Oktober 2018).

5 »Risikoklassen-Informationsblatt« der Deutschen Bank.

6 Der neueste frei im Internet erhältliche Report stammt aus dem Jahr 2017 und umfasst den Zeitraum bis einschließlich 31. Dezember 2016. Abrufbar unter http://svwealth.com/wp-content/uploads/2018/04/dalbar_study.pdf (abgerufen am 10. Oktober 2018).

7 *Dalbar's 22nd Annual Quantitative Analysis of Investor Behavior,* S. 5.

8 Ibbotson, Roger, Kaplan, Paul, »Does Asset Allocation Policy Explain 40, 90 or 100 Percent of Performance«, in: *Financial Analysts Journal,* Bd. 56, S. 26–33, 2000.

9 https://www.eybwallwitz.de/de/publikationen/boersenblatt/boersenblaetter/boersenblatt-101.html (abgerufen am 1. Oktober 2018).

10 https://us.spindices.com/documents/spiva/spiva-europe-year-end-2015.pdf (abgerufen am 10. Oktober 2018).

11 *Süddeutsche Zeitung* vom 13. August 2018.

12 https://www.msci.com/documents/10199/178e6643-6ae6-47b9-82be-e1fc565ededb (abgerufen am 25. September 2018).

13 http://www.berkshirehathaway.com/letters/letters.html (abgerufen am 21. Juli 2018). Mit einem Klick auf »2013« wird der Aktionärsbrief als PDF heruntergeladen. Im Original heißt es: »My advice to the trustee could not be more simple: Put 10% of the cash in short-term government bonds and 90% in a very low-cost S&P 500 index fund. (I suggest Vanguard's.)«

14 Zum Beispiel Ameriks, John, Caplin, Andrew, und Leahy, John, »Wealth Accumulation and the Propensity to Plan«, in: *The Quarterly Journal of Economics,* Bd 118 (3), 1. August 2003, oder Lusardi, Annamaria, »Planning and Saving for Retirement«, Arbeitspapier des Fachbereichs Wirtschaftswissenschaften des Dartmouth College, 2003.

15 Organisation for Economic Co-operation and Development, *Improving Financial Literacy – Analysis of Issues and Policies,* OECD Publishing, Paris 2005.

16 OECD, *PISA 2012 Results: Students and Money (Volume VI): Financial Literacy Skills for the 21st,* PISA, OECD Publishing, Paris 2014, https://doi.org/10.1787/9789264208094-en (abgerufen am 10. Oktober 2018).

17 ING-DiBa & Ipsos, *ING-DiBa Studie 2013: Deutsche mit geringster Finanzbildung in Europa,* https://www.ing-diba.de/pdf/ueber-uns/.../ing-diba-economic-analysis-studie-2013.pdf (abgerufen am 9. August 2018).

18 https://www.dominican.edu/dominicannews/study-highlights-strategies-for-achieving-goals (abgerufen am 31. Juli 2018).

19 Dimensional Fund Advisors.

20 Dimensional Fund Advisors.

21 Dimensional Fund Advisors.

22 Dimensional Fund Advisors.

23 Alle Angaben nach https://www.finanzen.net/index/dax/historisch (abgerufen am 10. Oktober 2018).

Teil II
Fallbeispiele

1 Thaler, Richard, Benartzi, Shlomo, »Save More Tomorrow: Using Behavioral Economics to Increase Employee Savings«, in: *Journal of Political Economy* 112 (2004), S. 164–187.

2 Richter, Marco: *Financial Planning für Profisportler. Konzeption eines zielgruppenspezifischen Beratungsangebots am Beispiel von Profifußballern,* Books on Demand 2016.

3 https://www.ecb.europa.eu/press/pressconf/2018/html/ecb.is180726.en.html (abgerufen am 23. Juli 2018).

4 https://www.presseportal.de/pm/35604/3111706 (abgerufen am 27. August 2018).

5 www.abendzeitung-muenchen.de/inhalt.immobilien-immer-teurer-wohnungspreise-bis-2020-muenchen-mit-traurigem-rekord.25da7577-91e1-4cf8-85e5-37398ae7add1.html (abgerufen am 17. September 2018).

6 https://www.focus.de/immobilien/kaufen/entwicklung-der-letzten 7-jahre-unterschiede-von-367-prozent-so-stark-teilt-der-immobilien boom-deutschland_id_8890753.html (abgerufen am 17. September 2018).

7 www.abendzeitung-muenchen.de/inhalt.immobilien-immer-teurer -wohnungspreise-bis-2020-muenchen-mit-traurigem-rekord.25da7577-91e1-4cf8-85e5-37398ae7add1.html (abgerufen am 17. September 2018).

8 www.wohnungsboerse.net/immobilienpreise-Halle-Saale/7771 (abgerufen am 17. September 2018).

9 www.wohnungsboerse.net/immobilienpreise-Chemnitz/7319 (abgerufen am 17. September 2018).

10 Cooley, Philip L., Hubbard, Carl M., Walz, Daniel T., »Retirement Savings: Choosing a Withdrawal Rate That Is Sustainable«, in: *AAII Journal* (AAII steht für The American Association of Individual Investors) 10, 3, S. 16–21, 1998.

11 https://www.forum-ng.org/de/nachhaltige-geldanlagen/marktueber sicht.html (abgerufen am 29. Juli 2018).

12 Den Transparenzkodex findet man auf der Website www.eurosif.org; allerdings leider nur auf Englisch.

13 https://www.sueddeutsche.de/geld/nachhaltigkeit-indexfonds-werden gruen-1.3720921 (abgerufen am 23. August 2018).

14 http://www.morningstar.de/de/news/160438/passive-nachhaltig keitsfonds-zunehmende-diversifikation-verw%c3%a4ssert-esg-profil.aspx (abgerufen am 20. August 2018).

15 www.boersen-zeitung.de/index.php?li=1&artid=2018034800&titel =Verantwortungsvoll-mit-ETFs-investieren (abgerufen am 18. August 2018).

16 https://www.pkv.de/presse/meldungen/pflegebeduerftigen-droht-finanzierungsluecke/. Website des Verbands der Privaten Krankenversicherung e. V. (abgerufen am 28. Juli 2018).

17 Zwei hilfreiche Seiten für diese und alle anderen Arten von Statistiken sind https://www.destatis.de und https://de.statista.com.

Teil III
Die Vermögensnachfolge

1 *Die Zeit* vom 8. Dezember 2011.

2 http://www.bnotk.de/Buergerservice/Notarkosten/Beispiele/Vorsorgevollmacht_Patientenverfuegung.php.

Bildnachweis

Alle Grafiken im Innenteil: le-tex publishing services nach:

Seite 101, 103, 104

MSCI: The information contained herein (the »Information«) may not be reproduced or redisseminated in whole or in part without prior written permission from MSCI. The Information may not be used to verify or correct other data, to create any derivative works, to create indexes, risk models, or analytics, or in connection with issuing, offering, sponsoring, managing or marketing any securities, portfolios, financial products or other investment vehicles. Historical data and analysis should not be taken as an indication or guarantee of any future performance, analysis, forecast or prediction. None of the Information or MSCI index or other product or service constitutes an offer to buy or sell, or a promotion or recommendation of, any security, financial instrument or product or trading strategy. Further, none of the Information or any MSCI index is intended to constitute investment advice or a recommendation to make (or refrain from making) any kind of investment decision and may not be relied on as such. The Information is provided »as is« and the user of the Information assumes the entire risk of any use it may make or permit to be made of the Information. NONE OF MSCI INC. OR ANY OF ITS SUBSIDIARIES OR ITS OR THEIR DIRECT OR INDIRECT SUPPLIERS OR ANY THIRD PARTY INVOLVED IN MAKING OR COMPILING THE INFORMATION (EACH, AN »INFORMATION PROVIDER«) MAKES ANY WARRANTIES OR REPRESENTATIONS AND, TO THE MAXIMUM EXTENT PERMITTED BY LAW, EACH INFORMATION PROVIDER HEREBY EXPRESSLY DISCLAIMS ALL IMPLIEDWARRANTIES, INCLUDING WARRANTIES OF MERCHANTABILITY AND FITNESS FOR A PARTICULAR PURPOSE. WITHOUT LIMITING ANY OF THE FOREGOING AND TO THE MAXIMUM EXTENT PERMITTED BY LAW, IN

NO EVENT SHALL ANY OF THE INFORMATION PROVIDERS HAVE ANY LIABILITY REGARDING ANY OF THE INFORMATION FOR ANY DIRECT, INDIRECT, SPECIAL, PUNITIVE, CONSEQUENTIAL (INCLUDING LOST PROFITS) OR ANY OTHER DAMAGES EVEN IF NOTIFIED OF THE POSSIBILITY OF SUCH DAMAGES. The foregoing shall not exclude or limit any liability that may not by applicable law be excluded or limited.

Seite 96, 97, 99, 106
Dimensional Fund Advisors

Seite 55
Gerd Kommer, Herleitung und Umsetzung eines passiven Investmentansatzes für Privatanleger in Deutschland, Campus Verlag 2012

Seite 43, 44, 45, 79, 80, 81, 82, 89, 93, 109, 116, 126, 152, 154, 155, 173, 176, 179, 180, 190, 192, 194 (nach Sterbetafel 2011; Statistisches Bundesamt 2014)
Wealthpilot

Alle anderen
Marco Richter

Höchste Zeit für Zukunftsvisionen –
und den politischen Masterplan!

Benedikt Herles

ZUKUNFTSBLIND

Wie wir die Kontrolle über den Fortschritt verlieren

Die Möglichkeiten von Robotik, künstlicher Intelligenz und Gentechnik entwickeln sich rasant – doch wir sind blind für die Gefahren. Volkswirt und Technologie-Investor Benedikt Herles zeichnet ein alarmierendes Zukunftsbild: Algorithmen und Superintelligenzen ergreifen die Macht. Sozialsysteme kollabieren in einer Ökonomie der Maschinen. Die Oberschicht optimiert ihr Erbgut. Während die gesellschaftliche Ungleichheit dramatisch zunimmt, ist die Demokratie längst am Ende.
Herles appelliert an seine Generation: Sie muss für eine lebenswerte Zukunft kämpfen. Mit einem eindringlichen Weckruf und konkreten politischen Reformvorschlägen geht er voran.

»Wenn wir Algorithmen, die alles entscheiden und nichts begründen, die Welt überlassen, dann ist die Aufklärung vorbei. Das sollten wir verhindern. Benedikt Herles zeigt, wie.«
Prof. Dr. Harald Lesch

DROEMER